Thinking Asynchronically

Towards the Glitch Communism

間隙を思考する

グリッチ・コミュニズムの方へ

田崎英明
Hideaki Tazaki

以文社

間隙を思考する　グリッチ・コミュニズムの方へ

間隙を思考する

目次

はじめに

グリッチ・ノイズ——間隙にあるものは何か

レコード盤に針を落とす。それはそこに記録された音を針を通じて読み出し、音楽として再生するためだが、そこにはどうしても聴きたい音以外のノイズが紛れ込む。パチパチいう、いわゆるグリッチ・ノイズだ。情報やパターンは、ただ抽象的で理念的なものとして存在することはできず、常に何らかの物質的な基盤ないし基体によって支えられなければならず、それを情報やパターンとして読み出すためには、また別の物質へと接続されなければならない。つまり、理念的なものは物質と物質、モノとモノの触れ合うところにあたかも亡霊のように出現するのだが、その亡霊には常に物質的な影が付き纏う。それが、グリッチ・ノイズである。

グリッチ・ノイズはもともとの音源に紛れ込んで記録されてしまったノイズの忠実な再現ではない。それは、レコード盤と針のあいだ、接続ケーブルのプラグとジャックのあいだで生じる。何らかの潜勢態の現勢化でもないし、予め存在していた形相の質料化でもない。いわば剥き出しの物質性なのだ。

以下に集められた文章は、その時々の状況と理論のあいだ、音楽や映像と書物のあいだ、あるいは理論と理論のあいだで生まれた。それは何らかの情報の読み出しや伝達であるよりは、はるかに、私の身体を経由する中で生まれたグリッチ・ノイズであるだろう。これらのノイズが、この書物に接続された諸身体とのあいだで、また新たなグリッチ・ノイズを生み出すことを願うばかりである。

Part 1　間隙のリアリズム

二つのマインドのあいだで（1）――Nas／ジェイ-Z

はじめに

これから展開していく論考では様々な「あいだ」「間隙」を考えていきたい。なぜ「あいだ」なのか。一見してそれと分かるような距たりから、目立たない、分かりづらい距たりまで、様々な距たりについて、それぞれに相応しい尺度のようなものを見出していければと考えている。

非同時代性

そうは言ってもある「あて」はあって、様々な異なる「あいだ」にアプローチするに当たってとりあえずこちらの懐に忍ばせているのは「非同時代性」という概念である。

これは二〇世紀ドイツのマルクス主義哲学者エルンスト・ブロッホの概念で、とりわけ彼のナチズム論である『この時代の遺産』で展開された。ナチスがその勢力を伸ばし政権を獲得していく中で、同時代的に並走する形で書かれた諸論考からなる（一九三五年初版、一九六二年に全集版として増補版が刊行された）。「なぜファシズムは勝利を収めたのか」（また反対に左翼、とりわけ彼自身がそこに属すマルクス主義陣営がなぜ敗北したのか）という問いに、ブロッホは「非同時代性」の概念をもって答えようとする。

つまり、多くのマルクス主義者は「遅れたもの」「反動的なもの」、あるいは取るに足らないくだらない大衆的なものと見做して、むしろそれを（啓蒙や教育を通してであれ）撲滅しようとした要素の内に現在とは別のものへの希求を見出すことができず、それらを文字通り反動的な、しかし、見かけは反資本主義的なファシズムに横領されてしまったのだ。

社会は必ずしも一つの時間によって完全に統一されているわけではなく、常に複数の時間を孕んでいる。もちろん、ブロッホの時代も私たちの現在も、まさに「現在」を規定しているのは資本主義である。だが、人々は常にこの「現在」と同時的であるわけではない。一握りの富裕層の連中は、自分たちはこの「現在」をキャッチアップしていると自慢するのだが、多くの人々にとって自分たちの「生きられた時間」はこの「現在」ときちんと同期ないしシンクロできているわけではない（英語では「非同時代性」は「非シンクロニシティ」というように訳される）。

『この時代の遺産』のブロッホの主張は一言で言えば「非同時代性を占拠せよ！」というものだ。

資本主義という機械が生み出す「現在」は、ちょうどマルクスが『資本論』で価値の実体を社会的平均的な労働時間と看破したように、人間が直接に生きることができない時間である。そして、人々が現実に労働するのは経験的な時間において、具体的な、まちまちのやり方で、である（フォード主義の下で相当に規格化、画一化されるにしても）。

同期からのずれ、シンクロのできなさ、タイミング（律儀に日本語化するなら「時間化」）の合わなさ。ここにこそ私たちの（占拠すべき）場所がある。

アドルノのジャズ嫌いはよく知られている。彼は言う、ジャズは新しい音楽であり、その新しさはシンコペーションの多用に現れていると言われるが、シンコペーションならすでにストラヴィンスキーが使い倒しているではないか、と。それに何より、と彼はさらに言う、ダンスホールに行ってみたまえ（つまり、アドルノは行ったことがあるわけだ）、みんなシンコペーションのところで曲に乗り切れずにリズムがずれるではないか。

それに対して『ブラック・アトランティック』のポール・ギルロイは、ラルフ・エリスンの『見えない人間』を引きながらこのずれが生み出す時間意識に注目する。

おそらく、ここには私たちが探求すべきコミュニズムにおけるコモン、共通のものとはどのようなものかをイメージする手がかりがある。一人ひとりの身体のタイミングの外し方はそれぞればらばらであるだろう。だが、それが同じタイミングで起こる。シンクロできなさのシンクロであり、共有である。

モンタージュ

ブロッホは、しばしば自分の方法をモンタージュと呼ぶ。もちろん、エイゼンシュテインたち、ソ連の映画理論で展開されたモンタージュ理論も大切なのだけれど、それ以上に、表現主義的なフォトモンタージュが重要だ。

フィルムとハサミを前提にしたモンタージュではフレームとフレームとの関係が観客の経験的な時間の流れの中で綜合される。一つのフレームの中に写り込んでいるものは、ある生きられた現在において対物レンズの前に確かに現前していたものだ。だが、フォトモンタージュでは一つのフレームの中に複数の時間が存在し、それらは必ずしも同期していない。諸時間のあいだの非シンクロ性、間隙にこそ批判性の根源がある。非同時代的なものがクラッシュする。現在の内に生きられたものと生きられないものが（非）同時的に共存する。

この非シンクロ性はアメリカ亡命時代のアドルノが、ブレヒトの協力者でもあったハンス・アイスラーと一緒に書いた映画音楽論で、イメージ・トラックとシンクロせず、それに対して批判的なサウンド・トラックの可能性として理解していたものだが、今日のデジタル化されたイメージ処理では、フレームとフレームのあいだではなく一つのフレームの内にレイヤー間の非シンクロ性が生み出される。もちろん、このデジタル・イメージに先立ってアナログ・テクノロジーの段階で、音楽の領域でサンプリングによって複数の時間の共存が成し遂げられていた。

これらの非シンクロ的な間隙を占拠すること。それが、私がこれから書き連ねていく文章が目指すところである。

ベンヤミンがその絶筆である「歴史哲学テーゼ」で述べているように、敵はいまだ勝ち続けている。人種主義は何よりもファシズムの代表的な兆候であり、ファシズムとの闘いは「過去」に属する歴史では全くない。「非同時代性を占拠せよ」と叫ぶブロッホの声のアクチュアリティは増しこそすれ減じることはない。

二つのマインド

まず最初に取り上げる間隙は、二つのマインドのあいだである。それは具体的に何かというと、Nasの一九九六年のデビュー・アルバム『イルマティック *Illmatic*』に収められている「N.Y. ステイト・オブ・マインド」とジェイ-Zがアリシア・キーズをフィーチャーして作った「エンパイア・ステイト・オブ・マインド」(二〇〇九)との距離を測ろうということだ。

ニューヨークはクイーンズブリッジのプロジェクト(低所得者向け公営団地、ヒップホップのアーティストの多くがプロジェクト出身者)で育った一九歳の若者のこれからどうなるのかまだ分からないデビュー・アルバムと、すでに功成り名を遂げて「ヒップホップで最も経済的に成功した人物」「キング・オブ・ヒップホップ」と称されるアーティストの違いとも言えるのだが、この二つの、どちらもニューヨーク(エンパイア・ステイトもニューヨークのこと)のマインドを表現したラップのあいだには興味深い距たりがある。

まずはジェイ-Zの「エンパイア・ステイト・オブ・マインド」を、特にそのミュージック・ヴィデオ(MV)を中心に考えてみよう。この曲で彼は自分を成功者として示す。貧しい境遇から「いまではデ・ニーロの隣に住んでいる」「現代のシナトラ」と言う。しかしまた、自分はフッド(地元)のことを忘れない、とも言う。MVは基本的にはニューヨークのストリートを背景にまるで観光案内のように(時折空撮によって上空からニューヨークの高層ビルを映した映像を挟みながら）、ストリート・ファッションでラップするジェイ-Zの姿を映し出す（ファッションはヒップホップの重要な構成要素で、他の成功したラッパー同様ジェイ-Zもアパレル・ブランドの所有者）。

「人は自分のことをハスラーと呼ぶ」、このフレーズはヒップホップと資本主義、とりわけ新自由主義との関係を端的に表しているし、このMVで言えば、途中に差し挟まれる、高層ビルのオフィスで仕立ての良いスーツに身を包んだやり手のビジネスマンとしてのジェイ-Z、というか音楽レーベルを中心とした企業体のオーナーとしてのショーン・カーター（彼の本名）の姿にその関係が現れている。

ハスラーというのは基本的にはドラッグのディーラーを意味するのだが、そもそもは「ハッスルする人」ということだ。新自由主義の批判で知られる政治学者のレスター・スペンスは「ハッスル」の意味が「少ない労力で多大な成果を得る」「うまく立ち回る」「他人を出し抜く」という意味から「（起業家として）努力する」という意味へと変化して、そのネガティヴなニュアンスを失ってきたと指摘する。新自由主義化の過程でブラック・コミュニティにおいて「ハスラー」が一種の「自己のテクノロジー」となったのだ。

自らのドラッグ・ディーラーとしての経験をまさに起業家としてのトレーニングであったと捉えるジェイ-Zは、この流れを代表する存在と言ってよい。

ただし、フッドを忘れないというのは嘘ではない。自分が成功し金を儲けその一部をフッドに返す、これがウィン-ウィンの関係だ、というのは彼の哲学であり、それだから、彼は、プラトンの描く哲人王、つまり、洞窟＝フッドから一人抜け出した者はそのまま外の光を享受するだけではなく、残りの者たちを導き解放するためにまた洞窟へと戻るというあの哲人王に擬えられるのである。ストリートとオフィスを自由に行き来できるハスラーであることを音楽とMVを通して示し、「ニューヨーク、夢できたコンクリート・ジャングル、あなたにできないことは何もない」「まるでMDMAのようにあなたをチャンピオンのように感じさせてくれる」とアリシア・キーズの美しく伸びやかな声で語りかけてくる。自分の持つ可能性（新自由主義のお気に入りの表現では「人的資本」）を開花させなさい、私はそのロール・モデルであり、さあ私に従って、間違った選択をしないように。

二つのマインドのあいだで（2）――個体化は個人主義化に抗する

ヒップホップの富豪たち

本当はNasの「N.Y.ステイト・オブ・マインド」について、ハナ・アーレントの『精神（マインド）の生活』の「考えること」をめぐる議論と繋げてこの項目を終えるつもりだったのだが、エイスネ・クィンの「オキュパイ・ウォール・ストリート、人種的新自由主義、そしてニューヨークのヒップホップの大富豪たち」を読んで、ジェイ-Zに対する怒りがふつふつと沸いてきたのでもう少しヒップホップと新自由主義、さらには資本主義の問題を考えたい。

クィンの論文はオキュパイ運動と三人の「ヒップホップの大富豪」との関わりを取り上げる。その三人とは、ラッセル・シモンズ、カーティス・ジャクソン（50セントの名で知られる）、ショーン・カーター（ジェイ-Z）である。ズコッティ公園でオキュパイ運動が始まると、ラッセル・シモンズはそこに参加し、運動の主張に共感し、それを伝えていく。大企業による政治献金とロビー活動が民主主義と社会的公正を損ね、とりわけ、アンジェラ・デイヴィスが激しく批判しその廃絶を求める産獄複合体による政治献金は合州国社会におけるレイシズムを強固に再生産し続けている。ナンシー・フレイザーが言うところの「承認の政治」と「再分配の政治」を切り離すことなく社会の変革を求めるのがオキュパイ運動であった。警察による暴力的弾圧が激しさを増し、セレブたちがズコッティ公園から遠のいていった後もシモンズは公園に足を運び、メディアでオキュパイ運動の主張を伝え続けた。

ジャクソンは、この運動が、自分自身を含めた全世界を目覚めさせたと語って、共感を示した。だが、彼の場合、自分のブランドのエナジー・ドリンクを通した、いわゆる商品アクティヴィズム（「この商品を買うとその売上の一部がどこそこに寄附されます」というもので、ジジェクに言わせると、消費することの後ろめたさを取り除き消費者が心置きなく消費に勤しめるようにする仕掛け）の範囲から抜け出せない。

しかし、極めつきはカーター（ジェイ-Z）で、彼はズコッティ公園に現れることもなく、そのくせ、「ウォール・ストリートを占拠せよ! Occupy Wall Street!」の標語からWを取った「すべてのストリートを占拠せよ! Occupy All Streets!」のロゴのTシャツを自分のアパレル・ブランドから売り出した。すべてのストリートなんて、よりラディカルでよいのではないか。いや、それは違う。今世紀の社会運動の始まりを記録した本がナオミ・クラインの*No Logo*（邦題は『ブランドなんか、いらない』）であったことを思い出そう。大金持ちの企業家カーターのブランドのTシャツがすべてのストリートを占拠したとしたら、それはグローバル化した新自由主義的な消費資本主義の勝利でこそあれ、格差の象徴であるウォール・ストリートへの抗議運動からすれば敗北ということになるだろう。実際、カーターは「一パーセント対九九パーセントという対立は間違いで、対立は良い企業家と悪い企業家のあいだにある。企業家であることは自由の問題であり、この自由がアメリカを作った」と語り、オキュパイ運動を批判する。ヒップホップ、特にギャングスタ・ラップは新自由主義の美学化（ベンヤミンがファシズムを政治の美学化として批判したように）であると批判されることが多い。そして、確かにカーター（ジェイーZ）はその傾向の代表的存在と言える。

しかし、私たちが新自由主義の端的な外部に生きているのではない以上、新自由主義、ひいては資本主義とどのようにネゴシエーションするのかは誰もが問われることであるし、その時ヒップホップのネゴシエーションのやり方を十把一絡げにすることなく見ておくことは大切であるだろう。

個体化／個人主義化

ここで、新自由主義を理解するために個体化 individuation と個人主義化 individualization の区別をしておこう。

人間であれ何であれ何かが一つの個体として把握される時、そこには個体化という作用が働いている。これは結晶を考えるとイメージしやすい。ある溶液の中で結晶が出現し、成長していく時、そこには結晶とその環境である溶液とのあいだに相互作用が存在している。そして、その相互作用が失われると結晶化は止まる。つまり、個体とは、その環境、あるいは別の言い方をするなら前個体的要素との関係から生成してくるものなのであり、この生成プロセス、要するに個体化のプロセスの結果として初めて存在する。

もちろん、具体的な一つの個体は、複数の個体化のプロセスがレイヤーをなして重なり合って生成されている。そして、個体化のプロセスは個体と前個体的なもののあいだにある。あるいはあいだにおいて、あいだとして生起する。個体化は、決してその個体に内属するのではない。むしろ、一つの個体は複数の個体化のプロセスに内属すると言うべきだろう。

個体化は、その個体が出現する以前に予め存在するものと想定される設計図や命令、指令が単に実現したものではない。個体は、DNAのような生物学的なものであれ、ジェンダーのような文化的社会的な規範であれ、あるいは楽譜のようなものやコンピュータのプログラムであれ、そういった予め存在する何か（「本質主義」の批判者たちが言うところの「本質」）が、現実化したものではない。

もしも現実の個体が予め存在する「本質」の現実化に過ぎないのであれば、「本質」と個体との差異はただの見せかけに過ぎず、「本質」と個体とは、本質的には同じものであることになるだろう。現実化の前と後とは質的に異ならない同じものなのだ。だが、個体化においては、個体と前個体的なものとは質的に異なっている。個体化における「前」と「後」は同じものではない。

例えば、一卵性双生児はDNA的には同一であって、したがって、DNA鑑定では区別がつけられないが、いわゆる生体認証では、指紋であれ、血管パターンであれ、虹彩パターンであれ、同一ではなく別な個体として識別される。それは、別な個体発生のプロセスを辿ったからである。

あるいは、CDに記録された音楽は、情報という点では同一性を持つにしても、それがどのような機材によって再生されるか、どのような場所で鳴り響くか、その空間を埋める諸身体はどのような個体化のプロセスを経てきたのか、そして何より、前と後にどのような曲と繋げられるのかによって別の個体化のプロセスを辿る。

個体化という観点は個体を前個体的な、したがって特定の個体に排他的に帰属できない要素、その限りで「コモン」と呼びうる要素との関係無しには成り立たないものと捉える。

それに対して個人主義化は、個体を前個体的なもの、コモンから切り離し、孤立したものとして把握することである。個体化の結果を排他的に個体へと帰属させる。その際に、帰属と分配の原理は、個体の内部に属するとされる能力（や努力）である。

アマゾンの共同創設者ジェフ・ベゾスの目眩がするような収入は、もちろん世界中のロジスティック・ワーカーたち無しには実現されない。だが、それがベゾスの、あるいは、アマゾンを創業したクリエイティヴでイノヴェイティヴな起業家たちの精神というか頭の中というかに生まれたアイディアの現実化であって、現実のアマゾンという企業の物質性はそのアイディアとは本質的に異ならず、労働者たちの寄与は取るに足らないものだと理解されてしまう。

個人主義化とは、善であれ悪であれ、その起源をコモンから切り離された特定の個体に排他的に帰属させることである。ある個体は莫大な利益の起源であり、それを取得する権利を持つとされ、また、他の（多くの、いわゆる「九九パーセント」の）個体は自己責任の名のもとに、様々な、教育やケアを含めた公共財＝コモン（ズ）へのアクセスを拒まれる（あるいは、自ら拒む）。

マルクスの『資本論』第一巻は商品論から始まるのだが、その冒頭でこう述べられている。私たちの社会のような生産のやり方を持つ社会では、富は商品の膨大な集積として現れる、と。『資本論』とは、富が商品の集積という形式を取って現象する私たちの社会の、この構造的メカニズムを解明することを自らの課題とした一種の現象学であると言える。だが、この社会を生きる私たちにとっては、富の商品への形態変換は構造的なものではなく、個人が起源だと映る。

『資本論』を規定する論理の一つは商品の二重性である。商品はいわば二つの身体を持っている。価値と使用価値である。価値は他の商品との交換において実現し、顕わになるので交換価値とも呼ばれる。そして、使用価値は、その商品が個体として担っている有用性全般のことではなく、あくまで商品としての、その限りでの使用価値、つまり、商品として売れるような有用性である。

例えば、アダム・スミスは有用性（効用）を商品の価値の本体とすることができない理由として、空気は人間にとって極めて有用であるが、タダで誰でもアクセスできるということを挙げる。もちろん、宇宙ではペットボトル一本分の空気に有り金全部はたく可能性はあるが、それは空気の有用性が変わったからではなく、商品としての使用価値が生じたということだ。あるいは、食事を作るという同じ行為が商品として使用価値を持つ場合も、持たない場合もある。

そして、今日褒め称えられる起業家＝企業家精神とは、様々な有用性を使用価値へと変形し商品化する能力であって、それは一人の企業家あるいは一つの企業に排他的に帰属するものとされる。

アレゴリーの闘い

抽象的でそれを直接に把握することができないもの、ある場合には精神的と呼ばれ、また、別の場合には構造的と呼ばれるものを私たちが理解しようとする時に頼るのがアレゴリー（寓意、寓話）である。アレゴリー的な解釈とは、一つにはパウロから始まり、初期教父たちによって発展させられた聖書解釈の伝統に由来する。霊／魂／体の三元論に則って、字義通りの意味、社会的な規範の水準で解釈される意味、そして霊的＝精神的な意味の三層を聖書で語られる物語に見出す。言語の使用、あるいは物語というものは常に三つのレイヤーの重なりとして解読しうるものなのだ。近代では霊と肉、精神と物質の二元論になってしまうが、三元論の重要さはどこにあるかというと、意味を現実の社会におけるゲームとしてのみ理解するのではなく、社会的には理解不能な何か、現在の自分が生きている社会のコンテクストからは理解できない何か、到来すべきものとして捉えることを可能にするところなのだ。「死者の復活」のように、ローマ帝国市民として社会生活をつつがなく送れる人間には到底受け入れ難い、理解し難いことを「意味」の内に繰り込むのが、霊的＝精神的な次元である。

そして、中世においては「愛」や「徳」や「正義」といった抽象的な概念が擬人化されてそれらの登場人物が織りなす物語が寓話＝アレゴリーとして発達する。それが、さらに、いわゆる「バロック」において寓意表現の文学的、図像学的表現として頂点を極める。

二〇世紀の最も重要な知性の一人、ヴァルター・ベンヤミンが、そのバロック悲劇論を中心としてアレゴリーの再評価を試みたことはよく知られている。しかし、なぜ改めてアレゴリーを評価しなければならなかったのかというと、ゲーテやヘーゲルにおける象徴（シンボル）への評価とアレゴリーに対する批判があったからだ。

例えば三位一体を三角形で象徴する時、三つの辺のどれが欠けても三角形という一つの図形ではなくなってしまうことから、三位一体という難解で抽象的な概念を、図形という感性の対象となる、したがって物質性を備えた記号表現が完璧に表現しているものとされる。記号表現の物質性は過不足なく精神性と釣り合い、いわば限なく精神化されている。

それではアレゴリーはどうだろうか。例えば、ボーモン夫人の『美女と野獣』ではご丁寧に物語の最後に「教訓」が示される。アレゴリーでは、教訓＝精神性に辿り着いたなら、それまでの道のり、つまり、記号表現の物質性（登場人物たちやそれらが織りなす物語）は廃棄し、忘却して構わない。

象徴では精神性と物質性の関係が必然的であると理解されるのに対して、アレゴリーでは物質性はあくまで偶然的だ。象徴では物質は精神の十全な表現、その器であるのに対して、アレゴリーでは精神と物質のあいだにずれが生じる。

何でもいい、バロックの静物画を思い浮かべてみよう。だまし絵的なリアルな細密描写。テーブルの上に美しい器と瑞々しい果実。本当に二次元の絵なのか手を伸ばして触れて確かめたくなるのだが、それらはしばしばテーブルの縁からはみ出して（まさしくイリュージョニスティックな三次元性の強調）、どれほど慎重に、軽く触れただけでもバランスを崩して落ちて、粉々に砕けてしまいそうだ。もちろん、こういった絵の教訓、精神性は「死を忘れるな」であって、この世の感覚的な歓び、贅沢な食事も食器もいずれは萎れ、腐り、あるいは、壊れてしまう虚しさ。だが、その精神性を表現するためには、より一層生々しく感性の歓びを喚起しなければならない。精神と物質のこの背反、物質は精神を表現するためにこそ精神を裏切らなければならないという背馳においてこそバロック的アレゴリーは極まる。精神と物質のこのずれ、間隙を時間性と歴史性の場所と考えることができる。物語をアレゴリーとして読み解くことは登場人物たちや小道具まで含めて（物語論で言う行為者 actor ではなく行為項 actant、あるいは、主体 subject ではなく作用者 agency）を、ただ単に予め決まっているストーリーを現実化するだけの存在としてではなく、いわば、マスター・ナラティヴの内で配役を振られながらも、それぞれのスレイヴ・ナラティヴを語る存在として捉えることだ。そして、もちろん私たちはそれらエージェンシーの身振りや表情に魅了され、忘れることができなくなる。

ここでいま一度『資本論』に戻ろう。運動としての資本は、価値（の増殖）の実現過程である。価値そのものは抽象的で直接目で見たり手で触れたりすることはできない。『資本論』の商品論の表現論としてのおもしろさは、商品は自分で自分の価値を表現できないところにある。商品は別の商品の身体、つまり使用価値によって自らの価値を表現する（しばしば貨幣という商品によって）。資本という運動は抽象的な価値が様々な商品の身体に取り憑いてそれを乗っ取っては、また別の身体に取り憑いて古い身体を脱ぎ捨てていくメタモルフォーゼのプロセスである。資本は自分の歴史を忘却する。これまで取り憑いては打ち捨ててきた様々な商品の身体のことは忘れている。その意味で資本は歴史を持たないし、自らは純粋な精神性であると思い込む。そして、資本のマスター・ナラティヴによって資本家へと割り振られた者たちは自分が精神と物質が一致した象徴的存在であり、自分こそが価値の源泉、社会を構成する主体であると見做す。

それでは打ち捨てられた諸身体、諸々の商品（の使用価値）はどうなるのだろうか。主人は忘れ、奴隷は記憶する。

個人主義化とはアレゴリーの非アレゴリー的読解であって、マスター・ナラティヴの語る通りに世界を理解する。それに対して打ち捨てられもはや商品でも使用価値でもなくなったものの救済は都市のアレゴリカー、またの名を屑拾いの仕事なのだ。

二つのマインドのあいだで（3）——Time is Illmatic

Time is out of joint.
——Hamlet/Shakespeare

作者はどこにいるのか

六〇年代、構造主義、そしてポスト構造主義においても作者の死が宣告され、ロマン主義的な創造の源泉としての作者と、その単一性の相関項である隈なく統一化された作品という概念は批判された。だが、そうやって葬られた「作者」は安らかに天に召されたのか、あるいは、地獄落ちの憂き目にあっているのか。いや、もしも作者なるものの死後の運命が天国でも地獄でもなく『ハムレット』の先王の亡霊さながら、煉獄であったとしたらどうだろうか。

『ハムレット』は、作品と作者との関係についての作品である。『ハムレット』という作品において主人公ハムレットが、さんざん逡巡しながらも結局実行に及ぶ復讐劇、このストーリーの作者は誰だろうか。ハムレットだろうか、それとも亡霊、つまりもう一人の、いまは亡き先王、同じ名を持つ父のハムレットだろうか。

あるいは、亡霊の言ったことが本当であるか、リアルであるか、確かめるために、ハムレットが旅回りの一座に演じさせる芝居の作者。有名な芝居であるが、数行台詞を足したいとハムレットが言ったあの芝居の作者は誰なのだろう。ハムレットか、亡霊か、あるいは、そこで再演される殺人のそもそもの実行者、クローディアスと言うべきか。

マージョリー・ガーバーの『シェイクスピアあるいはポストモダンの幽霊』(原題をそのまま訳すと『シェイクスピアのゴーストライター』)は、「シェイクスピア」の作品を書いたのは(ストラトフォード生まれでアン・ハサウェイと結婚し、彼女に遺言で「二番目に良いベッド」を遺贈したことが記録されている)シェイクスピアその人なのか、という執拗に回帰してくる問いを導きの糸に、つまり、なぜこの問いは私たちに取り憑いてしつこく再来するのかをシェイクスピア作品に出てくる幽霊、亡霊たちを通して考えようとするもので、いろいろと示唆されるところが多い。

ガーバーは、私たちが持っている作者の概念、つまり、作品の起源であり、作品に対してある種の所有権を有しているような誰か、そういった近代的な「作者」という概念が誕生する時にシェイクスピアはその作品を生み出した、そして、そればかりではなく、ある意味でシェイクスピアは「作者の作者」なのだと言う。それは作者中の作者という意味でもあれば(ロマン主義者であれば、シェイクスピアのことを「誰にでもなれる天才」、ありとあらゆる人間を表現できる、すべての人間を自分の内に含んだ天才と褒め称えるだろう)、また、まさに「作者」概念の起源（彼がその概念の創始者ではないのだが、私たち「近代人」が「作者」と言う時に常に暗黙の内に参照してしまう存在として）という意味で「作者」の作者なのだ。万人に成り代われるという点で「作者」という同一性以外の同一性は欠いた存在であり、具体的に誰であるのか、と問うならば「誰でもない」と答えるしかない存在。『ハムレット』の亡霊のように「私はお前の父だ」と自ら名乗りをあげたとしてもそれを素直に真に受けるわけにはいかない。だが、しつこく回帰してきてなかなか振り払うことができない存在。

ガーバーは、「シェイクスピア」こそが「近代」というものの「作者」であり、「近代」に取り憑いて離れない亡霊だからこそ、繰り返し「シェイクスピアはシェイクスピアの作品の作者なのか」「シェイクスピアはシェイクスピアなのか」というその同一性が問われてきたと言う。つまり、作者なる存在の同一性とは何を意味するのかが。

ポストモダニズムか、リアリズムか

ヒップホップは、学的な議論においては、ＤＪプレイやサンプリングなどの断片性からポストモダニズム的な芸術形式と見做されることが多い。例えば、「ポストモダン」という言葉を拒否するウルフ・ポーシャルトの『ＤＪカルチャー』でも（ヒップホップに限らないＤＪカルチャーにおける）「作者の死」に関するセクションはあって、近代的な芸術作品が孕む統一性や全体性の概念を脱構築する断片性と引用の集積性が強調される。

他方で、ヒップホップはそのリアリズムが良くも悪くも問題となることも多い。そのリアリズムないしリアルさも、ただ単に描写のリアルさばかりではなく、ラッパー自身の経験に根差しているかという真正性（オーセンティシティ）がしばしば問われる。

ということは、ヒップホップにおいて作者は死んでいるのだろうか、それとも生きているのだろうか。やはりここで、Nas のデビュー・アルバム『イルマティック Illmatic』を考えないわけにはいかないだろう。というのも、この作品は、フィクションとドキュメンタリーの境界線を曖昧にしてしまったという点で、ジッロ・ポンテコルヴォの『アルジェの戦い』（一九六六年）と比較されるからだ。

マイケル・エリック・ダイソンとソーヘイル・ダウラッツァイが編集した『生まれながらのマイク使い——Nas『イルマティック』を読む』という論文集の序論でダウラッツァイがこのアルバムを『アルジェの戦い』に擬えている。その理由は、単に Nas のリリックがリアルであるというだけではない。むしろ、どちらも暴力的な状況において生き抜くための闘いの描写であるというところが大きい。『アルジェの戦い』はアルジェリアの植民地からの独立闘争（「アルジェリア戦争」一九五四―六二年）を描いたものでドキュメンタリー映画ではないのだが、出演者たちは素人で、というよりも実際に闘争を担った人々で、自分たちが経験したことをもう一度再演しているのだった。これは最近のパフォーマンスやパフォーマンス理論、それと歴史学や、さらにトラウマに対する治療的実践が交差するところで再演 reenactment という形で実践されていることの先駆的試みと捉えることもできる。

リアルである、とはどういうことだろうか。それは経験の真正性の問題なのだろうか。だが、経験した者だけがその出来事について語る権利を持つのだとしたら、それは大きな困難に付き纏われることになる。経験者はいずれ亡くなってしまう。それどころか、アウシュヴィッツのガス室のように、それを経験した者はその経験そのものによって殺されてしまうので、そもそも経験することと語ることのあいだには乖離が、隔たりが存在する。また、そうではなくともあまりにも過酷な経験はその当事者、経験者を語ることから遠ざけ沈黙させる。

歴史修正主義者たち（フランスでは端的に「否定論者 négationiste」と呼ばれる）は、この隙間に付け入って出来事を、その存在を否定しようとする。それに対して、モーリス・ブランショやマルグリット・デュラスのような作家たち（むしろ、はっきりと「文学的共産主義者たち」と言っておこう）は、経験することと語ること、見ることと語ること、光の存在と言語の存在（ドゥルーズ『フーコー』参照）の間隙にこそ、出来事の存在の延命の可能性を見る。

間隙を（作り出し）生き延びる

フレデリック・ダグラスの『自伝』はアフリカン・アメリカン・スタディーズが繰り返し立ち返る一種の原光景なのだが、その中でも私たちにトラウマ的に取り憑いて、決して私たちを離してくれないシーンがある。それは語り手であるダグラスが幼い時、夜中に不審な物音で目が醒め、その音のする方に行ってみて目にした、叔母のヘスターが鞭打たれ、傷口から血を滴らせている光景である。ダグラスは恐ろしくなって戸棚に身を隠す。それは自分が見つからない＝見られないためばかりではない。この恐ろしい光景を見ないためだ。

マイノリティ（マイナー性）は、このようにサウンドとヴィジュアルを切り離し、シンクロさせないことで出来事を生き延びようとする。それは出来事を無かったことにするのではない。もしもサウンドとヴィジュアルがシンクロしてしまったら、そこにはトラウマ的な意味作用が生まれ、自分はそれに耐えられないだろう（例えばイギリスで最初のトーキー映画とされるヒッチコックの『暗殺者の家』を観れば一目瞭然である）。だから出来事を生き延びるためにシンクロを外す。そして、そうすることで出来事はそれを経験する個人を超えて生き延びることができる。この時、切り離され、シンクロからずれたサウンドとヴィジュアルは、それぞれが互いの死後の生、生き延びであると言える。

私には多くのミュージック・ヴィデオが、サウンドとヴィジュアルの微妙なシンクロ／非シンクロ（歌詞の物語性との自由な関係、そして何よりも歌手の口の動きとのいわゆるリップ・シンクの様々な扱い）という点で、このダグラスの原光景の何がしかの反復に思える。

例えば、レイ・シュリマーを広く世に知らしめた「ブラック・ビートルズ」のヴィデオについて考えてみよう。音楽としてはサザン・ヒップホップの一つ、いわゆるトラップ（もともとはコカインの密造所、密売所を意味するサウスの隠語だが、もちろん、コカイン売買がコミュニティ、特に若者にとって危険な罠であるからそう呼ばれる）らしい音の作りで、特にトラップのプロデューサーの中でも際立つ存在であるマイク・ウィル・メイド・イット（そもそもレイ・シュリマーは彼のレーベル、イヤードラマーズの所属で、レーベル名を逆さまにしたものをグループ名にしている）のBPMを落としたドラム・マシーンのキックドラムが生み出す一種の静けさが耳に残る。それに対してミュージック・ヴィデオでは、一見レイ・シュリマーのライヴ（とそのリハーサル）がそのまま映像化されているかに思える部分（特にラッパーの口の動きと歌詞がシンクロしているところ）がある。いかにもロック・バンド風（ブラック・ビートルズ！）なドラム、エレキ・ベース、エレキ・ギターという彼らの出で立ち、そして、ご丁寧にジミ・ヘンドリックスを思わせる、ギターを振り回してそこらへんの機材を壊すパフォーマンスまであるのだが、それに対するサウンドは先程書いたように典型的なトラップで、ロック・ギター的なフレーズは聴こえない。

ポップ・ミュージックのアイコンとしてのビートルズへのリスペクトと、それに取って代わりたいという欲望を表明し（ヴィデオでは、ジョン・レノンを意識した、ベッドの上でガールフレンドと一緒にアコースティック・ギターを弾くシーンや、あの有名な横断歩道のシーンに表現されている）、ビートルズとジミ・ヘンドリックスへの参照によってブラック・ミュージックの伝統とロックとの関係に言及しつつ、あくまでサウンドとしてはブラック・ミュージックの現在としてのトラップのスタイルを崩さないことでブラック・カルチャーとコミュニティを商品化していく音楽産業（と資本主義）の歴史への批評を成し遂げているパーティー・ミュージックのヴィデオとなっている。トラップをどうやって生き延び、コミュニティの歴史を生き延びるか。

それが、すでにストリートから生き延び、リッチなオフィスを構えるジェイ－Zの「エンパイア・ステイト・オブ・マインド」のヴィデオでは、見ることと語ることの接続に何の疑問も抱かずに「ほらご覧」と、屈託なく指差すだけでその裂け目が乗り越えられてしまう。

それではNasはどうだろうか。残念なことに「N.Y.ステイト・オブ・マインド」にはオフィシャル・ヴィデオは存在しない（一九歳の若者のデビュー・アルバムなのでその予算はなかった）。しかし、彼のリリックは極めて映画的で（それがまた、『アルジェの戦い』などの映画との比較を呼び込む）、様々な銃や暗い路地での銃撃戦、ストリートを逃げ惑い、辛うじて人目につかない暗がりに身を潜め、警察をやり過ごす。それぞれのショットが、物語的というよりは、アクション映画の激しく、飛躍を伴ったモンタージュのように繰り広げられる。何とか逃げ延びられたのは、日々無意識の内に身に着けたストリートの知恵のおかげであり、友人たち、コミュニティのおかげである。けれども、必死に逃げ、あとから思い出そうとしてもその経路を一つの物語のようにしては思い起こせない。

ニューヨークを俯瞰するジェイ-Zとストリートに張り付くようなNasの視線の差異。これはミシェル・ド゠セルトーが『日常的実践のポイエティーク』で「歩行者の発話行為」のモードの違いとして描き出したものだ。ジェイ-ZとNasでは、同じニューヨークという都市であっても、その時間と空間を生産する仕方が全く異なっている。一種の全体性を当て込み、さらにはその起源としての自分自身を措定することのできる（「ニューヨーク、何でも実現できる、夢でできたコンクリート・ジャングル」）ジェイ-Zに対して、Nasのニューヨークは断片的で、ちょうど想起することrememberingが引き千切られた四肢membreを寄せ集めることであるように、一種のモンタージュ、コラージュとして出来上がっている。

Nasの作品では、生はいつも死と隣り合っている。それは、彼の親友で共に音楽を作り一緒にデビューすることを夢見ていたイル・ウィルが、彼らが育った場所、クイーンズブリッジのプロジェクトで、些細な喧嘩がもとで殺され、その死を看取ったことの影響が大きい。自分は、いまは生の側にいる、だが少しでもミスをして踏み外せば、そこは死の側だ。ストリートから、仲間たちから学んだことを駆使して何とか今日は生き延びた。けれども、死んでいった者たちだって才能もあれば努力もしていた。自分が警察に捕まったり、誰かに殺されたりしていないのは、究極的には偶然にすぎない。

「ライフズ・ア・ビッチ」

自分が生き延びているのが自分自身の努力によるのではなく、一種の受動性に委ねられているというこの感覚は『イルマティック』では、AZとの共作「ライフズ・ア・ビッチ」に現われている。

いわゆる「黒人英語」の専門家である社会言語学者トマス・カーチマンの『即興の文化』は、彼が大学のクラスで経験した黒人学生と白人学生のあいだのコンフリクトを合州国の主流の白人の文化と黒人の文化との違いから論じた興味深い著作だ。カーチマンによれば、性的な事柄に関して、黒人文化では、女性も性的な主体であり、自分の欲望を表明する権利も男性からの誘いを断る権利も持っているものと、男性からも女性からも認められている。それを前提にして男性は女性に声をかける（これを「ラップする」と言うらしい）ので、男性にとって、女性から断られることは全く屈辱的ではないが、無視されると「俺のラップはそんなにつまらなかったのかい！」とブチ切れる。また、自分の性的欲望を口にする女性が、特に性的にアクティヴと思われることもない。ところが、主流文化では女性は自分が性的存在であることを公共の場面で明らかにすることは禁じられている。また、あからさまに性的な関心の対象であると表明されることを侮辱と感じる。そこから、男性であれ女性であれ、黒人と白人のあいだでお互いに「侮辱された」というような行き違いが生じるのだと言う。

こういったことを踏まえると、「人生はビッチである」というのは、いま生きているのは、自分が生というビッチのお眼鏡に適ったからであって、おそらくNasにせよAZにせよリスペクトしているこの女性に選ばれたことの昂揚感、この関係を長続きさせたいが、その望みが叶うかどうかは自分ではどうしようもできない（それが人生である限りで人は必ず彼女に振られる＝死ぬ）、だからいまはこのことを誇り、楽しもう、という感覚なのだと分かる。そして、この受動性への感覚が、Nasにあって（ジェイ－Zとは異なり）新自由主義的な個人主義化に回収されきらない、ディアスポラと奴隷制、植民地主義の断片化された、そしてそうでなければ生き延びられなかった出来事の歴史というコモンズへの負債に基づく個体化に踏み止まらせている。

間隙によって生き延びる出来事のリアリズム＝実在論がここにある。

生世界／死世界——パレスチナと私のあいだで

音響爆弾／アフェクトの荒野

コード9として知られるDJにしてハイパーダムというレーベルのオーナー、スティーヴ・グッドマンには、ウォリック大学に出した学位論文を元にした『音響戦争——サウンド、情動および恐怖のエコロジー *Sonic Warfare: Sound, Affect, and the Ecology of Fear*』という著書がある。その本は、まず、二〇〇五年にイスラエル空軍がガザで行った一種の「音響攻撃」の記述から始まる。夜中にジェット戦闘機が低空で飛ぶことで衝撃波を発生させる。家中が大きく揺れ住人たちは飛び起き、慌てて外へと逃げる。人々から眠りを奪い、緊張と不安の内に落とし込む。音響の軍事化だ。

二〇世紀の半ばに出現したイスラエルという国民国家は、国家の領土形成 territorialization が同時にそこにもともと住む住民の土地からの引き剝がし deterritorialization であるということを端的に示す例であり、人々から日常生活というものを奪い、棲処としてのテリトリー形成を不可能にし、追い立てようとする。そのためにはサウンドであれヴィジュアルであれ、様々なテクノロジーが投入される（ハマースの幹部一人ひとりを狙い撃ちにできるミサイル技術は高度な画像処理能力によるものである）。

ここで確認しておくべきは、イスラエルの目的、とりわけ、ガザや西岸地区、そして東エルサレムなどの軍事占領地域での目的であるだろう。

それは、かつてナチスが絶滅収容所を通じて達成しようとした効率の良い大量死による、特定の属性を持つとされる人間集団の物理的な消滅ではないし、また、大西洋奴隷貿易において奴隷船が果たした役割、つまり、恐怖という生産手段によって人間を従順な身体＝奴隷という商品へと作り変える一種の工場というのでもない。

それは、パレスチナをイスラエル国家の主権に従属する空間という意味でのテリトリー、領土へと作り変える前段階として、そこにもとから住み着いていた住民たちにとって、住み、生活することが不可能な空間とすることである。

もちろん、死者は出る。しかし、いわゆる「副次的被害」を最小限に抑え、「致死的ではない」手段を用いた現代軍事理論にとって「理想的」な戦争の実地試験場でもある（そしてその成果を携えてイスラエルの軍事産業は国際的な兵器市場への売り込みを図る）。

住民たちの抵抗への意志を挫き、そこで生き続けようという希望を奪うこと。可聴域を超えて身体を貫き、内臓を鷲掴みにして揺さぶる音響は、まさに一定の空間全域を絶望のアフェクトで満たすためのテクノロジーにうってつけなのだ。

テリトリー

ある空間にテリトリーを形成すること。それは、その空間を排他的に所有することなのだろうか。テリトリーとは、近代の政治（学）が想定するような、主権の相関項としての領土でしかないのだろうか。ここでフェリックス・ガタリがテリトリーの存在と結びつけているリトゥルネッロについて考えてみよう。そもそもリトゥルネッロとはバロック期にオペラなどの声楽曲に現れる器楽によって繰り返される短い主題（そもそもの意味は「小さな回帰」）のことである。ドゥルーズ＝ガタリの英訳では素っ気なく「リフレイン」などの語が当てられていて、それはそれで今日のポピュラー音楽における「リフ」との繋がりが生まれてくるのだが、ここではとりあえず、エリザベス・グロスが『カオス・領土・芸術』で述べているように、リトゥルネッロというか、そもそも音楽はホワイトノイズ（完全なランダムさ）と完全に同じものの単調な繰り返しのあいだのどこかにあるものだと押さえておけばよいだろう。

完全なランダムさの中では人間は生きていけない。現象学の概念である生活世界ないし生世界life worldは、メルロ＝ポンティが日々住み慣れていくと言うようにほぼ同じものが繰り返される（地面は突然豆腐のように柔らかくならないし、学校は昨日と違う場所に一晩で移動したりしない）ことを当てにして成り立っている。ほぼ同じものをそれとして意識化されない背景（ゲシュタルト心理学で言う「地」）として、そこから浮かび上がる局所的な変化に対応して、私たちは日々を生き延びる。

私たち（人間ばかりではない）が生きていく環境は決して完璧に同じものの反復ではない。ほぼ同じような似た環境に対して、これまでに学び覚えたことを不器用に（あるいは同じことだが巧みに）繰り返して生き延びていく。一種の存在論的な記憶の総体としての世界から自分の身体を通じて、リトゥルネッロ、小さな回帰によって敷居を記し付けながら、ある程度の纏まりを局所的に作り上げていく。おそらくテリトリーとは、まずもってそういうものであるのだろう。

死世界

それに対してエディス・ウィショグロドは『灰の中の精神』で死世界death worldなる概念を提唱していた。二〇世紀に出現した──人間が作り出した大量死」を理解するためには生世界ではなく死世界を考えなければならない。

つまり、住み慣れていくことのできない世界である。身体が、世界そのものである記憶から何も引き出せない世界。ナチの強制収容所であれば、それ自体気まぐれで改変される親衛隊の恣意的で無意味な命令によって世界は生世界としての安定性を失うのだし、秘密警察の取調室で為される拷問であれば、道具の自明性（鉛筆は紙に字を書くためのもの）が失われ、私の掌を貫く凶器になる。世界の中の事物は、道具的な連関の中で安らっていることはなく、いつ私に襲いかかってくるか分からない、手を伸ばし触れることが躊躇われる不気味なモノへと変貌する。

そして、イスラエルの軍事占領下では、いたるところに分離壁とチェックポイントが設けられ、そこを管理する兵士たちの恣意のままに、自分の畑や通い慣れたはずの学校などの馴染みの場所でさえ、いつそこへ行けるのか、またそのチェックポイントを通り抜けられたとして、無事帰って来られるかも分からないものとなる。

あるいは、自分の家で眠りについていても、いつ衝撃波に見舞われるか分からない世界。システマティックに恣意的な世界だ。しかも、そのランダムさが誰かの意志に帰される世界。死世界では、自然なランダムさ、つまり、自然としてのカオスが問題なのではない。私が世界に馴染み、習慣を形成し、小さな繰り返しを行おうとするそのたびごとに、それを挫く意志、その存在だけは確信することができる。デカルトの神にも比すべき能力を備える悪い霊など可愛いものだ。それは私が真理に近づくたびに誤りを教えるだけなのだから。死世界を司る存在は、私の身体の「私はできる」を悉く粉砕し、通常は身体が担う最低限の（能動性の基盤となる受動的な）時間的、空間的な綜合（生世界ともテリトリーとも好きなように呼べばいいが）を不可能にする。

ただの空虚であれば、あるいは、廃墟や瓦礫の山であってもそれだけなら、ベンヤミンが「破壊的性格」で語ったように「息苦しい！　空間を、スペースを空けろ！」という叫びとともに、後から来る者たちに、つまり未来のためのフリースペースとして明け渡せばいい。しかし、この死世界は空っぽではない。それは絶望のアフェクトに満たされる。何事かを為しうるための最低限の綜合（それは常に現在ではない時間性なしには不可能だ）も許さないほどにバラバラになった身体と時間だ。

そして「当局 authority」はこう言う。「ここではあなた方は生きることはできない」。それに継がれる言葉が、「だから死になさい」なのか「だからここから出ていきなさい」なのか、あるいは「だからゾンビとして、生きながらの死者として働きなさい」なのかは、その状況によって異なるとはいえ。

だが、ベンヤミンは、このようにバラバラにされた時間、他から切り離された「現在」の内に、カタストロフィであるとともにメシアが到来するための門をも見出そうとした。点的な現在（「ヌン」）がまた好機（「カイロス」）でもあるのだと。

現在、そのテクノロジー的綜合

ベルナール・スティグレールはその『技術と時間』（当初予告されていた巻数を完結することなく終わってしまったが）で、フッサールが内的時間意識に関して解明した過去把持と未来予持を（デリダのエクリチュールや、とりわけ、「竪穴とピラミッド」のヘーゲルの人間学における記憶＝機械論に導かれて）いわゆる意識の内面から解放し、テクノロジーや産業へと繋げていった。彼によれば映画は過去把持や未来予持の受動的綜合の産業化の最初のものであり、それは、今日ではグーグルなどの民間企業によるインターネットの検索アルゴリズムにまで及んでいる。検索履歴によって何を真っ先に表示するかが決まるということは、現象学で言う受動的綜合がテクノロジー的に接続、再組織化されることで民間企業の利益へと変換されていることを意味している。

ハイデガーがテクノロジーの本質はテクノロジー的ではない、つまり、形而上学であると言うように、テクノロジーは時間性とその綜合の問題であり、今日であれば、世界（という）記憶と個々の人間身体による個体化はテクノロジーによって不可避に媒介されている。

自分自身とのあいだにテクノロジー的な媒介が入っていくことの見事なイラストレーションは、ＳＦ

作品ではあるが、伊藤計劃の『虐殺器官』を見てみるといい。そこでは主人公たち、他国の政府要人の暗殺という極秘任務に従事する兵士たちは冷静に職務を遂行できるようにナノマシーンを体内に注入され、また、薬物やカウンセリングを施され、さらに遠隔地の作戦本部からメンタルの状態をリアルタイムでモニターされている。無意識的な暴走や、あるいは、トラウマ的な体験から自分自身を護るために、自分の身体と、身体を操るオペレーターとしての自我とのあいだにテクノロジーによる障壁を設けるのだ。オペレーターが遠隔地にいるために生じるディレイなしに即座に対応することができる、その場に居合わせるオペレーターとしての自我だ。

もちろん、現実の（民兵も含めた）軍事および警察行動ではせいぜいがドローンの遠隔地からの操作と、メディアを通じての人種主義的イデオロギー（アルチュセールが言う意味でのイデオロギー）による「罪悪感なき殺戮」なのだが、まさに殺す側もバラバラにされた時間を生きざるを得ず、その綜合はテクノロジーに委ねられる。

再び立ちなさい

死世界の只中で、私たちは再び立ち上がることができるのだろうか。このバラバラの「いま」を好機として掴むことができるのだろうか。殺す側の、ケアのテクノロジーによって護られた（そう言えば、アニメ『Psycho-Pass』や、伊藤計劃の別の作品『ハーモニー』などでは警察や軍事部門は厚労省やＷＨＯ管轄であった）「現在」ではなく、現在という時間を、それらとは別な綜合として作り出すことは可能だろうか。

いや、私は事態をネガティヴに描きすぎていると批判されるかもしれない。もちろん、と言おう、抵抗は止まない。

コード9が音響の軍事化についての著書を書きながらもDJをやめないのは、サウンドとテクノロジーの別な関係を模索しているからだろう。テクノロジカルな綜合とはどのようなものか私たちはまだ分かっていない。「身体に何ができるのかまだ私たちは知らない」と哲学者たちが言うのと同様に。そもそもサウンド・テクノロジーの中心に位置する装置は「綜合するもの（シンセサイザー）」と呼ばれているのだった。

現在のパレスチナに対する世界中の関心はやはりイスラエル軍やシオニストたちの暴力のSNSによる動画の拡散によるところが大きい。カメラというテクノロジーは、イメージを現場から引き剥がし、特に現在のデジタル・カメラであれば、それを離散的な信号に置き換え、コード化し、伝達し、さらに、そのデータは保存されたり、綜合され、復元されたりする。その場から引き剥がすことの暴力性を無視してはならないとともに、そのことによってそこに居合わせない私も見ることができるようになる。引き剥がされ、バラバラにされたイメージが、いま、私が目の前にしている端末のモニターにおいて綜合されている。このことの意味を問い返さなければならない。イメージの遠隔綜合にとって、この私の身体はどう参与しているのか。

ここで、唐突だが、ジャン・ジュネに言及したい。彼が監督した『愛の歌』という短編映画では、監獄の囚人たちが夢見ている、しかし、彼ら自身の意識には昇らない解放のイメージは、他者によって、映画内では囚人たちのマスターベーションを覗き見る看守によって、そして、もちろん、この映画を観る私たちによってイメージ化＝形象化される。被抑圧者たちの解放の夢は他者の身体をスクリーンとして形象化されなければならない。これがジュネの基本的な立場であり、それだから、合州国のブラック・パンサーたちのもとへ、そして、パレスチナへと彼は赴くし、シャティーラのパレスチナ難民キャンプでの虐殺の後に外国人として最初に入り「シャティーラの四時間」を書き留める。

私たちの身体を現在の解放の夢のためのスクリーンないしシンセサイザーへと成すことが求められているに違いない、ジュネやコード9たちに続いて。

附記

二〇二三年一〇月七日の占領下ガザからのハマースによる抵抗の後、イスラエルは「教科書的」と呼ばれるほどのあからさまなジェノサイドに移行した。だが、その分析と批判は別の機会に譲らざるをえない。

いくつもの帰郷の物語

神話／啓蒙

中世音楽とパンクを専門とするクィア音楽学者のジュディス・A・ペライーノはその著書『セイレーンを聴く』を、まずアドルノとホルクハイマーの『啓蒙の弁証法』のセイレーン論の検討から始める。それは、もちろん、セイレーン神話が音楽、とりわけ歌の持つ力についての「西洋」の捉え方を典型的に表しているからであるのだが、さらに言えば、『啓蒙の弁証法』が音楽を一芸術ジャンルや文化現象の一分野に過ぎないものではなく、一種の根源史、それもただ単に啓蒙のそれというよりも人間の社会そのものの根源史と捉えていたからでもある。

『啓蒙の弁証法』では、啓蒙とは何かを明らかにする一種のイラストレーションとして『オデュッセイア』が参照される。第一章「啓蒙の概念」でもそうだが、補論Ⅰはそのものずばり「オデュッセウスあるいは神話と啓蒙」と題されている。ここで重要なのは第一章で取り上げられたセイレーンのくだりである。

ご存じのように『オデュッセイア』はトロイ戦争の英雄オデュッセウス（ユリシーズ）が戦争終結後に故郷イタケーに帰還するまでの物語で、彼は様々な危機を詭計によって生き延びていく。

ショウペンハウエル研究から出発したホルクハイマーにとって自己保存への衝動こそが人間の不幸の根源であり、また、アドルノにとっても同一性ないし同じきものの帝国主義的支配こそが批判の対象であった。オデュッセウスこそ自己同一性の確立とその自己保存の物語である。

『啓蒙の弁証法』の著者たちは言う、神話的思考の特徴は擬人法、主観の客観への投影であると思われがちだがそれは違う、と。むしろ、自然の、客体の力に人間は圧倒されている。自然から我が身を切り離したばかりの人間の自己は、油断するとすぐに、やっとそこから抜け出したばかりの自然に呑み込まれてしまいかねない。セイレーンの歌声とは、そのような自然の誘惑である。「そのようなちっぽけな自己など捨て、こちらへ戻っておいで、ここここそがお前の故郷なのだ」。

オデュッセウスの危機とは、基本的に、自己を捨ててその場に留まるように、故郷である都市に帰らないように、という誘惑にほかならない。

『啓蒙の弁証法』は、ホルクハイマーとアドルノがナチスを逃れてアメリカに亡命中に、ファシズムがなぜ勝利したのかを解明するために執筆された。一般に啓蒙とは神話からの離脱と目されている。神話的世界、神話的な説明を後にして合理的な世界へと足を踏み入れることであると。ドイツであからさまに自らを神話と名乗るナチが勝利を収めたのは、未だ啓蒙が不十分だったからなのか。ホルクハイマーとアドルノは、そうではないと言う。実は神話はすでにして啓蒙であり、そして、啓蒙は（弁証法的に）神話へと転換される。

神話はこの宇宙を単なる無秩序なカオスではなく、神々の意志によって動かされているものと解釈する。したがって、私たちは神々の望むところを忖度し、その機嫌を取ることに成功すれば、自然に対するそれなりのコントロールを手にできる。神々の機嫌を取る手段は犠牲、生贄である。そして、神々によるこの宇宙の秩序、因果性はベンヤミンによって運命とも罪連関とも呼ばれており、『啓蒙の弁証法』はそれを引き継いでいる。

神々は私たち人間の犯した罪を記憶しており、それに対して報いを与える。ちょうど、テーバイを苦しめる流行病の原因が誰かの罪であり、その罪人を見つけ出し犠牲とすれば病がおさまるとする『オイディプス王』の論理のように、罪と犠牲とのあいだの計算が神話の論理を形づくる。

そして、啓蒙とは本来は犠牲の論理の批判であり、いま起きていることの原因は誰かの罪ではないという主張であり、罪とは別の真の原因の探求であったはずなのだ。

セイレーン／オデュッセウス

オデュッセウスがセイレーンの誘惑を断ち切る方法は、ヘーゲルが『精神現象学』で論じた「主人と奴隷の弁証法（自己意識）」の一種の変奏と言える。オデュッセウスは部下たちの耳に蜜蝋を詰めて音を聞こえなくし、自分自身を帆柱に縄で縛り付けて、何を叫びどう足掻こうともほどいてはならない、むしろよりきつく締め上げよと命じてセイレーンたちの住む島の傍らを通り過ぎることに成功した。

つまり、命令する者と命令に従う者たちとの分割と、もはや人間の自己を呑み込む力を失い、ただの美的享受の対象となった自然、人間にとってもはや脅威ではなくなった自然とが同時に出現したのだと、それは教えてくれる。人間の人間に対する支配と人間の自然に対する支配の等根源性である。ハーバーマスが『啓蒙の弁証法』を「暗い本」と呼ぶのはこのためである。人間に対する支配と自然に対する支配が等根源的であるとするなら、人間のあいだの平等は人間と自然の平等と同時にしか達成されないのではないか（これがベンヤミンやブロッホやアドルノのユートピアである）。しかし、近代が生み出したテクノロジーによる自然支配を私たちは手放せるのだろうか。こう考えるハーバーマスは、啓蒙をコミュニケーションの合理性とシステムの合理性の二つに分割することで、自然を奴隷にしたままで人間のあいだの平等は可能なのだと論じようとする。それに対してベンヤミンは「複製技術時代の芸術作品」で、映画というテクノロジーにおいて初めて人間と自然は共演者＝共に遊ぶ者となる、と主張する（これはベンヤミンが、ファシストには映画というテクノロジーは使いこなせないという理由の一つをなす）。

さて、問題なのは音楽だ。これは単にアドルノが音楽の専門家であるからというだけではない。セイレーンの神話が示しているのは、「西洋」世界の音楽に対する怖れである。有無を言わさずに巻き込んでしまい、身体的な情動を喚起せずにはおかないその力への怖れである。プラトンだろうがアウグスティヌスだろうが、「西洋音楽」のメインストリームは、音楽の力から身を守るために、楽器の種類を制限し、ハーモニーを回避して単旋律に言葉を載せ、感覚的なものを意味の下に従属させようと努力してきた。

犠牲はまた、身代わりでもある。「私の代わりに、どうぞこいつを殺してください」と言って他者（人間であれ動物であれ機械であれ）を差し出すことで、私たちは生き延びる。ヘーゲルの主人と奴隷の弁証法では、自分の身体性への執着が強い方がそれだけより自然に近い存在だとされて、奴隷として自然の荒ぶる力の前に差し出される。主人は自らの身体性を危険に晒すことなく奴隷の労働の成果だけを享受する。

そして我らがオデュッセウスは、部下たちの、ただ命令を実行する労働する身体を通して、それらの身体が生み出す隔たりを通して、セイレーンたちの歌声を享受する。だが、その歌は本当にセイレーンの歌と言えるのだろうか。自らの身体性を縄で縛り上げて否定し、踊り出すこともできずに聴くセイレーンの歌声は、もはや自然の歌そのものではなく、分業体制の下で他者の労働によって媒介され、距離を取られ、すでに衰弱したものに過ぎないのではないか。

神話から叙事詩への移行、とホルクハイマーとアドルノは言う。それが伝説上の人物であれ、曲がりなりにも人間の作者の名を冠される限りで、そして、その作品が人間である主人公の名で呼ばれる限りで、それは人間の語りへと変換され、神話における自然の圧倒的な力は間接的なものへと媒介され、弱体化される。狡知によって個体の同一性を保ち、生き延び、故郷へと帰還する個人としてのオデュッセウス。そこでは、多くの人間が、彼の部下たちが、彼の身代わりとして殺されていく。

近代が現実に辿った啓蒙は、こういった身代わりのメカニズムを決して廃棄しはしなかった。しかし、神話的な身代わりに付き纏っていたミメーシス（模倣）的契機——身代わりにされるものと身代わりを差し出すものとのあいだの神秘的な結びつき、その二つが互いの模倣となってそれぞれの自己同一性と個体性を見失わせる契機であり、何ものかが別のものの記号となることを可能にする根源的経験であるミメーシス――を否認してきた。身体性に根差したミメーシスは意味作用の根源的場面であり、神秘的な「名の理論」（モノの身代わりとしての名）の発生する場所である。

だが、近代的啓蒙はモノの側からの人間への作用を、それが届かないほどに距離を取れるようにすることで否定した。モノの人間に対する呪力は否定しながら、人間のモノに対する支配は一種の遠隔作用力として確立しようとした。しかし、現実には、これは遠隔作用力ではなく、人間による連鎖であった。近代的啓蒙が植民地主義と表裏一体であり、アフリカからの奴隷貿易によって生み出された近代奴隷制がその下部構造であるのはこういうわけによる。

オデュッセウスが自らに対して否定した（ミメーシスの基盤としての）身体性は、他者の身体、とりわけ植民地主義的、人種主義的に他者化された身体として啓蒙の只中に回帰した。

私たちに問われているのはこのような形とは異なる身体性の回帰をどのように成し遂げることができるか、反ユダヤ主義、黒人への人種差別、パレスチナでの民族浄化、イスラモフォビア、ホモフォビア、トランスフォビアに抗して、個体の自己同一性のサヴァイヴァルとは違う、ミメーシス的な身体性へと身を開けるかなのだ。

音楽による帰郷

セイレーンの歌声に身を任せ、個体の同一性を失って、神話的な荒ぶる自然へと回帰するのではなく、かと言って奸智を尽くして我が身を、我が個体性だけを生き延びさせ帰郷させるのでもない、どのようなやり方があるのだろうか。

ここでホルクハイマーとアドルノという二人の亡命者がその亡命先でオデュッセウスの帰還の物語を検討していたその時期、そして、ハイデガーがフライブルクでヘルダーリンの帰郷について講義を行っていた時期、その同じ時期に描き出されたいま一つの帰郷の物語について考えてみたい。

その物語とは、もちろん、MGMミュージカル映画『オズの魔法使』にほかならない。よく知られている通り、この映画は（原作小説とは違って）カンザスにおける大恐慌期の階級対立が前景化されている。支配階級（の一つ）である地主の横暴に対して、貧しい農場主もその農業労働者も何も言えない。ただ、ドロシーの飼い犬トトだけが果敢に地主に食ってかかる。貧しい農民の飼い犬であるトトにはその権利が認められるはずもない真実を語ること、つまりパレーシアを行使したことで、トトは死刑宣告を受ける。『オズの魔法使』は死刑宣告を受けた政治犯の亡命と帰郷の物語なのだ。

映画だとモノクロで描かれる現実の世界では、トトの命を救うための行動に踏み出せないでいた農業労働者たちは、極彩色で描き出される魔法の世界では、ライオン、カカシ、ブリキ男となってドロシーとトトと共に旅をする。竜巻に巻き込まれ家ごと吹き飛ばされ、その家が悪い魔女を押し潰して殺してしまうのだが、それで家は壊れてしまい、ホームレス（故郷喪失者）となったドロシーとトトが旅の中で学んでいくのは集団を形成するということだ。抵抗と解放のためには集団を形成しなければならない。そして、自分の願いを実現するために必要なのは、自称オズの魔法使いの仰々しいがその実何の役にも立たない機械（ブルシットジョブを生み出し官僚機構の存在の自己正当化以外の何の働きもしない）ではない。それは願望、あるいは欲望の力なのだ。だが、ドロシー＝ジュディ・ガーランドが帰還した故郷とは一体どこなのだろう。もちろん、物語的にはあのモノクロのカンザスである。だが、そこは何かが少し変わっている。みんなはトトを守るために力を合わせてくれるという。魔法の国（映画ではドロシーの夢、ちなみに原作では夢オチではない）の中ばかりでなく、現実の世界でも人々は団結し集団を形成する方へと動き出している。

しかし、あの賛否が相半ばする「故郷（ホーム）が一番 There's no place like home」というセリフをどう理解したらよいだろう。自らが政治的亡命者であるサルマン・ラシュディは折に触れて映画版の『オズの魔法使』に言及しているし、BFIから出ているコンパクトな判型の名作映画モノグラフシリーズでは『オズの魔法使』を担当している。そこでラシュディは、戻ってきた故郷はかつて自分が出発した故郷とは同じではないことを指摘している。

ミュージカル映画とは一種のヘテロトピア、つまり（ここと別のどこかであるユートピアとは違って）この場所がそのまま別の場所でもあるような経験である。それはちょうど魔法の国がドロシーの夢で、ドロシーがその場に居ながら別の場所にいるのと同様であり、劇場にいる私たちがそのままで映画の別の空間（とりわけ音響の空間）にいるのと同様である。ジュディ・ガーランドの偉大さは、「虹の彼方に」のようなここではないどこか、つまり、ユートピアへの憧憬を表現することができるとともに、ミュージカルにおける歌とダンスを通して世界を別様に変様させ、「ここ」を、旅立ったのとは少し違うホームへと作り変える力にこそある。

セイレーンの歌声に導かれる帰郷でも、オデュッセウスのような社会的分業に基づき他者を犠牲にするサヴァイヴァルと帰郷でもない。それらは故郷がかつてあった通りであることを望む。しかし、ミュージカルは世界そのものを変容させる。ありきたりの場所であれ、それがそのまま変容を遂げる。それはちょうどイエスの変容 transfiguration のようなものだが、この場合、（多くのミュージカル作品では）日常のありふれたものがそのまま変容を遂げ、それにもかかわらず別のものになる。しかも、その変容した世界を集団としてサヴァイヴァルして帰郷する試み、故郷との新たな関係の創出がミュージカル映画『オズの魔法使』で賭けられていたことにほかならない。

ジョージアの民族音楽学者、進化音楽学者のジョーゼフ・ジョルダーニアの『人間はなぜ歌うのか』は極めてユニークな本だ。もちろん、音楽の起源についての議論は古来からあるし、進化生物学や脳科学の知見と照らし合わせて音楽やその起源を論じる議論も近年では盛んになっている。だが、ジョルダーニアは単に現生人類が進化の結果、音楽を好み、歌を歌うようになったというのではない。むしろ、積極的に、歌うことを通して現生人類へと進化していったのだと主張する。

その際、拠り所となるのは、彼の故郷ジョージアのポリフォニー音楽と、ポリフォニー音楽の世界的な分布に関する知識と洞察である。ここでジョルダーニアがポリフォニーというのは、ヨーロッパ中世で発達したような複数の声部に分かれ、時として旋律や歌詞までも異なる音楽では必ずしもなく、複数の人間による合唱全般のことで、一人の人間による独唱であるモノフォニーと対置される。ジョルダーニアによれば、従来、音楽学では、「人類の最初の歌はモノフォニーとして始まり、後にポリフォニーへと発展した」という捉え方が自明のものとして受け入れられていた。いわゆる西洋音楽史の理解では、ポリフォニーのような複雑さを備えた音楽はより単純な音楽からの発展として出現するし、さらに、そのような発展した、複雑な音楽は西洋のものだけであるとされていたからだ。しかし、人類学、民族音楽学の展開と録音技術の進展は世界各地のポリフォニー音楽の存在を明らかにした。

そして、ジョルダーニアは、人類はまずポリフォニーで、つまり、みんなで歌を歌い、モノフォニーはその後に現れたのだと言う。そこで問題になるのは、ヒトは地上で歌う唯一の種であるということだ。

歌う動物は多く存在する。と言ってもその多くは鳥類で、あとはクジラやイルカなどの水中で生きる哺乳類か、人間である。これらの生き物は発声器官の構造と、それが大脳皮質の支配を受けていることとが相俟って発声を随意的にコントロールできる。

もちろん、多くの動物が音をコミュニケーションの手段として用いているが、他の霊長類を含めてその発声は反射的で、定型的なパターン（と言っても反射的な発声が笑い声や泣き声や苦痛への反応くらいしかない人間よりも遥かにレパートリーは多い）に則っている。つまり、美味しそうな餌を見つけて、いくらそれを独り占めにしたいと思っても、反射的に「ここに美味しい食べ物がある」とのメッセージを発してしまうし、敵がいないのに仲間を騙してやろうと「狼が来た！」というような叫びを上げることもできない（これはクジラや鳥は嘘をつけるということではない）。

そして、重要なことに、樹上生活をする生き物は鳥であれ霊長類であれ樹上ではかなり騒がしいが、何かの必要で地上に降りた時には、敵に狙われないようにピタッと鳴き止み沈黙を守る。ところが私たちヒトは地上で歌うのである。

私たちの先祖が地上に降り立った時にぺちゃくちゃお喋りし続けていたり、みんなで歌を歌っていた光景を想像すると微笑ましくなるが、ジョルダーニアによれば、ヒトが歌を歌う理由はそれほど牧歌的なものではない。他の樹上生活者の動物たちは、地上では目立たず身を隠す戦略を採るわけだが、ヒトの祖先はむしろ集団で大声を出して敵を威嚇する戦略に出た。全員が同じピッチではなく複数の声部に分かれた方が音がより響いて実際の人数よりも多くいるように思わせられる。ジョルダーニアは、直立歩行も自分をより大きく見せるためで、また、全身の体毛が薄くなった人間の頭髪だけが濃いのも、より大きく見せるためだと言う（人類学などの復元図はまるで散髪直後のように描かれるが、実際には刈られていない大きなアフロヘアが頭に載っていたはずだと彼は言う）。

地上に降りたヒトがどうやって肉食獣から身を護るか。そればかりではない。ヒトが肉食を栄養補給の中心にしていく過程では、実は自分たちで直接狩った動物の肉ばかりではなく、死肉食が重要であったという説がある。要するにライオンなどの肉食獣が仕留めた獲物を横取りするのである。

集団で大声を出して威嚇して肉食獣を追い払う。だが、それだけではない。ジョルダーニアが重視するのは次のことである。音楽を通じて集団的に一種のトランス状態に入り（「戦闘トランス」と言うらしい）、死への怖れをなくし、また、傷を負ってもその痛みを感じなくさせ、普段以上の力も出せるようになる（いわゆる「火事場の馬鹿力」）。そうやってヒトは肉食獣と対峙し、食糧を確保し、生き延びることができた。音楽はヒトの生存に不可欠だったのだ。ただし、ラヴ&ピースという話にはならないのだが。

ジョルダーニアが挙げるようにヴェトナムであれ、その後の様々な戦場であれ、多くの兵士たちが音楽の力を借りて戦闘へと赴いた。音楽と暴力の親和性は根源的なのであって、これを避けて音楽について考えることなどできない。

交唱（コール＆レスポンス）

ところで、ジョルダーニアは、ポリフォニーであれ、モノフォニーであれ、人類の歌は、交唱、歌い手のあいだの掛け合いを含むものが多いと指摘している。これは興味深い論点である。ここには歌と言語との差異の問題が関わっている。

いま一度、鳥やクジラに目を向けてみよう。これらの動物たちの歌には個性がある。その歌い手の表現となっている。クジラにはそれぞれの個体毎に個性的なパターンがあるらしく、場合によっては地球の裏側にいても（クジラの歌声は海中をかなり遠くまで伝わる）誰が歌っているのかが分かるとさえ言われる。つまり、人間以外の動物の歌、あるいはコミュニケーションでは、個体識別はできるのである。

だが、おそらく人間の言語によってしか表現できないものがある。それは「私」である。そして、「私」の対話の相手、「私」の発話が差し向けられる相手である「あなた」である。

フランスの言語学者、エミール・バンヴェニストは、同じ人称代名詞として括られているものの、一人称・二人称と三人称のあいだには断絶があることを指摘した。一人称はいま、まさに生起している発話（これをバンヴェニストは「ディスクール」と呼ぶ）の担い手であり、二人称はその発話が差し向けられている相手、そして、三人称はその発話の相関項である。いま二人称のポジションにいる者は、このディスクールが途切れたなら、今度は「私は」と語り出し一人称のポジションに移行し、逆にいま一人称のポジションにいる者は「あなた」と語りかけられる二人称のポジションへと移る。それに対して三人称のポジションにいる存在はそのままでは（二人称が一人称へと反転するようには）一人称にはなれない。

人間の言語の特徴は、このような（反転可能な）一人称・二人称の構造を持っているところにある。

あるいは、ミハイル・バフチンのモノローグ／ダイアローグ、モノフォニー／ポリフォニーの議論を思い起こしてみよう。バフチンは言語を、バンヴェニストならディスクールと呼ぶものから捉えている。つまり、誰かから誰か、一人称から二人称への発話という出来事、社会性から理解する。意味は個人の心の中にあるのでも脳のような身体の中にあるのでもない。それは人と人のあいだにのみ存在する。しかも、（ジョルダーニアとは違って）彼にとってダイアローグやポリフォニーは暗黙の内に「あなたは私の意見には同意しないかもしれませんが……」という留保を含んでいる。つまり、世界の見え方は一つではなく、世界には（自分と）異なる見解（オピニオン、ドクサ）が存在していることの承認である。

ドゥルーズがユクスキュルやプルーストを参照しながら述べるように、生き物にとって世界はサイン（記号）に満ちている。生きるとはサインを読み取り、また、サインの用法を習得することにほかならない。だが、人間の学習に特徴的なのは、学ぶ者が教える者の意図、志向性を推し量るところにある。つまり、人間にとって学ぶということは、一つには、「他者が私に何を望んでいるのか」を考えることであり、他者の欲望を知りたいという「他者の欲望への欲望」の主体となることでもある。

マイケル・トマセロはチンパンジーや幼児に対する実験を通して言語の起源を探る実験心理学者だが、彼は志向性の共有を人間的コミュニケーションの根本的な特徴として捉える。そして、霊長類の身振りから人間の言語への進化の道筋を再構成しようとしている。そのトマセロがおもしろい指摘をしているのだが、現象の継起のパターンであれば動物にも学習できる。しかし、人間は現象の変化の背景に、それ自体は現象しない「意思」や「意図」を想定するとトマセロは言う。エルンスト・カッシーラーであれば人間の認識の歩みを実体概念から関数概念への発展として捉えるだろうが、自然界において生き物たちは現象＝サインの背後に超越することなしに、その変化を関数的に理解し学ぶ。それに対して人間は現象＝サインの背後にまで回り込み、その送り手の存在を想定し、その意図を推量する。これが世界を実体から構成されたものとして理解することであり、また、神話的な思考の基盤でもある。

動物たちも、自分が追いかけている獲物が視界から消えたからといって追跡を止めたりしないし、獲物が出てくる場所を予想して先回りすることもできる。この世界に自分に見えないものが存在することは理解している。しかし、それは、本当は見えているものが何かによって遮蔽され隠されているだけであって、要するに人間以外の生き物にとって世界は現象、あるいは現象としてのサインだけから成り立っている。

それに対して人間は目に見えないもの、現象しないものに憑き纏われている。他者の心である。他者の心を見た人間はいないが、大抵の人は他者の心の存在を疑っていない。確かにしばしば他者の心を、まるで身体という遮蔽物によって隠されているだけで、身体さえ取り除けば直に見ることができる、一つの「隠された見えるもの」のように思い描いてしまう。だが、身体から離れた魂を想像したとしても、それは一種の霊的な身体のようにイメージされるしかない。それというのも、もしも他者の心を本当に直接見ることができてしまったら、結局、それは私の心の中でしかなく、私との差異によって規定されるはずの他者性は失われてしまうからである。つまり、「隠された見えるもの」に過ぎない「見えないもの」ではない、本当に「見えないもの」、現象でもサインでもないものとの関わりが人間的コミュニケーションの、とりわけ言語の根本なのだ。それは、人間の世界は現象＝サインだけから成るものではなく、現象としての世界全体を括る、世界の中には書き込まれていない境界線である「見えないもの」、言い換えるなら「ドクサ」に（亡霊のように）憑き纏われているということだ。

ところで、手話を考えれば分かるように、言語と音声との結びつきは必ずしも必然的ではない。むしろ、偶然的と言うべきか。鳥やクジラと共通する発声器官の随意運動の可能性という条件があるにせよ、言語とはそのような発声の自由さとイコールではない。むしろ、トマセロが志向性の共有に、そして、バンヴェニストが人称性にその特徴を見出す（人間的）言語は、音声や身振り、さらには表情（アンドレ・ルロワ＝グーランは、直立歩行によって両腕が道具としてのかなり自由な機能を獲得することで、大抵の動物にとっては昆虫の口や豚の鼻のように捕食のための道具であった顔面が表現＝表情expressionの領域として解放されたと指摘する）などの様々なレイヤーが複雑にカップリングされて出現した（そして、おそらく脳というのはそれらの諸レイヤーのカップリングを調整する、複雑に折り畳まれた表面なのだろう）。

フェリックス・ガタリはイェルムスレウの言語学に想を得て、記号論を表現と内容（それぞれが形相と実質を持ち、全く異なる起源や歴史を持つ）が抽象機械によってカップリングされる様式の探究へと作り変えた。言語とはまさにそういう様々な表現と内容のカップリングの典型である。

そして、さらに言えば、歌というのも音楽と言語という少なくとも二つのレイヤーのカップリングであり、一方で、反復されるリズムによるトランスへの誘いと、言語的な人称化、個体化の過程とのあいだのネゴシエーションなのだ。そのネゴシエーションはまずもって交唱、そして、コール＆レスポンスという形式を取る。つまり、コール＆レスポンスとは、音楽と言語という二つのレイヤーを分節化する抽象機械なのであり、さらに言えば、そこに都市的なるもの=政治的なるものの根源がある。およそ「根源」の名に値するものはすべて間隙にこそ宿るのである。

黒い方舟を追って

まずは些か長い引用から。

ロック。身体のこの拍子の下で、私たちの世界はリズム的な世界性を展開したことになる、ジャズからラップに到るまで、またそれを越えて、群衆、増殖、飽和、様々なポーズの大衆性、帯域化し塊状化した電子的な皮膚、これに着目するならば、それは幾ばくかのノイズだと確実に言えよう、というのも、実際まず問題なのは基底をなすノイズであり、ノイズが立ち上がるのは、諸々の形式がもはや通用しなくなり、意味（社会的な、共同＝共通の、感情的な、形而上学的な）をなさない時である――またその反対に、裸出した様々の感覚＝意味を備え、様々な標定を喪失し、方向＝東方を見失い、脱西洋化＝脱西方化された諸身体と直に接しつつ、様々な美学＝感覚論が作り直されねばならない時、そして様々な芸術＝技術が、端から端まで、諸身体の創造のテクネーとして作り直されねばならない時である。そうだ、幾ばくかのノイズ、それは一つの思考の裏面のようなものであるが、それはまた諸身体の様々な褶曲＝折り返しの中で唸りをあげるものにも似ている。

ジャン＝リュク・ナンシー『共同－体 コルプス』（八二頁）

ここには残念ながらダブへの言及はないのだが、リー・〝スクラッチ〟・ペリーと彼が代表するダブ・ミュージックをこのナンシーの言葉への註釈として考えてみたい。

ダブについて

ダブとはジャマイカ発祥の音楽の一ジャンルである。幸いなことに音楽学者マイケル・ヴィールの『DUB論』が訳されているので、主にこの本に拠ってダブについて見ていくことにしよう。

ヴィールによれば、

ダブはルーツ・レゲエの時代（大体1968年から1985年の間）に栄えた。スタイルとしてのその重要性は、これらのエンジニアたち［キング・タビー、リー・〝スクラッチ〟・ペリー、エロルTなど］がレゲエの歌をリミックスし、これまでとは違う手法で音処理をし、断片化した歌の形式とリヴァーブをかけたサウンドスケープでユニークなポピュラー音楽言語を作った脱構築的な手法にこそある。

（二八頁、訳文一部変更）

レゲエが生まれ、発展していく時に、まさにそのレゲエが録音されていたスタジオでエンジニアたちが実験し、創り出したのがダブである。「ダブ」という呼び名は「ダビング」から来ていると言われる。ジャマイカでは「サウンドシステム」と呼ばれるものがある。音響機材を運び込んで野外で音楽をガンガン鳴らして踊るのだ。最初は合州国など海外にレコードを買い付けに行ったのだが、段々と国内にスタジオなどが作られ、自前のレコードをかけるようになる。DJたちは客を盛り上げる音源を求めレコードの奪い合いとなる。最盛期にはミュージシャンがスタジオ入りして二四時間も経たないうちにレコード盤が出来上がったという。

スタジオでは、まず歌なしのカラオケだけのレコードを作ってその後歌を録音してミックスするのだが、ある時、新曲のレコードを取りに来たDJに、間違えて歌なしの方を渡してしまった。ところが、それを気付かずにかけたところ、大いに盛り上がった。ここから、既存の音源から歌を削っていくダブが生まれたのだと伝えられている。

ちなみに、ヒップホップ草創期のDJたち（クール・ハークやアフリカ・バンバータなど）にはジャマイカからの移民やその二世が多い。当時ディスコが流行っていたのだが、ディスコに行く金のない若者たちが、幼い頃に経験したサウンドシステムの記憶をもとに、近所の公園に音響機材を持ち出してパーティー（「ブロック・パーティー」と呼ばれる）をしたのがヒップホップの始まりである。ただし、ヒップホップは既存の音源により多くの言葉を載せていく方向で発展していったので、言葉を削ろうとするダブとは異なる途を辿ることになる。

ダブは、合州国のブラック・ミュージックで言えば、むしろデトロイト・テクノやラリー・レヴァンのガラージ、フランキー・ナックルズのハウスなどのエレクトロニック・ダンス・ミュージックとの親和性が高い。実際、ダブの重要な中継地と言える（それは、もちろん、第二次大戦後の国際的な労働力移動の流れ、つまり、旧植民地から旧宗主国へ、この場合であればジャマイカからUKへという流れを背景とする）UKで、パンクおよびポスト・パンク状況においてデジタル化された機材との融合を果たしていくだろう（これはジャマイカにおいてダブがデジタル化を経験していないということではない）。ザ・クラッシュのジョー・ストラマー、元セックス・ピストルズというよりは遥かにパブリック・イメージ・リミテッド（Public Image Limited＝PIL）のジョン・ライドン、そして、そのPILのジャー・ウォブルがポピュラー・ミュージックの世界にダブを根付かせるために果たした役割の重要性はいくら強調してもしすぎることはない。

サイモン・レイノルズの『ポストパンク・ジェネレーションズ』によると、マッドチェスター（八〇年代後半から九〇年代にかけてマンチェスターで起こった一大ダンス・ミュージックのムーヴメント）の中心的レーベルであったファクトリーのプロデューサー、マーティン・ハネットは、狭いライヴハウスでのギグや若者たちの安いオーディオ・セットでの再生を前提として、拡がりを欠いて中心に密集するパンクのサウンドは、音響的には保守的であるという不満を持っていたらしい。

確かにセックス・ピストルズのサウンドはそういった拡がりを欠いている。だが、それが、PILでは音響を通じて様々な空間を創り出そうとする実験的な探究がなされるようになるのである。音響を通じての空間創出の探究という点では、PILは、直接的にダブの影響を示すザ・クラッシュの『サンディニスタ！』よりも遥かに先鋭的である。

さて、ここでリー・"スクラッチ"・ペリーとダブに戻ろう。ヴィールの引用にもあるように、ダブの特徴の一つは、特にアナログ時代には、途轍もなく強烈なリヴァーヴ、要するにぐわんぐわんする、まるでヨーロッパの教会堂か何かのような激しい残響音の連続的打撃とも言うべきエフェクトである。それにエコー。先程も書いたように、屋外でのパーティーのためのサウンドシステムなのだが、その空間を、音響を通じて変容させる。

鳥たちは歌を歌い自分たちのテリトリーを境界付ける。中世ヨーロッパの村々では教会の鐘が聞こえる範囲が一つのコミュニティである。テリトリー形成、その境界付けは音響と切り離せない。だが、ダブは、リヴァーヴを通じて、テリトリー形成に先立つ空間、いや、むしろ、世界を創造する。様々なテリトリー、それは音楽で言えばカットされ、サンプリングされ、ミックスされる様々な音塊だが、それらテリトリー=音塊がそこから切り出されてくるバックグラウンド・ノイズとしてのリヴァーヴ=世界の創造。音響による世界の創造に自覚的に取り組んだ先駆者こそがダブであり、とりわけ、リー・"スクラッチ"・ペリーと彼のブラック・アーク・スタジオだった。

目眩、耳鳴り、方向感覚の喪失

激しいリヴァーヴの最中で、私たちはまるで目眩がするように、あるいは、耳鳴りがするように感じる。世界はぐるぐる回り、揺れ、私たちは方向感覚を失う。自分はいま、どこを向いているのか、どちらが正しい方向なのか。

方向感覚の喪失。それは、すぐにでも陸地を見出せる海 sea ではなく、幾日も陸地の影すら見つけられずに進まなければならない大洋 ocean の航海に似ている。夜の星が頼りなのだが、見知らぬ大海では星の位置もよく分からない。星を見失い、星に見捨てられ désastre 不安と恐怖に駆られる。

それは、大西洋奴隷貿易のいわゆる中間航路 middle passage を往く奴隷船の船倉に閉じ込められたアフリカ人たちの境遇だ。船は進んでいる。だが、どこへ向かってだろう。前と後ろは本当に前と後ろなのか。

ベンヤミンは、根源とは渦巻きのようなものだと言う。それは一種のメエルシュトレエムであり、巻き込まれたなら、もがき足掻くよりも一度沈むところまで沈んでそこから浮上するしかない。そして、再び浮上して水面に顔を出した時、私たちのパースペクティヴは一変している。それまで自明だと思われていた出来事の前後関係の秩序は全く別物になっている。何が前で何が後なのか、どちらが前でどちらが後ろか、その配置がこれまでと全く違うのだ。

確かに中間航路で船から投げ捨てられたアフリカ人たちは、（一九世紀になると奴隷制度そのものは合法的に維持されるものの、多くの国で奴隷貿易は違法とされたので）証拠隠滅のために浮かび上がらないよう錘をつけられた。だが、デトロイト・テクノのUR（アンダーグラウンド・レジスタンス）のプロジェクトにドレクシア Drexcya というのがある。それは、中間航路で海に投げ捨てられて死んだ妊婦から生まれ、海中生活に適応した者たちを指す。抵抗は地下ばかりではなく、海底でも展開されなければならない。地下から、あるいは海底から、歴史を捉え返し、世界を、あるいは時空を変容させる試みが、アフリカン・ディアスポラのサウンド・テクノロジーなのだ。

とはいえ、ここではもう少しリヴァーヴのうねるサウンドとエコーの内に留まろう。歌や言葉を削ぎ落とした、ドラムとベースを中心にしたサウンド（ダブは「ドラム・ン・ベース」というジャンルに括られたりもする）、そしてヴィールも指摘するようにエフェクトをかけられ歪められ強調表示されたベースの音はドラム・マシーンが普及する以前から、ベースラインというよりも一種のビートを刻む機械として作動する。つまり、「西洋音楽」の音楽言語における物語性の主要な担い手である和声から自らを幾ばくか逸らす（ちょうど、エピクロス派のルクレティウスがクリナーメンと呼んだ原子が、自らとのあいだに生み出す隔たり、偏奇のように）。

もちろん、和声が完全に捨てられるわけではないが、しばしばそれはエコーの内に発散してしまう。ダブの子どもたちの一人であるヒップホップでは、ドラム・マシーンやサンプリング・マシーンの普及によってループを作り出すことが容易になると、極端な場合には、フェイドアウトでしか曲を終わらせられない。例えば、ギャングスタ・ラップの代表曲である「ストレイト・アウタ・コンプトン」などを考えてみればいい。ループの上に被せられるメロディや歌詞が物語的な時間性、つまり、始まり－中間－終わりによって構造化された時間性を形成するのだが、その強度は本当にまちまちで、ラッパーの一人称と現在形での直示（「ほらご覧、これが警察の暴力だ」）から、過去の出来事を物語ることで語りに始まりと終わりを与えるもの、あるいは、リリカルなメロディをサンプリングしてその構造に依存するものまで、さらには、いわゆるネオ・ソウルのヴォーカルを重ねたりして、物語的な時間性とループする反復の時間性のあいだの様々なネゴシエーションを行い、その落とし所を探る。それが、ヒップホップがやってきたことだ。

ループ、フェイドアウト、眠りへの落下

ここで、いま一度ダブに立ち返ろう。いや、さらにその根源に。奴隷船で運ばれてきたアフリカ人たちは、まずジャマイカで「荷揚げ」され（奴隷船は、人間である戦争捕虜を材料に、恐怖という生産手段を用いて奴隷という商品を生産する工場であると言われる）、競り落とされ、「新大陸」の各地に散らばっていく。どこも、もちろん過酷な状況なのだが、カリブ海のサトウキビ・プランテーションは、近代的な工場における産業労働の先取りとして知られている。サトウキビは、刈り入れたらすぐにプレス機によって圧搾しなければならず、その絞ったジュースもその日の内に煮詰めないと駄目になってしまう。夜明けから日没までという農業労働のパターンとは異なる産業的な労働時間のループが形成される。

アリストテレスによる、自然の繰り返す時間と『詩学』で取り上げた始まり‐中間‐終わりからなる物語の時間との対比は、アーレントが人間の活動を「労働／仕事／行為」の三項で考える時にもその基盤を提供するものだった。はっきりした始まりと終わりを持つ職人的な仕事＝作品に対して日々の生き物としての人間の必要を満たす労働。一度満腹になってもまた空腹になるように、それは日々繰り返される。穀倉を満たし飢えないためには毎年ほぼ同じ時期に種を播き、ほぼ同じ時期に刈り入れなければならない。

このような自然的な反復のリズムを崩したのが産業化であった。蒸気機関は度々止めたり再開したりするのでは故障しやすい。そこで二四時間フル稼働させることになる。それに合わせて人間が二交代（後

には三交代）で機械に張り付いて労働しなければならない。機械のリズムに合わせる形でのループする時間の出現である。カリブ海のサトウキビ・プランテーションにおいて産業的な時間のループが農業的なループを包摂し始める。

例えば、ダンスとはこのような産業的ループへの抵抗であった。日々の労働で疲れ果て、そして、奴隷所有者たちから禁じられても労働の後で踊り続け、最後には倒れ込む。

ハイデガーなら、死を先取りすることで、頽落態である日常的な時間性（同じことの繰り返しで、基本的に退屈だと思われている）から本来的な時間性（前と後、始まりと終わりとのあいだの正しい順序、繋がり、構造）へと立ち返るとするのだろう。だが、レヴィナスやナンシーにおいては眠りに落ちることが問い返される。

くたくたに疲れているのに、目は冴えて寝つかれない。だが、ふと気がつくと目が覚めたところで、どうやら私は不覚にも眠りに落ちたらしい。ナンシーにとって、身体的であることは落ちることができるということだ。身体を持たぬ存在は落ちることができない。落ちること、それは確かに私の行為なのだろうが、落ち始めたなら、私には如何ともし難く、抗いえない。落ちることの時間性ははっきりとした始まりと終わりを持つのだろうか。気がつくとすでに落ち始めている。気がつくとすでに落ちてしまっていた＝落ち終わっていた。落ちることは、ループを、反復を断ち切りはするが、はっきりとした始まりも終わりも確定できない。

音楽とは（自然的であるか産業的であるかはともかく）ループする時間性と物語的な時間性のあいだのインターフェースでありネゴシエーションであった。しかし、それ自体が産業的ループのテクノロジーの産物であるサンプリングと（リ）ミックスのテクノロジーは、ダブやヒップホップという形を取って、それら二つの、これまでに知られもすれば、概念化（例えばアイオーンとカイロスなどとして）されてもきた時間性の間隙を押し拡げ、落ちることの時間性、倒れ込むことの時間性に新たな表現の可能性を拓いてきたのではないだろうか。

地下から、海底から再び浮上した者は、産業のループにこれまで通り従うことはないが、また、英雄的な主体として物語に殉じるのでもない。ダブの消えゆくエコーがもたらす時間概念をどう捉えればよいのか。リー・"スクラッチ"・ペリーとジャン＝リュック・ナンシーのあいだで私は行き暮れている。二人を乗せた黒い方舟はいまどこを航海しているのだろう。

ナルシシズムのラディカル化のために

理想的な自我

フランスの精神分析家ジャック・ラカンの有名な概念の一つに「鏡像段階」というのがある。生後六ヶ月末から一八ヶ月の幼児は鏡に映った自分の姿を見て歓喜の反応を示すという。ラカンによれば、これは人間だけに見られる反応である。ラカンは人間のネオテニー説に依拠する形で、人間の赤ん坊は感覚運動神経系が未発達なまま生まれてきて、その後の発達の過程でも、感覚神経系の方が先に発達するが運動神経系は遅れを取ると言う。赤ん坊は自らの身体を、意のままに動かせる統一体としては感じていない。断片化され勝手にガタピシ動くパーツの寄せ集めに過ぎない。それに対して、鏡に映った自身のイメージには纏まりがある。幼児は、未だ自身の経験においては達成されていない自分の存在の全体性を鏡の中のイメージに見て取り、それを取り込むことによってまずはイメージにおいて自身の全体性を先取りする。しかも、ここで大切なのは、鏡の中の自分のイメージが周囲の大人たちによっても見られているということである（鏡に映った自らの姿を見て歓喜する子どもは、しばしば振り返って大人たちの反応を確かめる）。つまり、このイメージを見る視点は実は自分自身ではない。それは大人たちであり、大人たちが見る自分のイメージこそが幼児が取り込む自我の原型をなす。それではなぜ大人たちは私のことを見るのか。それは、私を愛しているからにほかならない。自我というものの根底をなすのは、この「見られる＝愛される」という経験であり、それ故に自我は徹頭徹尾ナルシシズム的な存在なのだ。

そして、全体性や完全性（そうであるからこそ愛される）はイメージの論理に属する。ラカンの用語でしばしば「想像界」と訳される「イマジネール」は、「想像的」あるいは「想像上の」というニュアンスよりは、「イメージ的」「イメージ上」ということなのだが、他方で「象徴界」は言語のような演算のステップを一つ一つ積み重ねていくプロセスを指し示している。自我 moi はイメージのオーダーに属するのに対し、私 je は言語のオーダーに属する。

例えば、三角形と四角形ならぱっと見ただけで区別できるだろう。けれども、正千角形と正千一角形となると、この二つを見ただけで区別できる人はまずいないだろう。それでも、図形の概念を理解している者であれば、正千角形と正千一角形とが同じものであるとは考えない。そしてきちんと区別しようと思うなら、一つ一つ辺を数えていくしかない（大抵の人にとっては想像するだに気力の萎える作業だ）。一挙に与えられるものと一つ一つ構築されるもの。そして、この構築のプロセスは終わりを迎えることがあるのか。言語にはいつか「これでお終い、すべては語り尽くされた」などというエンドマークが現れる日が来るというのか。

カントは、一挙に与えられるもの（感性）と構築されるもの（悟性、知性的認識）とを媒介する作用を超越論的構想力とか図式作用と呼んだ。そして、メルロ＝ポンティはそれを身体図式として捉え直した。イメージの全体性、完全性と言語の未完結性とを生きることが自らの身体を生きるということ、「これは私の体である」という化体の内実なのだ。

見られうるということ

見られうるということはどういうことだろうか。このことを考えるために少々の迂回をしよう。

ハイデガーの思考にとって、アリストテレス、特にその「メガラ派論駁」は重要な意味を持っている。「家を建てていない時の大工を大工と呼べるのか」、つまり、存在するものとはアクチュアルなもの、現働化されたものだけで、アクチュアルでないもの、潜勢的なものなど存在しないのであって、能力や可能性という概念には意味がないと主張する人々に対してアリストテレスはこう反駁する。例えば、目を瞑ってみる。目の前の事物は、視覚においてはアクチュアルであることを止める。その時、その事物は存在しなくなるのだろうか。あるいは、こんな状況を考えてみよう。万物が眠りに落ちた時、世界は無に帰すのだろうか。どのような感覚においても何もアクチュアルになっていない状況。それでも、単なる無ではなく何かが存在すると考えるのであれば、私たちは世界の「見られうる」という能力を前提にしていることになる。世界の可視性、「見られうる」という能力、それは「見ることができる」という能力よりもはるかに根源的である。私たちは能力というものを何か能動的なものと捉えてしまいがちだが、むしろ、受動的な能力こそ思考しなければならない。見る／見られるという関係で言えば、能動的な「見る」よりも受動的な「見られる」の方が、先立っているし、より深い。

ハイデガーにとって「見られうる」に対する「見ることができる」の優位を形作るのがテクノロジーとしての西洋形而上学であり、とりわけ、世界の総体を表象、イメージへと作り変える近代形而上学であったのだと言える。世界がイメージとなった時、そのイメージが享受されるのではなく、むしろ、イメージを作り出す視点とテクノロジーへの同一化が問題となる。

そしてまた、メルロ＝ポンティの晩年の肉の存在論は「見られうる」の復権の試みであった。

しかし、ここではいま一度、精神分析へと戻って行こう。

可視性と眼差し

さて、精神分析においては、見られることは愛されていることであったとするなら、見られうるということは愛されうるということなのだと言えるだろう。したがって、世界の可視性、可視性そのものを根源的ナルシシズム、あるいは、存在論的ナルシシズムと呼ぶことができよう。

だが、一体誰に愛される、あるいは、愛されうるのだろうか。鏡の前の子どもであれば、その子の周りにいる大人たち、と言うこともできるだろう。だが、世界の可視性、あるいは、可視性そのものの水準では一体誰に見つめられ、愛されるのだろう。

フロイトにとっても重要でありながら、彼の発達理論（口唇期、肛門期、性器期、男根期と辿っていく）では明確に位置付けられないアノマリー的な部分対象である眼差しと声に対して、ラカンはずっと関心を向けてきた。フロイトにとって、人間の最初の性的関係は能動と受動、とりわけ、見る／見られるという関係であった。それから比べると、今日、（生物学的）セックスや（社会的なものとされる）ジェンダーと呼ばれる男女の二項対立が問題になるのは、たかだか性器期以降のことに過ぎない。つまり、セクシュアリティはセックスにもジェンダーにも先立つ。

そして、根源的な「見られうる」に対応する「見ることができる」を体現するのが、器官としての眼から切り離された部分対象としての眼差しである。眼差しは、世界の可視性の相関項である。このことから、フェミニストの映画理論家であるカジャ・シルヴァーマンは眼差しをジェンダーに明確に先立つものとして捉える。（物語）世界内に位置する（登場）人物が取りうる視点は、私たちの社会ではみなジェンダー化されていて男か女かという二分法の内に囚われている。映画には、どの登場人物の主観ショットでもないショットが存在する。例えば、『素晴らしき哉、人生！』冒頭の宇宙の画像を考えてみるといい。あるいは、リュック・ベッソンの『レオン』であれば、ニューヨークを遠景から捉えていた映像がどんどん都市の内部に入り込み終いには登場人物の主観ショットになっていく。これは、『レオン』がまさに眼差しを捕捉してジェンダー化された物語世界の内部に閉じ込めようとする試みであることを示している。『レオン』は、ジョン・カサヴェテスの『グロリア』のジェンダーを入れ替えたリメイクなのだが、カサヴェテスがジェンダーなきセクシュアリティとしての眼差しとジェンダー化された世界との関係を、ニューヨークをギャングから逃れて移動していくことで一種の離脱として描いたところを、ベッソンはナタリー・ポートマンの視点に収めることでジェンダー化の内に回収してしまった。

（世界の可視性の相関項である）眼差しと（世界に内属する人物の）視点のあいだの関係、根源的ナルシシズムとジェンダー化された欲望との関係を探究するのが、とりわけ、映画というメディア＝メディウムの特徴であるだろう。

性（別）化 sexuation

イメージの全体性を言語は傷つける。フロイトは人間の発達を、ナルシシズムの断念の過程として理解していた。だが、単純に断念するのではない。何しろ自我はナルシシズム以外の何ものでもないのだから。人間は自分以外の場所にナルシシズムの主体を想定することで生き延びる。フロイトにとって、社会とは私たち一人ひとりのナルシシズムを許さない何かである。私たちは自分のナルシシズムを諦める。そして、自分とは別の場所にナルシシズム的主体を見出す。自分のナルシシズムを他者に投映し、無意識の内にその他者に同一化する。しかし、ここで重要な変化が起こる。自我のナルシシズムは、見られる＝愛されるという受動性においてイメージとしての完璧さを享受するものであった。それが、投映されたナルシシズムにおいては、そこから世界を、何よりも自我を見つめる「視点」が問題になる。愛される、完璧なイメージである、受動的な「理想的な自我」が、自我を判定する能動的でイメージ生産的な「視点」、つまり、「自我の理想」としての「私」へと変形されてしまう。

興味深いことにフロイトは、ナルシシズムをどう生き延びさせるかという戦略の差異として男性／女性というジェンダー的二項対立を捉えていた（しかも、実はこの区別が現実にこの社会で女性／男性へと割り振られる個人の特質と完全に一致するわけではないことも自覚していた)。

フロイトにとって男性的であるとは、愛において自分の自我の価値を貶め、愛する対象を過大に評価し、愛する対象から自分が愛されることで自我を満足させることである。それに対して女性的であるとは、自分の自我の価値を高めることである。男性的な対象選択(「誰を愛するか」の問題)は、かつて自分を愛して世話をしてくれた大人に似た人を愛するものだが、女性的な対象選択ではかつての愛されていた自分に似た人を愛する。

ナルシシズムの断念とは、自分の自我がもはや完璧で欠けるところがなく、自足しているわけではないことを認め、受け入れることである。社会形成とは、満たされた完璧で愛される受動的なイメージとしての自我と、他者との関係の中に位置付けられ、その関係においては能動的に振る舞える(そこからイメージ形成を行う)視点としての私とのあいだの交換である。眼差しを視点に置き換える。

それでは眼差しをどのような視点、誰の視点に置き換えるのか。ラカンが掲げた性(別)化の定式(これは一つにはフロイトのナルシシズム論における男性性と女性性の区別のスマートな定式化であるとともに、メルロ=ポンティが『知覚の現象学』で記述した性化された身体の理論化でもある)は、その視点とは、身も蓋もなく(象徴的な)父というポジションであると明らかにする。つまり、自分が完璧ではないのは、自分のことを毀損した存在がいるからである。そして、その存在は私たちのような毀損され完璧ではなくなった人間たちとは区別され、その外に括り出されている。それ自体は毀損されていない。人間はすべて不完全な毀損された、つまり、去勢された存在である。そして、「すべて」と語りうるのは、その「すべて」が境界付けられたと言いうるのは、「すべて」の外部が存在し、「すべて」に包摂されない存在、自らは去勢されていない去勢する父が存在するからである。物事には単一の起源があるものだ、そして、その起源はそれによって算出された事物とはオーダーが異なるのだ、と想定することで安心するのが男性であり、そして、その起源、自分を毀損した能動性（視点）へと同一化することで自分の不完全さを生き延びる。

それに対して、女性であるということは、自らの不完全性は受け入れ、去勢され、社会的であることは認めるのだが、「すべて」を語ることを可能にする外部、あるいは、単一の起源を想定しない。

ラカンは定冠詞付きで大文字で書かれる女性は存在しないと言う。裏を返すなら、男性は定冠詞付きで大文字で存在する。「すべて」という境界線が存在するものと想定し、集合論における集合の定義よろしく、任意の要素を持ってきた時にそれが自分たちの同類であるか否かを決定することができると思っている。反対に、女性であるとは、新たに出会った相手が何者であるのか、自分と同類であるのかが決定されていないということだと言える。

ラカンやジジェクは性別は二つであって、二つに限られると言うので、特に、イギリスのザ・ガーディアン紙でのジュディス・バトラーのインタビュー（性別の二元論に固執すること、とりわけトランスジェンダーの排除を掲げる言説をはっきりとファシズムと名指しした）が公開されたこともあって、批判されているし、その批判に妥当なところもあるのだが、やはり、ラカンやジジェクが一種の非男性性として拓いた領野はそのまま捨て置くには惜しいものがある。

性（別）化、つまり、身体にセクシュアリティ（生物学的セックスやジェンダーのような二元論ではない）が与えられるということが意味しているのは、一挙に与えられる受動的で完璧なイメージと、語ることや数え上げることの未完結な能動性とのあいだの生きられた綜合である身体図式には複数のモードが存在するということなのであり、そして、そのモードはさしあたりは男性的／非男性的と区別することができるものの、非男性性とはどのようなものか、私たちは十分に、あるいは予め、分かっているわけではない。

ストライク・ア・ポーズ！

ニューヨークにはボール・カルチャーの伝統がある。八〇年代にはヴォーギングというダンスのスタイルを生み出し、それがマドンナの目に止まって、その名も「ヴォーグ」という曲を生み出し大ヒットを飛ばしたことでよく知られている。

ボール（舞踏会）とは、自分の家庭には居場所を得られなかったセクシュアル・マイノリティの若者たちが、しばしばトランス女性であるマザーを中心として共同生活を行う「ハウス」（フランス語で言う「メゾン」、つまり、ファッション・ブランドのニュアンスもそこにはある）が対抗してファッションとダンスを競い合う場である。

ヴォーギングとは、雑誌『ヴォーグ』のファッション写真のようなポージングとその一瞬のスチル画像のような静止と静止のあいだを超絶的な身体の動きで滑らかに繋いでいくスタイルで、ダンスする能動的な身体を、イメージの見られうることの受動性へと開いていく新たなモードとして出現した。ボールの空間を埋め尽くすクィアな身体は、その身体を世界の可視性への眼差しとジェンダー化された誰かの視点とのあいだの振動へと差し向けている。この身体を見るのは誰か、それを予め誰も知らない。それは眼差しなのか視点なのか。ラディカル・ナルシシズムというものがあるとすれば、それはこのようなセクシュアリティとしての世界の可視性の根源的ナルシシズムとジェンダー化された世界の内部の視点との抗争の身体化として可能になるのだろう。

Part 2　間隙のコミュニズム

表象と表象ならざるもの

資本主義的生産様式が支配している諸社会の富は、「商品の巨大な集まり」として現われ、個々の商品はその富の要素形態として現われる。したがって、われわれの研究は、商品の分析から始まる。

カール・マルクス『新版資本論 1』(六五頁)

近代的生産条件が支配的な社会では、生の全体がスペクタクルの膨大な蓄積として現れる。かつて直接に生きられていたものはすべて、表象のうちに遠ざかってしまった。

ギー・ドゥボール『スペクタクルの社会』(一四頁)

『資本論』と『スペクタクルの社会』の、どちらも本文の最初の部分の引用から始める。ドゥボールが用いているのがフランス語訳の『資本論』なので若干表現とそのニュアンスが異なっているが、一読して分かるように、ドゥボールの文章はマルクスからの奪用である。いかにもシチュアシオニストの代表的文書に相応しい身振りだ。
今回考えたいのは、商品をスペクタクルへと置き換える、このテクストの振る舞いである。

商品の怪物じみたコレクション

しかし、まずは『資本論』というテクストの本文が闢かれるこの文言の分析から。「商品の巨大な集まり」と訳されている原文は ungeheure Warensammlung で、ungeheure は「莫大な」「常軌を逸した」といったところだが名詞化されるとギリシャ神話などの怪物を意味する。ヘルダーリンがソフォクレスの『アンティゴネー』を訳す際に用いて、ハイデガーが講義で取り上げたことでも知られる。Sammlung は「収集」「コレクション」の意味で、ヴァルター・ベンヤミンが初めて『資本論』に目を通した時にどれほど興奮したことだろうかと想像される（なお、英訳や仏訳では accumulation となるので収集のニュアンスが抜け落ちる）。

エイミー・E・ウェンドリングは、その『カール・マルクス、テクノロジーと疎外について』で、マルクスにおける「怪物的」「怪物性」の語の使用を産業（化）と結び付けて論じている。産業革命期の、機械化された産業が生み出す莫大な商品や都市に溢れ返る労働者たち、あるいは、鉄道が表象する蒸気機関のエネルギーなどだ。ウェンドリングも引くシヴェルブシュ『鉄道旅行の歴史』が論じるように、鉄道ないし鉄道事故がまず最初に外傷性神経症の原因として注目を浴びていく。つまり、トラウマというのはまず何よりも産業と人間との境界面、インターフェースでの出来事で、産業化と人間とのあいだの齟齬の徴なのだ。

だが、そもそも産業とは人間と自然のあいだのインターフェースではないのか。マルクスはフォイエルバッハの感性主義的な唯物論を批判して、それよりもヘーゲルの観念論の方が優れていると言う。つまり、フォイエルバッハは感性的なものを物質性と同一視するのだが、それは、今日で言えば、スマホやPCのモニター（機械と人間のあいだのインターフェース）が世界のすべてだと思い込み、画像を生み出す機械の作動（それは、当然モニター上のイメージとは似ていない）を忘却することに等しい。ヘーゲルが精神と呼ぶものは、直接的なもの（感性的な対象、モニター上のイメージ）を生み出し私の目の前まで持ち来たしたプロセスの総体であり、哲学の課題とは目の前のモノへと置き換えられ圧縮されてしまったこのプロセスを叙述することにほかならない。そして、マルクスは感性的対象（と感性の主体）の産出を産業と呼ぶ（そこには、後のシュルレアリストたちが展開する、何の変哲もないはずの、日常的で手に取れるようなささやかな、直接的感性的な対象＝モノ＝オブジェでさえも孕んでいる不気味さ、怪物性の想起がある）。

表象とは何か

日本語で「表象」、英語ならrepresentationと訳せるドイツ語はいくつかある。代表的なものはVorstellungだが、それ以外にも代表的なものはDarstellungだし、また、ガヤトリ・スピヴァックが「サバルタンは語ることができるか」で、ドゥルーズとフーコーの対談「知識人と権力」で開陳された表象批判を批判する時に持ち出したのは、マルクスが『ブリュメール一八日』で分割地農民とルイ・ナポレオンの関係を表現したVertrettungである。

アンリ・ルフェーヴルは「表象について」という副題を持つ『現前と不在』で、「マルクスがVorstellungと言う時は、ほぼイデオロギーと同じ意味である」と指摘している（「ほぼ」という留保の厄介さに注意を促しながら）。これはどういうことだろうか。

例えば、写真機の原理である暗箱（カメラ・オブスキュラ）を考えてみよう。暗箱の前に置かれている物体（花を生けた花瓶など）のイメージが暗箱に開けられたピンホールを通してその背面に、倒立像として映し出されている。私たちは花瓶とそのイメージとをどちらも目で確かめることができ、その類似から「確かにこれは、この花瓶のイメージである」と言うことができる。ここで重要なのは花瓶とそのイメージがどちらも、質的に異ならない連続した一つの空間の内に位置付けられていることだ。マルクスがVorstellungと言う時に考えているのは、このような表象（花瓶の光学的イメージ）と表象されるもの（物体、オブジェとしての花瓶）との同質性、均質性を前提とした表象関係である。さらに言えば、マルクスが「探究の順序」と「叙述Darstellungの順序」の区別を提唱した「一八五七年の経済学批判序説」では、表象されるものの均質性もそこに含意させている。つまり、マルクスにとって、表象Vorstellungというのは、それ自体一定の原理や本質によって纏められている均質性を持った対象をその通りに写し取ったものなのである。それに対して、学的叙述=提示Darstellungは、社会という不均質で分節化された総体を表現しなければならないので、光学的イメージのようにその対象に類似しているわけではない。

また、Vertrettungに関して言えば、『ブリュメール一八日』では、フランス革命後に新たに出現した階級である分割地農民は未だ階級としての纏まりを欠いていて、政治において自らの代表者を持っていなかった。そこにルイ・ナポレオンが現れ、その代表者となるのだが、ナポレオンは必ずしも分割地農民の利害の体現者ではない。つまり、政治における代表関係では、必ずしも代表される存在と同質ではないものが、代表としてその代わりの位置を占める。しかし、まさにイデオロギー的には自分たちと同質の、あたかも光学的イメージのように類似した存在と解釈されてしまう。スピヴァックは、先進国の政治運動が「もう自分たちは誰か他の者によって代表＝表象される必要はない」「前衛党などは必要ない」と主張する時に表象の様々な作用が representation の一語の内に流し込まれているのではないかと批判する。表象と表象されるものが同質で同じ空間にいるのなら、確かに表象は余計＝冗長で、現実だけで、表象なしに済ませるかもしれない。しかし、表象が形成する空間と、それが表象するものが織りなす空間とは異質であり、さらに、表象の生産がそれ自体一つの領域をなしているのだとすると話は違ってくる。

もしも表象空間の内に自分の居場所が見出せないとしたら、直接的な、自分に似た自分の代理＝表象を見出せないとしたらどうだろうか。自分は存在しないことにされてしまうのか。それこそが表象の暴力であると言うことはできる。だが、それだからといって「表象など無く、すべてが現実的である」と言い切ってしまうのも別の暴力にほかならない。表象と表象ではないものの関係や表象の物質性を考えなければならない。

表象空間の内に、安心して自分の代理＝表象を見出せる者でなくても、何とか自分の代わりをしてくれる表象を必死に探し出そうとする。例えば、フロイトが夢に見出すのは、表象の内にそのままでは入れないものが、どう姿を変え、自分の代わりをしてくれるものを見つけ出すかという論理である。その場合、ただ一つの表象が十全に、隈なく自分を代理してくれるわけではなく、自分自身を分割し、いくつもの、対立や矛盾を孕んだ表象の内にばら撒き、潜ませておく。

イデオロギーというのは、表象の様々な働きと表象するという働きをVorstellungへと吸収して、世界とは均質であり、すべてはすでに表象されており、表象がすべて、世界は表象された通りに存在していると解釈させることである。その時、表象の生産過程の忘却とともに、世界とは生産物ではなくなり、世界を生産する働きは忘却されている。世界はまるで「自然」がそこにあるように存在していると考えられる。今日は昨日と同じであった、（だから）明日も今日と同じであるだろう、というわけだ。

それに対して学的叙述であり提示であるDarstellung（おそらく英語ではrepresentationの他にpresentationや場合によってはdiscourseとも訳せる）は、表象と表象されるものとのあいだの異質性を前提にしている。マルクスがヘーゲルを批判するのは、せっかく直接的な感性的対象＝表象の生産過程を問題にしながら、その総体を異質な要素が分節化された複合的な総体性として把握し損ね、最終的に均質化されて、「私たち」という大文字の主体によって心安らかに所有appropriationされてしまう点である。

そもそもDarstellungの問題は、カントが『純粋理性批判』で、超越論的構想力を感性から悟性への橋渡し、感性を悟性へと提示darstellenするものとして位置付けたところから始まる。それは異質な領域のあいだのインターフェースなのだ。この超越論的構想力の問題は、後のカントの『判断力批判』を経て、フィヒテ、シェリングを含めたイェーナ・ロマン主義で取り上げられ、マルクスにまで引き継がれる。今日的な議論においては（ハイデガーやベンヤミンはもちろんのこととして）スピヴァックが『ポストコロニアル理性批判』で「ネイティヴ・インフォーマントの忘却」という文脈で超越論的構想力の再検討を試みている。

スペクタクルを批判するとはどのようなことか

ここでは、マッケンジー・ウォークのシチュアシオニスト論に倣って、元シチュアシオニストのイギリスの美術史家ティム・J・クラークの議論を参照しながらスペクタクルを批判することについて考えてみよう。マネの《オランピア》から。これは女性のヌード、しかも、描かれているのはセックス・ワーカーであると言われる。もちろん、『椿姫』などを想起するまでもなく当時のブルジョワ男性（妻帯であるか独身であるかを問わず）にとって家庭外で性的な相手を勤める女性たち（いわゆるドゥミ・モンド）の存在は言わずもがなであり、その女性たちが（裸体で）描かれること自体は珍しいことではない。しかし、クラークによればそういった女性たちは宮廷風に描かれるのが常で、マネの《オランピア》では、女性は明らかに娼館の一室におり、しかも、当時の女性のヌードの理想とされたふくよかな肉付きのない貧相な体つき（ゴンクール兄弟は「彼女の肉体は彼女のものだ、男が掴むための肉がない」と書いた）で労働者階級と分かるように描かれている。そして彼女はこちらをきっと見つめている。

ここで対比のために、サイードの『オリエンタリズム』のカヴァー（英語オリジナルを踏まえて日本語版も同じ図版）で知られるジェロームの《蛇使いの少年》を取り上げよう。ジェロームのまさしく一九世紀フランス・アカデミーを代表する絵画は、やはり裸体で、しかし全身に蛇を巻き付かせた、こちらからは後ろ姿しか見えない少年と彼を正面から見つめる人々が描かれている。描かれている人々の視線は少年に集中していてこちらには気付いていない。それで私たちは安心して少年を眺めることができる。遠近法的な空間は絵画の手前の、私たちがいる現実の空間と絵画空間（表象空間）との連続性を保証してくれるので、一種の透明人間となってその空間に入っていける。そして、少年の裸体を正面から見つめる様々な人々に同一化する。絵画空間が東方として設定されていることもあって、何重にも張り巡らされた他者性への同一化＝置き換えのメカニズムによって、私たちは自分の欲望をそれと認めることなく満足させることができる。表象空間を規定する様々なメカニズム（オリエンタリズム、ホモフォビア、レイシズム、セクシズム etc.）を忘却して、表象空間の均質性の内に現実とその欲望を回収する。Vorstellung の作用の下に異質な表象作用を統合してしまう。

それに対して《オランピア》で描かれている女性の身体（「掴める肉がない」）や背景に沈み込むような黒人女性のメイドと黒猫の平面性、それに筆触の残った画面は、絵画空間と絵の手前の私たちのいる空間の異質性を強調する。私たちは彼女のいる空間に入っていけない。しかし、これら二つの空間は単に不連続で無関係なのではない。彼女の視線が二つの空間を関係付ける。この絵を見る私は何者なのか、どのような欲望を抱いてこの場所に立っているのかをこの視線は問い糾す。マネの絵画はブルジョワたちの日常生活をその望むように描き出す鏡（Vorstellung としての表象空間）ではない。むしろ、その望まない姿（表象空間を形成するための様々な排除と変形のメカニズム）そのものを可視化する。ちょうど、ボードレールが『悪の華』の序詩の最後に「我が同胞 mon semblable、偽善者よ」と呼び掛けたように。

そして、Vorstellung からの逸脱を組織的に行おうとしたのがシチュアシオニストの奪用を始めとする様々な手法だった。アメコミの吹き出しを書き換えたり出来合いの映画のサウンドトラックを入れ替えることで表象の均質空間に異議申し立てをしたのが彼らだったのだ。

諸身体はいかに接続されるか（1）——フォーディズム

生産する身体／生産手段

『資本論を読む』の中の彼の担当部分でエチエンヌ・バリバールは重要な指摘をしていた。マルクスは労働過程を生産者と生産手段の結合の過程と捉えたわけだが、生産手段は、さらに労働手段と労働対象に分けられる。つまり、労働する身体－労働手段－労働対象の結合関係として生産が理解される。マルクスにとって階級関係というのは生産手段の所有関係のことで、ここで言う所有とは、法的なものではなく社会が生み出す剰余を取得する権利を意味している。マルクスの理解ではどのような社会でもその成員が生きていくのに必要以上のものを生産できる（そうではない社会は端的に生き残れない）。その剰余分をどうするか。社会の成員全員で分けるか、それとも社会の一部の者だけが不労所得として自分のものにするのか。後者がいわゆる階級社会で、そこでは支配階級と被支配階級＝直接生産者に社会が分裂している。直接生産者から支配階級への剰余分の移転の鍵が「生産手段の所有」で、生産者が用いる生産手段（労働手段＝道具など／労働対象＝原材料など）は生産者の所有物ではなく、その所有者である支配階級には余剰分を取得する権利があるとされる。

しかし、多くの社会では、生産者の身体と労働手段＝道具との結び付きは強く、そう簡単には切り離せない。例えば、ヨーロッパ中世の封建制であれば、労働手段の最たるものである土地の所有者とされる封建領主であっても農民をその土地から勝手に追い出すことはできない（むしろ、農民が土地を捨てて出ていかないように強制しなければならなかった）。あるいは、産業化が進む中でも労働者たちは自分の身体と労働手段との緊密な結び付きを維持しようとして闘った。いまだ大工場産業労働者とは言い難かった、一九世紀の職人的な労働者たちが最も抵抗したのは労働過程における自分たちの自律性を失うことだった。

しかし、資本が資本として確立するのは、労働過程を形式的に包摂するところから実質的包摂に移行する地点においてである。つまり、生産する身体と労働手段との結合をそのままにして生産者の自律性のもとに労働過程を放置するのではなく、身体と労働手段を一度切り離しいくらでも容易に組み換え可能な関係へと作り変えなければならない。バリバールによれば、生産者と労働手段を切り離し、むしろ、労働対象と労働手段の結合をより密接にすることによって絶えざる技術革新が可能になるし、それに、以前は別々であった発明家と学者とが「科学技術 technology」という形で、大学や企業の研究施設による「研究とその応用、開発」という具合に整序される。

別な、マルクス主義的というよりは現象学的な言い方をするなら、世界は道具連関として分節化されているわけだが、その連関と身体との関係の問題である。産業化以前であれば、世界を分節化し、それに形式を与える綜合化作用の核とも言うべきものは、身体とそれが担う身体図式であった。それが、産業化によって、身体の時間性は機械の時間性に服属する。蒸気機関の労働過程への導入は、二四時間同じリズムで動き続ける機械の時間へと人間の時間が従わされることであり、二四時間を二交代（後に三交代）で働き続ける時間性が人間的生へと導入されることでもあった。

そして、労働者が産業の時間に屈服するのがいわゆるフォーディズム、つまり、典型的にはチャップリンの『モダン・タイムズ』で描かれるベルトコンベヤーの均質なリズムに従った流れ作業のような労働である。そこでは、分解写真とストップウォッチによって分解され計測された身体と身体動作が再構成される。フォーディズムでは、生産者が労働過程での自律性を断念し、技術革新を受け入れ、労働の場面での歓びを放棄する代わりに、労働組合によるネゴシエーションを背景にして安定した雇用と収入を手に入れる。生きることの歓びは労働ではなく消費に求められる。

スペクタクル、あるいは産業化された再認

蒸気機関に牽引された産業化は、その一つのシンボルである鉄道旅行、というか鉄道事故が人々にとってトラウマ的であったように、人間にとってトラウマ的なものであった。産業の圧倒的な力と時間性が労働以外の時間に滲透しないように障壁を築かなければならなかった。機械的なショックが直接人間の心的装置に到達しないための保護膜、スクリーンとなるものを。労働と消費、工場とその外（ストリート、

あるいは家庭）とを区別するためのスクリーン。一九世紀後半であれば印刷メディアがそのような障壁、言い換えれば安全な境界交換を可能にする界面＝インターフェースであっただろう。

フォーディズム的な労働では、工場という一つの空間内に集められた労働者の身体はそのパーツと動作が他の労働者の同じく部分的な身体と動作に水平的に結合され、ボスの命令に従う。シモーヌ・ヴェイユなどの工場体験記に見られるように、労働者の意識、あるいは主体性は、労働のリズムが身体に染み付いてしまえばある程度自由になる（流石に哲学論文を仕上げたりするほどの集中は無理でも）。

この、中途半端に自由にされた意識を、工場の外で野放しにしないこと。いわゆる文化産業に課された課題はこれである。そして、産業の時間性とは別様の時間性へと組織化すること。工場内では分解され変形され再綜合された集合的で機械的（ガタリに倣って「機械状 machinic」と言うべきか）身体であるにもかかわらず、まるで未だに自分は人型をした個々の身体であるかのように自らを捉え、振る舞うように、産業化がもたらしたトラウマ的で不気味なモノの力を変形し物語化するインターフェースないしスクリーンが必要になる。

市場というのは価格というインターフェースを通じて遣り取りをすればよい世界だが、すべてのモノが商品となり価格というインターフェースを貼り付けられるようになる前提条件は、いわゆる本源的蓄積、つまり、生産する身体を生産手段、とりわけ土地から引き剥がすことであった。そうやって土地から離脱した身体は都市へと流れ込む。それら身体を工場という装置によって捕捉し、そこへと固定すること。それが初期近代から一九世紀にかけて目論まれ、都市のストリートはそのような捕捉とそこからの逃走＝闘争のバトルフィールドであった。最終的にはフォーディズムによって、産業化された工場への生産する身体の捕捉、固定が勝利を収めることになった。

フレドリック・ジェイムソンはそのSF論である『未来の考古学』で、一九世紀的な教養小説が衰退するのと入れ替わるようにSFというジャンルが興隆してくると指摘していて、興味深い。だが、ここでは同じ頃に出現した映画というテクノロジーに目を向けたい。というのは、ベルナール・スティグレールが映画をカント的な綜合作用の産業化と捉えているからだ。スティグレールは、カントの綜合作用やフッサールの時間意識は単に意識内の、あるいは、純粋に精神的な働きではなく、そもそも一種の外的で機械的な作用によって媒介されているのだと言う。スティグレールの師であるデリダがエクリチュール(文字)を問題にするのも、意識や生といったものが、純粋な内面性だけでは成立せず、外的で機械的、あるいは惰性的でさえあるような要素によって支えられていることを指摘するためである。何かがそれ自身と同一であると言えるためには、たといその何かが意識そのものであったとしても、その同一性を保証するための記憶=記録がどこかに保存されていることが必要であり、そういった外部記憶のアーカイヴ無しには意識の自己自身への現前さえ確認することはできない。これが、いわゆる現前の形而上学批判の意味するところである。そうであるとするなら、カントやフッサールが解明した意識の構造を産業の光の下に理解し(マルクスが「現実的生」と言う時に考えていたのはこのことだ)、産業革命以降の世界を意識と産業とに分断することなく捉えるべきだし、そうしなければ、現代(資本主義)社会/世界を理解することはできない。とりわけデリダが、エクリチュールをパルマコン(薬にして毒)と呼ぶプラトンの対話篇『パイドロス』を重視する限りにおいて、ドラッグ/サプリメント(「代補」と訳される)産業抜きの生(命/活)など考えられるはずもない。

ところで、映画の特徴は、スタンリー・カヴェルが『眼に映る世界』で述べているように、自動的に展開するイメージ（とサウンド）が目の前のスクリーンに投映され、それを集団で観るというところにある。つまり、フォーディズムの工場同様横並びの身体の前を自動的にモノが動く。ただ、自分の身体はそこにコミットしなくていい。本のページを捲ることさえしなくていい。身体からの疎外の極みであり、工場において自動化した自身の身体動作から解放された意識そのものである。そして、スクリーン上に自分と似た、人の形をしたイメージを見つけ、そこに自己を認める。確かに自分は人間の一員なのだ、と。それはちょうど夢を見ている時のように、実際の身体は不動なまま、世界全体を見ているかのような経験だ。だが、夢と異なる点は、一人ひとり違うイメージを見ているのではなく、集団で同じイメージを見ている点と、もう一つ、イメージ生産に関して私の意識が全くの受動性に留め置かれている点だ。

スクリーンは、工場での身体の分解と綜合を覆い隠す、まさに衝立＝遮蔽物として機能する。そして、そのような身体の実際の関係とは異なる関係を、それ自体は産業化され、自動化されたスクリーン上のイメージの内に自分の姿を再認することを通して想定する。スペクタクルの社会では、私たちは直接自分の生を生きることはできず、私たちの生は総体としてイメージの内に疎外され、イメージの媒介なしには自分の生とも他者の生とも関係を持てない。産業において綜合作用を機械へと譲り渡した私たちは、それ自体機械によって綜合され作動するイメージを通じてしか自分自身の生と身体が綜合されたものであると実感することができない。

しかし、そのスクリーンの表面に映し出されるものは、やはり、産業的不気味さを逃れることはできない。

ここでは今日のメディア・テクノロジー状況においても映画館での上映という形式に最も拘っている作家の一人、クリストファー・ノーランのSF作品であるダークナイト三部作のことを考えてみよう。第一作の『バットマン・ビギンズ』は、その前半は殆ど「ブルース・ウェインの修行時代」といった趣で、主人公がバットマンの力を獲得するまでの鍛錬が描かれる。バットマンは超人ではない。私たちと同じただの人間に過ぎない。だから力は獲得されなければならない。それは主人公が抱えるトラウマの克服を通してなされる。より正確に言うなら、トラウマを引き起こした恐怖の対象を取り込み、それと同一化することを通して。つまり、井戸の底で遭遇した多数のコウモリと、両親を殺した（そのきっかけは彼のコウモリに対するトラウマだった）暴力との同一化である。

もちろん、バットマンが常人を超えた存在になりうるのは軍産複合体としてのウェイン産業が開発した様々な装備のおかげである。そのような産業の過剰性を使いこなすために、言い換えるならば、産業化された諸機械を自身の身体図式の下に綜合することができるようになるために、映画前半の修行があり、トラウマとの同一化があった。そうやって産業に対する身体の自律性を物語化しようとするし、そのような形で産業の時間性から人間の時間性を分離するためにトラウマ的記憶が利用される。けれども、暗闇の中で蠢く黒ずくめのヒーローは、しばしばスクリーン上の一つのイメージというよりは、特にマントを拡げて滑空する時など画面全体を黒く覆い尽くし、殆どスクリーンそのものと一体化し、さらにはそこからはみ出す充溢した闇となる。それは映画館での映画上映を可能にする闇そのもので、私たち観客に、幼いブルースが井戸の底で遭遇したコウモリさながら恐怖を与える。つまり、バットマンは映画という産業的なモノそのものと化し、私たちに襲いかかるのだ。

さらに無視してはならないのは、三部作の第一作『バットマン・ビギンズ』と第三作『ダークナイト・ライジング』で悪役たちがゴッサム・シティを破壊するための道具として選ぶのが、どちらもウェイン産業の製品であるということだ。つまり、ゴッサム・シティにとっての厄災としてのウェイン産業。この問題を取り上げ、展開したのが『ジョーカー』だが、それはいまは措いておく。それ自身がウェイン産業の製品であると言えるバットマンと、これもまたウェイン産業の製品である破壊兵器との対決。それはまるで『資本論』の腹話術的叙述Darstellungのパロディであるかのようだ。

『資本論』では、物言わぬただのモノであるはずの商品たちが互いに（その所有者である人間たちには理解できない）商品語で語り合う。商品語とは、実のところ人間たちがそうとは知らずに、何の自覚も無しに腹話術師として商品に語らせているものなのだろうか。だが、資本制の下では、人間自身が資本の代わりに語る（「君は馘首だ！」のように）のであり、資本の方が腹話術師なのではないだろうか。いや、様々な引用に語らせ叙述していくマルクスこそが腹話術師ではないのか。

『資本論』のこのような入れ子状の叙述同様、ダークナイト・トリロジーでは、さらに言えば映画というテクノロジーにおいては、産業によって生み出されたガジェットの数々と登場する人間たち、それに映画という産業的モノそれ自体が互いに相手に対して腹話術師のポジションを取ろうとすることを通じて複数的な時間性が分節化される。映画そのものを駆動する産業的、機械的時間性と、人間たちが作り出そうとする物語的時間性。作品によってはスクリーン＝遮蔽幕いっぱいに人間的時間性を展開して機械の時間性を覆い隠すものもあるだろう。だが、ダークナイト・トリロジーは産業的時間性と人間身体の時間性との葛藤を露呈させる。しかし、バットマンは産業的ガジェットに対して腹話術師のポジションを安定して獲得できてはいない。その理由の一つはトッド・マガウアンなども指摘するように、クリストファー・ノーランが人間たちの集合性を否定的にしか描けず（革命的群集はジョルジュ・ルフェーヴルのようにではなく、『ダークナイト・ライジング』で引用されるディケンズ『二都物語』のように、常に暴走するものと捉えられている）、産業化された外部記憶のアーカイヴ（ウェイン家の財産とウェイン産業の生み出した兵器）へのアクセス権を家父長制的な血縁による系譜に制限するからである。確かに『ダークナイト・ライジング』でのキャットウーマンやロビンとの関係はそこから逸脱する形でのアーカイヴの継承と共有の萌芽を示してはいる。しかし、その継承および共有は映画の範囲内では明確に形を取ることはない（それが主題化されるとしたら映画とは違うメディア／テクノロジーであるTV、それもストリーミング配信のシリーズにおいてであるだろう）。

二〇世紀の終わり近くまでのフォーディズム段階は映画的スペクタクルが主要な形式であり、その形式／メディア／テクノロジーにおいて産業的時間性とその他の時間性とがヘゲモニーを競っていた。だが、今日、ポストフォーディズム段階ではメディア／テクノロジー状況の変化を伴いながら、人間とその身体が自らの形と諸関係を再認する場であるスペクタクルもその性格を変える。それについては次章の課題。

諸身体はいかに接続されるか（2）――ポストフォーディズム

不安定性 precarity の進行

前章で述べたような「先進国」（より正確に言うなら世界システムにおける「中心部」）資本主義のフォーディズム段階は一九七〇年代には怪しくなってくる。大量生産大量消費とそれを可能にする労働者の安定雇用、国家による徴税に基づく一定の再分配（「福祉国家」）が立ち行かなくなる。資本はより低賃金の労働力を求めて工場を海外に移転し、いわゆる産業空洞化が進行する。アメリカで言えば、ヘンリー・フォードが自動車工場を設立し、フォーディズムのもととなったベルトコンベア式の流れ作業を導入したデトロイトでも工場閉鎖が相次ぎ、そして、紛れもなく人種主義的な社会である合州国で真っ先に解雇されるのは黒人労働者であった。モータウンのソウル・ミュージック（それは六〇年代から七〇年代にかけての、ヴェトナム反戦運動から公民権運動までの政治運動のアンセムであった）からデトロイト・テクノへの移行、あるいは、より一般的に言ってソウルからヒップホップへの移行の背景である。

真面目に働いてリタイアすれば、自分の家が持て、年金が付き、子どもたちに教育を与えることができ、次の世代は自分たちよりも「いい暮らし」ができるはずであるという、リニアに進行する時間と蓄積への期待と希望は潰え去り、コミュニティは荒廃する。

他方で資本の移動先となる国家は（資本主義の下での国家の重要な機能は資本の投資環境の整備と安定化、つまり、革命など起こらないようにすることなので）、後に「開発独裁」とも称される軍事独裁体制でその要求に応じる。しばしば、中心部資本主義とそのエージェント（世界銀行やＩＭＦ）に対する多大な債務を抱えるそれらの国々では、「ワシントン・コンセンサス」（ワシントンにあるホワイトハウスと世界銀行とＩＭＦが策定する経済政策）に基づく構造調整プログラム（Structural Ajustment Program＝ＳＡＰ）によって、国家財政への縛り（福祉や教育関連予算の削減）と収益性が見込める産業部門に集中し、そうではない部門を切り捨てる産業構造の再編が遂行される。そうやって職を失った人々、とりわけ土地を失った農民たちが都市部に流入し、「スラム街」を形成していく。その中で職を見つけるために海外に出ていくチャンスに繋がった人々は低賃金労働力として移動していく。

これはまた、冷戦下でアメリカを中心とした先進資本主義国（「第一世界」）とソ連を中心とした社会主義国（「第二世界」）に対して、フランス革命期に民衆が自らを「第三身分」と名乗ったことに倣いつつ「第三世界」を名乗った非同盟中立諸国の解体、再編過程でもある。国際分業は、周辺部からの資源が中心部資本主義の製造部門へと移転されるのではなく、製造部門の周辺部への移転と低賃金労働力の中心部への移動というパターンに組み替えられる。

ここに八〇年代末のソ連を中心とする社会主義諸国の解体が加わって、資本主義諸国はわずかばかりの労働者保護もかなぐり捨てることができるようになり、産業革命期以来とも言われる経済格差の拡大を見ることになる。

ここで、社会的な綜合作用は、諸身体を土地へと配分し縛り付けることによるものでもなければ、フォーディズム的な工場における諸身体の綜合とも異なるものになる。労働する身体が生産過程とのあいだで持つ関係は不安定さprecarityを基盤とするものに置き換わる。

次に、この国際分業の再編の下での労働をいくつか見てみよう。

フレキシブルな身体とそのパフォーマティヴィティ

九〇年代から二〇〇〇年代にかけて、日本国内の製造業を牽引していたのは携帯電話やデジタルカメラなどの小型の精密電子機器だった。もちろん、中国の経済成長の影響でタンカーなどを受注して、日本の造船業はその歴史始まって以来の好景気であり、それに伴って鉄鋼生産も順調だった（日本は世界有数の石炭輸入国であり、その用途は言うまでもなく石炭火力発電なのだが、石油ではなく石炭、コークスの高温を必要とする製鉄業も無視できない）し、そこでその利益が労働者に分配されなくなっていった問題はあるのだが、ここでは措いておく。

小型精密電子機器は狭い三次元空間に部品を複雑に入れ込まなければならず、また、当時は携帯電話などは三ヶ月ごとに新機種を投入するので、ベルトコンベアに産業ロボットなどという何らかの固定性を伴う生産設備では対応できない。そこで資本が見出したのは人間身体の方がロボットよりもフレキシブルであるということだった。ポストフォーディズム的な労働現場では、労働者は、自己の身体の綜合作用を工場に配置された機械とボスの監視に委ねることはもはやできない。労働者自らが主体的に、主体として労働にコミットしなければならない。ただし、労働者の身体は、あたかもフラッシュ・メモリーのように、瞬時に記憶やプログラムの書き換えが可能なようにしておかなければならない。フォーディズムでは労働者は自分の身体のパーツを資本の下に従属させるだけだったが、ポストフォーディズムでは労働者は主体として、まるごと動員される。

ここにおいて、インプット／アウトプットの効率の良さという意味の経営学的な「パフォーマンス」の概念と現代美術における「パフォーマンス」概念が融合する。パオロ・ヴィルノのようなイタリア・アウトノミア運動の系譜にある理論家たちはポストフォーディズムについて論じるにあたって、アーレントによる人間の活動 activity の三分類（行為 action／仕事 work／労働 labor）を読み替えて労働による行為の吸収を考えるわけだが、それは、労働の綜合が個々の身体の主体性に委ねられていることに加えて、労働現場における諸身体間の結合＝綜合が一種のパフォーマー／オーディエンス関係として形成されることによる。

また、フォーディズムの下では工場内分業 division of labor が成り立っていて、分業というのは異なる労働のあいだでの一種の交換（「私の作業に必要なパーツをあなたがもたらしてくれるから共に働く」）に基づく綜合作用である。ところが、ポストフォーディズムでは、社会形成の最も基盤となるレヴェル、デヴィッド・グレーバーなどなら基盤的コミュニズムと呼ぶレヴェルで労働力の商品化が生じる。「共にいる」

というレヴェルでの、コミュニケーション能力そのものの商品化である。労働する身体にとって、同じ職場の同僚や顧客、さらには自分自身までが一種のオーディエンスで、自分の身体が何を成しうるか、何を作れるかばかりではなく、「この身体と共にいたい」「この身体と一緒に仕事をしたい」「この身体によるサーヴィスを受けたい」と評価されなければならない。身体がその外部に何かを作り出す（アリストテレス言うところのポイエーシス）ばかりではなく、その身体自身に価値があること（同じくプラクシス）を提示＝プレゼンテーションできなければならない。

現代美術における「ソーシャリー・エンゲージド・アート」というものに対して私が感じてしまう「胡散臭さ」（現代美術にそれほど通じているわけではない私の、多分に偏見なのだが）は、それが、ポストフォーディズムにおける主体性の動員を無自覚になぞっているだけなのではないかとの疑義からくる。「パフォーマンス」と口にする時には、やはりかなりの慎重さが必要だろう（これは「パフォーマンスと社会」というような講義を自分自身行ったりする私の自戒でもある）。

インドのコール・センター

次に、インドのコール・センターでの労働を考えてみよう。

インドは、英語話者の多さと中心部資本主義国に比しての賃金の低さから、コール・センターのアウトソーシング先となっている。他業種に比べて給料も良いことから人気の職業なのだが、ただ難点は、例えばアメリカの企業のコール・センターであれば、アメリカが昼の時間帯、インドでは夜間に働くことにある。

コール・センターの労働者たちはアメリカ風の発音、イントネーションを身に付け、また、パソコンのモニターで通話相手の居住地域の情報を確認して「そちらは先程まで激しい雨でしたね、大丈夫でしたか」などと語りかけ、あたかも身近な存在であるかのように思わせ、顧客を安心させる。電話、つまり「遠くの声（テレーフォーネー）」というテクノロジーの本領発揮である。電話というテクノロジーは身体をヴァーチャル化する。それは非身体性ではなく、声を過剰なまでに身体化し、殆どアヴァターと化す。耳元で囁く声は親密性を生み出す。「この声を聞いていたい」。「この声と共にありたい」。むしろ、遠隔－親密性 tele-intimacy と言うべきか。そこでは一種のパッシング、つまり、マイノリティがマジョリティとして振る舞い、また、そう受け取られることが可能になる。

コール・センターは資本蓄積のための商品循環の過程で生じた綻び（「購入した商品の使い方が分からない」「不良品なので返品したい」など）を修繕する機能を果たす。もちろん、そこで遣り取りされるコミュニケーションにおいてメッセージの内容が重要なのは確かだが、コミュニケーションにコミットし続けようという意思、資本循環から離脱するのではなくそこにコミットし続ける意思を持続させることも大切で、遠隔－親密性はそのような主体性の動員を行う。今日、メディア自身がメッセージとして伝えるのは、そのようなコミットメントへの誘惑である。ＳＮＳについつい「いいね」をしてしまい、グーグルで検索し、さらには何ごとかを発信してしまう。

ブーツ・ライリー監督『ホワイト・ボイス』

ここでブーツ・ライリーが監督した二〇一八年の映画『ホワイト・ボイス』を取り上げよう。監督のブーツ・ライリーはオークランド出身のポリティカル・ヒップホップのラッパーで、アクティヴィスト。元レイジ・アゲインスト・ザ・マシーンのトム・モレロとストリート・スウィーパー・ソーシャル・クラブというプロジェクトもやっている。

彼の長編第一作となる『ホワイト・ボイス』は、ニナ・ヤン・ボンジョヴィとフォレスト・ウィテカーがプロデューサーで、この二人は（後にマーヴェル映画の『ブラック・パンサー』を監督する）ライアン・クーグラー監督が現実に警官に射殺された黒人の若者の最後の一日を映画化した『フルートベール駅で』のプロデューサーでもある。

主演のラキース・スタンフィールドは、彼もまたラッパーだが、最近ではパンサー党員のフレッド・ハンプトンの暗殺事件を扱った『ユダと黒いメシア』で、パンサー内にＦＢＩが送り込みハンプトンに死をもたらす内通者を演じている。主人公のガールフレンドにはテッサ・トンプソン。彼女はライアン・クーグラー監督の『クリード』（『ロッキー』のスピンオフ）でも主人公のガールフレンドを演じていた。それ以外にもマーヴェルでは『マイティ・ソー　バトル・ロワイヤル』でアスガルド最強部隊の生き残り、ヴァルキリーを演じている。クィアであることをカミング・アウトしており、恋人であるかどうかは明らかにしないもののジャネール・モネイとの親密なclose関係についても語っているという点からも、アフロフューチャリズムにとっても重要な存在。

失業中の主人公のカシアス（キャッシュ）・グリーンは叔父の家のガレージに、ガールフレンドのデトロイトと共に間借りしているのだが、住宅ローンの返済が滞っていていまにも家を失いかねない叔父に溜めている家賃を早く払うように急かされている。そこで誰でも雇ってくれるという評判の会社リーガルヴュー RegalView の採用面接を、その業務内容も分からないまま、いろいろとでっち上げた賞状やトロフィーを持って受ける。その嘘はすぐにバレるのだが、その評判通り誰も落とさないので彼は採用される。

その会社は電話マーケティングを行っていて、最初のうちは主人公は全く契約を取れない。だが、同僚（ダニー・グローバーが演じている。彼も元パンサー党員）のアドヴァイスによってメキメキと頭角を現し、最高の成績を上げる。そのアドヴァイスとは、「白人声」を使うというものだ。日本語タイトルの『ホワイト・ボイス』はそこから来ている（オリジナル・タイトルは“Sorry to Bother You”「お忙しいところすみません」という電話セールスの常套句）。「白人声」の時は、オリジナルでも吹き替えでも別の俳優が声を当てている。主人公が電話でセールスする時、画面では、彼は通話相手の部屋にいるかのように、一つのショットの内に映し出される。もともとの声ではろくに話も聞いてもらえずに切られてしまうのだが、「白人声」の時には、電話が切られないだけではない。通話相手はにこやかになり、さらに主人公が商品について語り出すと、相手の部屋は主人公が物語る理想の生活の情景へと変貌する。

社会学者のホックシールドは『管理される心』で、航空会社のＣＡや看護士などのケア・ワーカーが自分の感情をコントロールしつつ他者の感情的満足を生み出す、感情の商品化としての「感情労働

emotional labor」という概念を提唱している。ホックシールドは感情労働を身体的現前を伴う対面状況におけるものと捉えているが、それに対して必ずしも対面状況に限らない「親密労働 intimate labor」なる概念も提唱されている。さらに、若干系譜は異なるが（ネグリなどのアウトノミア系のものなので）「アフェクトの労働」というものもある。インドのコール・センターや『ホワイト・ボイス』の主人公が行うのは親密労働であるが、ケア・ワーカーであれ、その他であれ、ポストフォーディズム下の労働には常にアフェクトの労働が付随している。ここでは、ネグリたちの用法からずれるが、スピノザの言う「実体」の資本主義版である資本循環に内属していることの表現を一つの労働と捉えて「アフェクトの労働」の内実と理解したい。

『ホワイト・ボイス』の主人公の「白人声」はまさにこのようにアフェクトを労働として召喚する。主人公はボスに見込まれ、出世して、同僚たちが組合の結成と賃上げを求めてストを行う中、スト破りに加担し、さらには、リーガルヴューの最も核心的な秘密に触れることになる。それは、一度契約すると工場内のテントのような住居で起居し、一生低賃金で働かされるワリーフリー WoryFree の労働者たちが、特殊な薬で馬のDNAを組み込まれた馬人間となって長時間の低賃金重労働をさせられていて、その馬人間たちを世界中の企業に売り込んでいることであった。

キャッシュは馬人間たちをスマホの動画に収め、TVで流すことに成功するのだが、世論はワリーフリーを非難するのではなく、むしろ、画期的な発明を成し遂げた企業として評価し、その株価は急騰する。仕方なく彼は、かつてスト破りをして裏切った仲間たちと共にワリーフリーを襲撃し馬人間たちを解放する。

この映画では、親密労働やアフェクトの労働ばかりではなく、現代資本主義を支えるもう一つの極、低賃金長時間労働をも描いているところが素晴らしい。現代資本主義の全体像を描きえたのは、一つには、この映画の世界が全面化した産獄複合体であるからだろう。電話での勧誘は刑務所の囚人がやらされる賃労働の一つの典型である。他方で、閉じ込められ低賃金で奴隷的に働かされる馬人間たちの存在。世界全体が民営化された監獄である状況をこの映画は描き出している。

アフェクト（実体と個物の関係）を資本循環への内属の範囲内に留めるのがアフェクトの労働ないしアフェクトの労働化であるとするなら、アフェクトを資本循環から解放することとアフェクトを労働から解放することは同義となるだろう。その狭く曲がりくねった道を「声の変容」を手がかりに探っていきたいのだが、それは別の機会にしなければならない。また、現代の国際労働力移動の特徴の一つであるセックス・ワーカーやメイド、さらに看護や介護などの専門職も含めたケア・ワーカーの多分にジェンダー化された移動の問題も改めて論じる必要があるだろう。

常時接続された身体

電話―ネットワーク

例えば腕時計型のＴＶ電話などのガジェットは昔からＳＦやスパイものの映画などで目にすることはあった。だが、それらのガジェットが意味していたのは、電話をしたい時にわざわざ電話のある場所まで行かなくてもよいということに過ぎず、実のところ、電話というよりはトランシーバーの進化形であった。電話の特徴は、それがネットワークを形成しているところにある。

ネットワークであるというのは、電話は一対一の通信の回路を足し合わせたものではなく、すでに絡まり合った繋がりとして存在していて、そこでの問題は、改めて通信したい相手との接続を確立することではなくて、むしろ、（交換機の存在が示すように）関係ない接続を遮断することを意味している。電話の初期には他の通話を盗み聞くことが可能だったし、実際に、有線放送のように契約した複数の相手に同時に音楽などをライヴで配信するサーヴィスもあった。

ネットワークとは、一対一のコミュニケーションではなく、一対多、いやむしろ多対多の混線するコミュニケーションをその常態とする。

だが、それでもまだ身体はネットワークに常時接続されてはいなかったので、必要な時に接続し、したがって、時間的に「始まり」と「終わり」を確定することはできた。

フィードバック・ループの中の世界

九〇年代半ばからのインターネットの普及が引き起こした大きな社会変化は「ネットワークに常時接続された身体」の出現である。そこでは「始まり」と「終わり」を確定することができず、コミュニケーションの再帰的な循環が起きている。要するに、「私」あるいは「私の心」がコミュニケーションの絶対的な始まりではなくて、常によそからやって来たメッセージの一種の「(引用付き) リツイート」となっている。そして、「私」を経由したメッセージはネットワークを経巡って (適度な変形を蒙りつつ) また「私」に戻ってくる。このような循環は再帰性 recursivity とか再参入 re-entry と呼ばれるが、要するにアウトプットがもう一度インプットされるフィードバックないしループである。

こういったループで形成されるシステムの挙動については、二〇世紀後半にはサイバネティクスという形で探究が進められたが、忘れてはならないのが、ルカーチなどのいわゆる西欧マルクス主義における全体性の探究とハイデガーなどの実存的現象学(とひとまず言っておく)における「気分」の問題圏である。

私たち人間の意識と言語は、何がしかの対象をその環境から孤立させて把握することには長けている。いわゆる志向性 intentionality である。しかし、グレゴリー・ベイトソンはそのような、孤立させられた対象についてのコミュニケーション(=デジタル・コミュニケーション)に対して、部分と全体との関係についてのコミュニケーションをアナログ・コミュニケーションと捉え返した。エコロジーや全体性を問題にする学的認識では、部分から部分へと推移する線型の因果性(ビリヤードの玉突きのような)ではなく、このような循環的因果性の定式化が問題となる。そして、循環的な因果性の感受、言い換えるならば、世界内存在としての私たちが世界の内部にある個々の対象 object との関わりではなく世界全体との関わりを感受するのは、ハイデガー的に言えば気分を通じてであり、ベイトソンであれば芸術を通じてである。

もちろん、世界が何層ものレイヤーからなるフィードバック・ループの絡まり合いであるという事態は以前から変わらない。そして、そのような世界を把握するための道具立てもすでに存在する。それでもなお、私たち人間が自分自身の境界線をフィードバック・ループの只中から浮かび上がってくるものとして実感し始めるのは、九〇年代後半からの、ネットワークへの常時接続の経験からであるし、しかも、いまだ私たちはこの経験を理解し損ねている。

ネットワーク vs 個?

士郎正宗の『攻殻機動隊』が舞台とするのは、人々がネットワークへと接続されながらも、個体や国家という境界がまだ存在する過渡期という設定の時代である。この過渡期性をどう捉えるか。一九九五年の押井守によるそのアニメ化『Ghost in the Shell』では、主人公の草薙素子がその個体性＝身体性を捨ててネットワークの海に飛び込みネットワークと一体化するか、個別の身体のままに留まるかの二者択一を迫られる。彼女はネットワークとの一体化を選ぶのだが、脱個体化してネットワークないし全体性と一体化するか個体性を維持するかという二者択一は、フィリップ・K・ディックの『銀河の壺なおし』から『エヴァンゲリオン』のシリーズ、あるいは、『マクロスF』『マクロスΔ』などにも見られるSFにお馴染みのテーマだし、多くの場合主人公は（ニューエイジ的な宇宙意識としての）脱個体化した全体性のネットワークを拒んで個体性を維持することを選ぶ。

神山健治によるTVシリーズの『攻殻機動隊』（「スタンド・アローン・コンプレックス」と称されるシリーズ）では違っている。そこでは士郎正宗の原作により忠実にネットワーク／個体性、情報／物質性のような対立的バイナリー設定は回避される。問題は接続であり、インターフェースなのだ。神山版の『攻殻機動隊』でのマニアックなインターフェース・デザインに見られるように、問題はネットワークと身体のどちらを選ぶかではない。身体とネットワークとの境界面をどのようにデザインし、そこで個体化をどう再編していくかが問題なのだ。

ところが、まだまだ一般にはインターネットが普及していなかった一九九五年の『Ghost in the Shell』ばかりでなく二〇〇四年のその続編『イノセンス』にしても、ネットワーク対個体性＝身体性というバイナリーなオルタナティヴの問題設定は変わらない。もちろん、アニメにおいて三次元性を追求し実写においては平面性を追求し、また、いかにして戦闘シーンなしに戦闘メカものというジャンルを成り立たせるかなどに関心を寄せる一種の逆立ちしたモダニストである押井守にとって、このような問いなど関係ないのだろうが。

また、「スタンド・アローン・コンプレックス」の後の（別監督による）TVシリーズにしても「常時接続された身体とはどのようなものか」という今日の喫緊の問いは無視されている。私たちは、「常時接続された身体にとって個体化とはどのようなものか」という問いを正確に立てることに失敗し続けている。

だが、いま一度気を取り直そう。接続された身体については、神山健治に対して先行するいま一人の探究者がいる。それはデイヴィッド・クローネンバーグだ。

クローネンバーグの『スキャナーズ』では、他人の精神というか脳というかに直に接続できる精神感応能力者のマイケル・アイアンサイドが、子どもの頃に頭の中の騒がしい声に耐えられず自分の眉間にドリルで穴を開けそれらの声を引きずり出そうとした。この映画は一九八一年の作品だが、この頭の中で鳴り響き、苦しめる声は、今日では私たちの多くがすでに送りつけられてきたメッセージに対して既読や「いいね」を要求する（メタ・）メッセージの「ウザさ」として実感しているものだ。溢れ返るメッセージ、ドゥルーズが『フーコー』で指摘した「誰かがブツブツ呟いている on murmure」（存在やそれ＝エスが語るのでもなく、誰かが何ごとかを為しうる on peut のでもなく）ものとしての世界。どれが私のメッセージなのか、どれが私の記憶なのか。

クローネンバーグは『ヴィデオドローム』や、その一種のセルフ・カヴァーとしての『イグジステンズ』、それに『ザ・フライ』にしても、そして『コズモポリス』にしても、テクノロジーに接続された身体はどのように個体化を再編するかを問い続けてきた。あるいは、『イグジステンズ』におけるヴァーチャル・ゲーム反対派のようにプロセスとしての個体化を拒否して、テクノロジーやメディアから切り離されすでに完結したものとして個体を扱う者たちはどのようなものかを描き出す。

あるいは、ウォシャウスキー姉妹。『マトリックス』トリロジーでは、ヴァーチャルかリアルか、機械か人間か、要するに赤いピルか青いピルかのバイナリーで世界が描き出されていた。それが最新作の『マトリックス・レザレクションズ』ではバイナリーとは違う道が探られている。

おそらく「真実」や「認識」を、ポスト・トゥルースに落ち込むことなくノン・バイナリーへと鍛え上げていくことが目指されている。

デジタル／アナログ／アフェクト／芸術

ベイトソンはデジタル・コミュニケーションに対してアナログ・コミュニケーションの方がメタ・レヴェルにあると言う。世界の中の孤立化された対象に関して真か偽かを精密に論じうるデジタル・コミュニケーションに対して、アナログ的なものとはどういうものだろうか。例えばデジタル化された情報は正確に、変化を被ることなしにメディアからメディアへと移し替えることができる。そのさまはまるで次から次へと依代を取り替える悪霊のようだ。それに対してアナログ的な情報はメディアを変更するたびに何らかの変更を被る。これはただの情報劣化ではない。録音・録画の機器の特性によるノイズや記録媒体に憑き纏うノイズが否応なく伴う。それは宇宙空間を満たすビッグバン以来のバックグラウンド・

ノイズ同様にこの世界の全歴史のホログラフィックな記憶である。言葉で机について記述する時その机に関する情報（大きさや材質や重さ）だけを記録できるのに対して、写真を取ると否応なく背景が映り込むように（そしてデジタル処理で背景を消せるように）アナログ・コミュニケーションはそれが語る＝言及する対象についてだけではなく、対象とその環境についての情報も含み込んでしまう。そして、私たち人間は何かに注意を向けて、その志向対象に焦点を合わせるのだが、自分とその対象と世界全体との関係、つまり、全体を「私」という部分に落とし込む再帰的関係を常に気分として、あるいはアフェクトとして感受している。気分やアフェクトは意識に対するコンテクストであり、メタ・レヴェルである。

今世紀に入ってからの人文諸学での（英語圏でのドゥルーズ受容と並行する）アフェクト論的転回の社会学的背景には、ネットワークに常時接続された身体がある。表象はネットワークと個別身体とのインターフェース上に配置される何かだが、アフェクトはインターフェースという平面そのものの構成原理であると言える。

何度でも繰り返すが、新自由主義は個体を個体化過程から切り離された個人として扱い、その個人に善であれ悪であれ帰責する。善も悪も、また、様々な能力も個人の私有財産というわけだ。あるいは、マルクスが資本主義の（新自由主義の、ではない）根本的な矛盾として指摘した生産の社会性と私有財産制の矛盾とは、労働力能という潜勢力以外何も所有しない者たち、したがって、自身の潜勢力の現勢化の過程が他者の所有となっている者たちにとって、現勢化の結果であるこの世界（『資本論』第一巻で言うところの「商品の怪物じみた集積＝コレクション」）との関係＝疎外であり、その疎外を探り関係を作り変えるための探針がアフェクトなのだ。

それでは、ネットワーク（デジタル・コミュニケーションの、さらに言えば、商品生産の）と個別の身体とのインターフェース（スマホやPCのモニターであり、あるいは、ハロワであるかもしれない）上の個別の表象や記号（「いいね」であったり貨幣であったりする）を超えてインターフェースそのものの変形を試みようとするならどうしたらよいのだろうか。

もちろん、基本的にはいわゆる政治運動であるだろうが、しかし、それが常にネットワーク全体との関係を感受しながら行われなければならないのであるとするなら（そうであるはずだ）それはアフェクトの次元を経由しなければならず、そして、それは取りも直さず芸術と呼ばれる領域を経由するはずである。

ヒップホップの世界でサンプリングとして知られるもののことを考えてみよう。それは、世界そのものである記憶を自分自身の個体化過程へと組み込もうとする努力であると言える。とりわけアナログ音源からのサンプリング、例えば、Nasの『イルマティック』のイントロ。Nasばかりでなく多くの人々にとってヒップホップへのイニシエーションであり、つまりヒップホップの始まりと言っていい映画『ワイルド・スタイル』からのサンプリングに、自分自身の始まりを弟のジャングルとのスキットの音源という形で重ねている。アーレントが人間の力能の中でも最も称賛する、何かを始める能力、この世界にこれまでにない新しいものをもたらす力能である「始めること」そのものの再開の瞬間がそこにある。それがNasという固有名と共にある。世界の記憶からの、そして、彼が育ったプロジェクト（低所得者向け公営団地）という環境、さらには音楽産業というネットワークからの個体化の見事な実例だ。

だがもちろん、今日多くの者はこのような形で世界の世界化と自身の個体化のプロセスをカップリングさせることができないまま捨て置かれている。ネットワークは私たちの力能を購買傾向という情報へと変換して利潤へと転形させる。そして世界化と個体化のカップリングの失敗は、時として無差別な暴力として、つまり、自他の境界の物理的な抹消を通じてのネットワークへの一体化としてアクティング・アウトされてしまう。それに対してどうしたらいいのか、自分には何ができるのか、いまここですぐに答えることはまだ私にはできない。しかし、Nasが行ったような始まりの、あるいは再開の身振りを、多様なネットワークの（理論の、あるいは、オーディオとヴィジュアルの）レイヤーへと撒き散らし＝散種していくことが必要なのかもしれないし、微力ながらも私にできることはそういったことなのかもしれない。

失敗した世界で——レオ・ベルサーニのために

レオ・ベルサーニが亡くなった。私が最も影響を受けた書き手の一人。なので、今回はベルサーニのために（ベルサーニについてというよりは）書こう。

プルースト的モナドロジー

ベルサーニは『フロイト的身体』で、フロイトの偉大さはセクシュアリティの定義に失敗したところにあると主張する。

実際、フロイトは苦労して精神分析的なセクシュアリティ概念を築き上げては、それが完成するそばから崩しにかかる。当初、個体維持／種の存続という常識的な二元論を踏まえて自我リビドー／性的リビドーという二種類のリビドーを考えていたのだが、ナルシシズム概念の導入により、自我に備給されたリビドーもそもそもは性的リビドーであったと理解されるようになり、性的リビドー一元論に書き換えられた。それが、「快感原則の彼岸」ではエロスとタナトスの二元論が導入される。「快感原則の彼岸」の語り自体、反復を通しての逸脱という運動を示していて、フロイトの思考全体の動きのアレゴリーとなっている。ベルサーニが高く評価するフランスの精神分析家、ジャン・ラプランシュも、フロイトのセクシュアリティ理解の深まりは生物学的機能からの偏移の過程として理解できると指摘している。

もちろん、失敗に着目するのは、ポール・ド゠マンをはじめとする脱構築的批評に共通する身振りではある。しかし、ベルサーニにとって「失敗」がどのような意味を持っているのかを考えるためには、ちょっとした迂回が必要になる。

ベルサーニの最初の単著はプルーストについてのものだった。プルーストは彼が繰り返し立ち返る参照項であり、ある意味で彼の仕事はすべてプルーストからの（プルーストについて、ではなく）理論化であったとも言える。

現在、ベルサーニについては、『本質主義的ヴィラン』『レオ・ベルサーニ　思弁的序論』というベルサーニについてのモノグラフの単著二冊があり、ベルサーニについての論集の編者であるミッコ・トゥカネンの議論が最も包括的であり、また、鋭い。『本質主義的ヴィラン』の第一章は「ホモモナドロジー」と題されていて、ベルサーニにおけるプルースト–ライプニッツのラインを解明している。ベルサーニは英語圏でのドゥルーズの最初期の読者の一人で、言うまでもなく『プルーストとシーニュ』をそのプルースト論で参照している。トゥカネンはベルサーニに対するドゥルーズの影響として存在論への関心と本質主義を位置付ける。

まず、本質主義について考えよう。ベルサーニはもちろん本質主義者である。個物は本質を持つ。しかし、個物の実存はその本質の表現ではない。実存主義者は「実存は本質に先立つ」と言う。構築主義者は「パフォーマンスは本質に先立つ」と言う。これらに対してプルースト的モナドロジストは「本質と実存は別のものである」と(見ようによってはあまりにも凡庸なことを)言う。個物の本質は表現されなければならないのだが、いまのこの個物の実在=実存は十分にその本質を表現できない。

実存主義者や構築主義者は、本質は実存やパフォーマンスよりも貧しい、あるいは、少なくともそれらより豊かではないと思っているし、まさにその点にこそ「西洋形而上学の批判者」との自負がかかっている。だが、プルースト的モナドロジストにはそのような大層な野心はない。何か新奇なことやこれまで誰も言ったことがないことを言いたいわけではない。その望むところは実に慎ましい。個物の本質はその実存より豊かであり、それを表現するためには丸々一つの世界を必要とする。例えば『失われた時を求めて』のように。ただこれだけである。

ウサギとアヒル、生きられたもの／認識されたもの

ウサギにもアヒルにも見えるいわゆるウサギ-アヒル図式というものがある。ヴィトゲンシュタインの『哲学探究』で取り上げられたことでよく知られるジャストローの錯視図形である。知覚において、ウサギが見えている時にはアヒルは見えない。その逆も然り。しかし、私たちはこの図がウサギでもあればアヒルでもあることを知っている。ウサギが見えている時に、それがアヒルでもあることを知っている。知覚において同時に生きることはできないが、そこに、まさにその場所に(つまり、背後や下に隠

されていて、結局別の場所に、ではなく）別のものが存在することを知っている。認識とは、この意味で、生きられることなく存在するものの救済なのだ。

いま一人のプルースト的モナドロジスト、ヴァルター・ベンヤミンは作品において生きられたものを「事象内容」と呼び、生きられることなく認識されるべきものを「真理内容」と呼んだ。批評の使命とは真理内容を事象内容から区別することであり救い出すことにほかならない。つまり、生きられたものから認識されたものを救済することである。

生きられることなく存在するもの、実存を欠いた本質とは一体どのようなものだろうか。

ライプニッツによればこの（現実）世界は最善のものである。なぜなら、神は様々な可能世界の中から共可能性という基準によって、すべての個物の持つ可能性が共に成り立つ世界を選んで創造したのだから。つまり、現実に創造されることのなかった可能世界はどこかに不備があったということだ。失敗作としての世界だ。だが、そうやって現実化されることのなかった可能世界たちはどこに行ったのだろうか。それは、ちょうど『マトリックス』の世界で、古くなったりバグが見つかってしまったジャンク・プログラムたちがシステムの監視の目を掻い潜り、息を潜めて、消去されないように逃げ隠れするように、ひっそりとどこかに、例えば、忘れられ埃をかぶった書棚の目立たない古書に挟み込まれた紙片のように、身を隠しているのかもしれない。

現実に創造され生きられたこの世界とは違和をきたす、「決して生きられることのなかった世界」。しかし、個物がその本質を表現するために要求するのはそういった世界ではないだろうか。ここでもう少し『マトリックス』への逸脱を続けるなら、トリロジーの段階では、「マトリックスとザイオンのどちらが本当に存在する世界なのか」が問題であり、個物の解放は同じ一つの「本当の世界」の内部で考えられていた。それが、『レザレクション』では（おそらく『Sens8』を経て）個物の解放はその個物が表現する世界の解放でもなければならないとの認識へと変化している。問題は「私は本当に（この世界を）生きているか」という懐疑論ではない。そうではなくて、「生きられたことのない世界の救済」なのだ。

懐疑論へのプルースト的応答＝事後性

近代社会が抱えた困難、それは、世界からの自我の引き籠もりである。世界は本当に存在するのか、他者は本当に存在するのか。フロイトは、このように、世界から切り離された自我の基本的なスタンスを「世界への憎しみ」として描き出す。生まれたばかりの人間の子どもは自力では殆ど何もできない。フロイトはこれを「寄る辺なさ」と呼ぶ。その時人間の自我は世界を、自分を攻撃し不快にする存在としてしか認識できない。フロイトによれば世界に対する人間の最初の関係は憎しみである。確かに世界の存在は、私を攻撃し、不快にするものとして感受されている。それに対して自我はどう対応するのか。フロイトによれば原初的な自我は、世界を、食べることによって破壊する。それはまた世界を自分の中に取り込むことであり、消化・吸収し同化することでもある。世界を自分自身によって置き換えるのだ。世界から引き籠もった自我は、今度は世界を貪り喰らい尽くすことで世界を（自分に似たものとして）認識しようとする。

生きられたものとしての世界は、貪り食う認識論に取り憑かれている。他者もまた、その志向性や欲望をその人自身が生きたように理解されるべきものとして捉えられるなら、自我がそれを貪り食い、同化すべき対象と見做される。一つの生は他の生を喰らい生き永らえるからだ。

このような生による生の認識、生きられたものの拡張として理解された、つまり、貪り食いの認識論に対して、存在論は、実存に尽きない、生きられたものに留まらない存在を、本質を認識する。

例えば、ベルサーニは『失われた時を求めて』で語り手が亡くなった祖母を思い出すシーンを取り上げるのだが、そこで起きていることは、祖母が生きていた時に彼女が生きた「生きられた現在」を語り手の小説の現在時の「生きられた現在」によって甦らせるというものではなく、むしろ、語り手の現在の内に「生きられなかったもの」が出現する経験として理解される。そこで起きているのは主体が客体を飲み込もうとすることでもなく、また、主体が他の主体の志向性を理解しようとしてそれを同化するのでもない。そこに欲望があることは理解できるのだが、その欲望がどのようなものか私には理解できない、そんな形で形成されるコミュニケーションであり、コミュニティなのだ。

プルースト＝ベルサーニにとって想起とは、過去に誰かがそれを生きたように、かつてそれが「生きられた現在」であったように、現在において再現ないし復元することではない。生きられなかったもの、けれども確かにそれであり、そこに存在しているものの再現なのだ。

これは精神分析で言う「事後性」の問題でもある。ベルサーニとの関わりでは、とりわけジャン・ラプランシュの仕事が重要である。ラプランシュはフロイトによる誘惑理論の放棄（フロイトの患者たちが一様に年長者からの性的誘惑の記憶を思い出すので、当初フロイトは神経症の原因を現実の誘惑＝性的虐待に見出していたが、後にその記憶は患者の欲望が作り上げた幻想であると見做した）を批判する。ただし、ラディカル・フェミニズムに繋がるような「フロイトは家父長制に屈して当時のウィーンの幼児虐待を見て見ぬ振りをした裏切り者」という批判ではない。ラプランシュは、幼児をケアする者たちの身振りや表情、声、身体的接触などが、その幼児にとっては一種のエニグマ、つまり、非言語的な謎なのだと言う。スフィンクスの謎はすでに言語化されている上にご丁寧に朝、昼、晩と物語的な時間順序まで与えられ構造化されている。だが、幼児はエディプスではなく、周囲の大人たちもスフィンクスではない。エニグマ的シニフィアン、とラプランシュは呼ぶのだが、それが何を意味しているのかは事後的にしか明らかにならないし、しかも、その「意味」がエニグマのポテンシャル、あるいは、本質を十全に表現しているとも限らない。むしろ、ベンヤミンが翻訳に対する原典(オリジナル)に関してそう述べたように、すでに無限のヴァージョンをその内に畳み込んでいると言うべきか。

この事後性を展開するのがプルースト的な想起なのだが、ここで厄介なのが、事後性を抹消してしまわない、言い換えるならば本質の汲み尽くしえなさを早々に片付けてしまわないことが含み持つ耐え難さだ。というのも、ラディカル・フェミニズムなどの反ポルノ派の主張が前提にしているのが、「メッセージや行為はそれが暴力であるか否かを事前に確定することができる」ということだからだ。だから事前に禁止することが可能であるとされる。もちろん、幼児であれ誰であれ、あからさまに過酷な状況に置かれるべきではない。だが、事後性を主張するということは、それがケアであるのか暴力であるのかを完璧に事前に知ることはできないと主張することである。人がそれを生きることができないエニグマとその遅れてやってくる意味のあいだ、個物の本質を展開するためのタイムラグを耐えなければならない。このタイムラグをなしにしてしまいたいという性急さを抑えなければならない。

そして、批評とは（精神分析もまた）この事後性の認識を、認識による救済へと接続していく試みなのである。

再び見出されたオブジェ

再び見出した
何？
永遠
――A・ランボー

フロイトによれば、対象とは常に再び見出されたものである。そして、ランボーが見て取ったように、再び見出されたものとは永遠の別名であるとするなら、およそすべての対象は永遠と果敢なさの二つの面を持つ。

直接ベルサーニに関わるわけではないが、物語論に可能世界の理論を導入したトーマス・パヴェルによる小説『ペルシャの鏡』が翻訳されている。その著者同様フランスで学びカナダで職を得たルイという若者を主人公とする連作小説で、ルイがルーマニア（パヴェルの故郷）の古文書館で見出したライプニッツの弟子による『形而上学叙説』への注釈などをめぐる物語だ。そこで、右と左で瞳の色が異なる人間のことが語られる。そのような人間は一方の目で、実現されなかった可能世界を見ているのだ。

おそらく批評家とは、このような左右異なる瞳を持っている者のことなのだろう。一方の目は常に実現されなかった、生きられなかった可能世界を見つめている。

そして、諸世界のコミュニケーション、単にインターナショナルであるばかりでなく、インターワールド、トランスワールドなコミュニケーションの探究のプロセスがコミュニズムの名に値するものなのだろう。

耳の中の虫たち

取り憑く音楽

英語にearwormという表現がある。耳の中で蠕き這い回る虫（といってもミミズや、蛆のような）とは何とも気色悪い言い方だが、これは耳にこびりついて離れない音楽を意味している。ふと思い起こされるメロディ。何度振り払おうとしても執拗に蘇ってくる音楽の断片。それは、必ずしも好きな曲とは限らず、また、高く評価しているものでもない。なぜかは分からないが、私に取り憑いて離れない。

サイモン・レイノルズやマーク・フィッシャーなどのイギリスにおけるポピュラー音楽批評では、ジャック・デリダの『マルクスの亡霊たち』から借り受けた「憑在論 hauntology」という概念が用いられるのだが、それは、音楽こそが多くの人にとって、最もありふれた亡霊的存在だからにほかならない。特に、音楽ジャンルとしての「ポピュラー」であるか否かにかかわらず、ふと口をついて出てしまうメロディ（それが幼い頃聴いた子守唄であれ、あるいは、いわゆるクラシックであれ）こそ、ポピュラリティそのものであるからだ。もちろん、今日であれば、CMソングや、ショッピングモールかコンビニのBGMという形で常時浴びせかけられているそれ自体断片的な音楽が、耳の奥底で自分でも気付かない内に鳴り響いていることも多いだろう。

だから、亡霊というのは、夜な夜な現れる亡き先王であるとか、あるいは、アミューズメント・パークのアトラクションであるよりも前に、多くの人にとって、音楽としてすでに出現しているのだ。

アンセムとは何か

このような、亡霊的な音楽についてどう考えたらよいのだろうか。ここで参照されるべきは、フランスの音楽学者で哲学者のペーター・サンディの『ヒッツ！』、特にその英訳版である。オリジナルのフランス語版も vers d'oreille、つまり earworm という章から始まるのだが、英語版には Especially for the English-Reader という序文が付されている。「あなたのために」「あなたのためだけに」と私の耳元でそっと囁く声、それがポップということの本質をなしている。たとい、それが何万人も入るスタジアムで、ステージ上のミュージシャンの声が超大型スピーカーから大音響で轟いているとしても、そうなのだ。

このような、公共的な開かれと私秘的な閉ざされとの独特の分節化がポップという領域を形成している。そして、それはそのまま商品の秘密でもある。商品は不特定の視線に曝されながらも私にだけ語りかけてくる。「もしも私を買ってあなたの家に連れて戻ってくれたなら、あなたを幸せにしてあげましょう」。そして、私は商品の魂を救わんとして、可能ならば、財布を取り出したり、カードを提示したり、購入のボタンをクリックしたりする。それだからこの英訳序文ではカイリー・ミノーグやジャネット・ジャクソンが『資本論』に接続されていく。

だが、ここはまだ歌の話に留まろう。アンセムの問題だった。Anthemという英語（フランス語ではhymne）は多くの場合「国歌」と訳されるし、実際にそれが指し示すのは「星条旗よ永遠なれ」や「ラ・マルセイエーズ」だったりするのだが、最近では日本語でも「アンセム」とカタカナ表記されることが多くなってきた。

これは、「ケンドリック・ラマーはBLMのアンセム」「カーティス・メイフィールドは公民権運動のアンセム」という表現の広まりや、あるいは、ビヨンセ自身が共同監督を務めて話題になったネットフリックスのオリジナル音楽ドキュメンタリー映画『ホームカミング』で、アフリカ系アメリカ人のアンセムと言われる「リフト・エヴリ・ヴォイス・アンド・シング」（ハーレム・ルネサンスの担い手だったジェイムズ・ウェルドン・ジョンソンとJ・ロザムンド・ジョンソン兄弟の作詞作曲）を取り上げたりしたことが背景にあるだろう。

スーパーボウルのインターバル・ショーで歌われるのもアンセムなら、公民権運動やBLMのデモで歌われるのもアンセムなのだ。それだから「アンセム」を機械的に「国歌」と訳すわけにはいかない。

サンディは、取り憑く音楽の特性を内密さ（アンチミテ intimité）とアンセム（イムヌ hymne）とのカバン語で inthymnité（アンチムニテ、日本語でのうまい訳語が思いつかないのでこのカタカナ表記を用いることをご容赦願いたい）と呼ぶ。誰でも知っている、ありふれた音楽。少なくとも誰も聞いたことがなく私しか知らない曲ではない。それにもかかわらず私にしか聞こえない。私の耳の奥底で鳴っているメロディとはそういうものだ。内面性と外面性の奇妙な反転が起きている。それはまた、個と共同性の不思議な接触である。私だけのものであるはずの内面に初めから他者が棲みついている。

もちろん、私だけが知りうるはずの内面がある共同性に開かれてしまっているという感覚は、かつて酒井直樹らによって国民国家論が展開された時の、ナショナリズムの要諦ではある。コミュニケートされることなく共有されてしまっている（と想定される）ものを核としてナショナリズムが形成される。その核はしばしば詩や歌であり、同じ一つの詩や歌を声を揃えて唱和することで人間の複数性（アーレントが『人間の条件』と見定めたもの）を否定し、一定の共同体を同じ目で見、同じ耳で聞き、同じ一つの考えを持つ巨大な人造人間へと作り変える。そして、その核は、その共同体の成員でなくとも、誰でも目にし、耳にすることができるにもかかわらず、外部からは触れることのできない秘密とされてしまう。

それではアンチムニテは、そのようなナショナリズムの核にある、まさに「国歌」としてのアンセムと区別することができるのだろうか。

確かに現象としては、国家を体現する警察や軍隊とそれに対峙する民衆の双方がそれぞれのアンセムを体現しつつ睨み合う。とはいえ、そのことは民衆の側のアンセムがもう一つの国歌ではないとの保証ではない。

ジミー・サマヴィル、あるいはカヴァーの悦び

ここで少し目を転じて、ジミー・サマヴィルを取り上げよう。スコットランド出身の歌手である彼は、八〇年代シンセ・ポップの代表的グループであるブロンスキー・ビートのヴォーカルとして出発し、その後ザ・コミュナーズを立ち上げ、さらに現在はソロとして活躍している。彼はカミング・アウトしたゲイで、また、左翼的な発言が批判されると「パリ・コミューン同志」を意味するザ・コミュナーズを作って『レッド』というアルバムを出した。エイズ・アクティヴィズムの団体アクト・アップとコラボして「リード・マイ・リップス」という曲を出していたりもする。

まず取り上げたいのはブロンスキー・ビート時代に、やはりゲイであることをカミング・アウトしているソフト・セルのヴォーカル、マーク・アーモンドを迎えて録音した「アイ・フィール・ラヴ」だ。もともとは七〇年代にディスコ・クィーンの名をほしいままにしたドナ・サマーの曲のカヴァーだ。ドナ・サマー自身が、アメリカの黒人女性であるが、イタリア人プロデューサーのジョルジョ・モロダーのシンセサイザーを駆使した曲によってドイツから人気に火が付いたインターナショナルな存在で、彼女の曲は、ディスコ・ヒットによくあることだが一種のゲイ・アンセムとしての人気を保っていた。それをイギリスのオープンリー・ゲイのシンセ・ポップ・グループがカヴァーしたのだ。サマヴィルの特徴はその伸びやかなファルセットにある。アーモンドは、ポップであるばかりでなく、後にロシア歌曲をカヴァーしたり芸術的カバレットに出演したりする人で、この二人の表現力が相俟ってオリジナルに

も増してエロティックに、それでいて、シンセサイザーのリフがユーモアをも醸し出す秀逸なものになっている。女性から男性へ、黒人から白人へ、一人から二人へ。こういった移動ないし変換を通して何が起きているのだろうか、何が明らかになるのだろうか。

例えば、ヒップホップ・アルバムで複数のラッパーが録音に参加する時、そこでは一人称と二人称の間での、その意味で言語的な対話が生じる。単にオーディエンスに二人称で語りかける潜在的な対話ではなく、ラッパーたちの、時として対立や競い合いも孕む対話的なコミュニティが立ち上がる。ラヴ・バラードがしばしばオーディエンスを（潜在的な）二人称＝「あなた」に仕立て上げ、一人称と二人称からなる「私たち」＝「私とあなた」という共同性を作り出そうとするのに対して、ヒップホップが切り拓いた領野は、（差異を孕んだ）ラッパーたちの共同性である「私たち」とそれと対立する「あなた（たち）」というコミュニティ間の関係がそれとして可視化される「あいだ」である（自分対世界！）。

ところが、ジミー・サマヴィルが成し遂げた、言ってみればクィアなカヴァーは一人称と二人称とは異なる関係を生み出している。サマヴィルとアーモンドのヴォーカルは一人称であるかもしれないが、互いに相手に対して二人称となって対話するわけではない。それは私に取り憑いて離れないメロディが私の対話の相手ではないのと同様である。それでは、そのメロディをふと口ずさむ時、私はその音楽を私のものとして所有しているのだろうか、他の人も聞き覚えのあるポピュラーなメロディを私の固有のものと言い張ることができるだろうか。

いや、そのメロディは、他者であり、一人称でありながら、私にとっての二人称ではなく、私の所有物や私の自我の一部としてではなく、そこにある。考えてみれば、これはおそらくすべての録音された音源に共通することであり、その意味では人間はみな、録音技術が発明されるはるか以前から、その耳の奥に壊れかけた蓄音機を備えていたに違いない。

サマヴィルのカヴァーにおいて明らかになるのは、一つの曲、メロディ、あるいは、その断片を私だけのものにすることの不可能性である。しかし、それは、あくまで一人ひとりに囁きかける。

サマヴィルによるカヴァー曲をもう一つ取り上げよう。ザ・コミュナーズとして、サッチャーによるロンドン・カウンシル（ロンドン議会、ロンドンを管轄した地方自治体で労働党が強く、移民やセクシュアル・マイノリティなどの文化活動への経済支援にも熱心だった）の閉鎖を受けて出した曲「ドント・リーヴ・ミー・ディス・ウェイ」だ。これは一九七五年のハロルド・メルヴィン&ザ・ブルー・ノーツのディスコ・ナンバーのカヴァーで、一九八六年にサッチャーが財政難を理由にロンドン・カウンシルを廃止したことに抗議したもの。こんなふうに私を遺して去って行かないでくれと歌う曲なのだが、さらに後にエイズ危機の最中、一九九四年にオーストラリアでエイズに関する展覧会がこの名を冠して開催され、そのカタログにはサマヴィルの「リード・マイ・リップス」の歌詞が再録された。

つまり、カヴァーとはオリジナルの持つ真理内容を展開することなのだ。言い換えるならば、カヴァーするということは、それが出現した＝実存した時点では十分に展開できなかったオリジナルの持つ本質を、それぞれの仕方で、その「いま-時 Jetztzeit」に従って諸ヴァージョンを展開することなのだ。ロンドン・カウンシルの閉鎖に際して、エイズ危機に際して、その時々の状況から秘められていた本質が展開されていく。

そして、それ以上に重要なのはカヴァーする声の存在である。確かにこの曲の歌詞は一人称と二人称との対話である。しかし、オリジナルをカヴァーするサマヴィルの声はそれとは違う、「私たち」に纏め上げられることのない、分散された一人称を出現させる（そういえば、レイヴ・カルチャーで何より重要なことは、それまでのダンス・カルチャーと違って、フロアで人々が必ずしも向かい合って踊らない点だ）。

すべての事物は幾許か「自我」であり、「私」である（ちょうど夢の中のように）。だが、自我と自我が出会う時、お互いに相手を自分に対する二人称としようとすると、その結果はよく知られている。ヘーゲルのいわゆる「主人と奴隷の弁証法」である。主人と奴隷からなる共同性としての「私たち」を形成することなしに複数の自我は共存できるのか。これはレオ・ベルサーニが生涯追究したテーマにほかならない。彼は基本的に文学と絵画や映画を通してこのことを探究したのだが、もしかしたら、鍵はポピュラー音楽の中に、耳にこびりついて離れない、取り憑いた音楽のパッセージにあるのかもしれない。

立ち上がるテーブル、あるいは亡霊的インターナショナル

『資本論』で最も印象深い描写は、第一巻第一篇第四節の「商品の物神的性格とその秘密」に見られる。交霊術用の木でできたテーブルが立ち上がり、踊り出すという何とも奇矯なイメージだ。これは、商品の物神性において、物質的なもの（「質料」と訳されるヒュレーはもともとは木材を意味する）と精神的＝霊的なものとの交錯が問題になるばかりでなく、何よりもドイツ語でテーブルがTischであり、フェティッシュと韻を踏むから（ちょうどNasが銃gunと修道女nunを結び付けたように）なのだが、デリダは『マルクスの亡霊たち』で、テーブルは他の商品（もちろん、労働力商品としての労働者も含む）のために立ち上がるのだ、

と指摘する。

さて、今日では、霊を呼び出すためのテーブルが、ターン・テーブルとかミキシングのコンソール・テーブルと呼ばれているのは周知のことだろう。ナショナリズムのように声や歌を「私たち」の内に閉じ込めるのではない、最も内密であるにもかかわらず、私だけのものにできない（事物の）声を、諸身体を通過させていくこと。それこそがベンヤミンが夢見たフェティシズムの善用であり、商品の魂（それは何よりも物言う商品である奴隷の魂にほかならない）の解放であって、そこにはデリダが十分に展開しなかった新しいインターナショナルの兆しがあるに違いない。

オブジェは語ることはできるか

オブジェの思考

シュルレアリストたちがマルクスから影響を受けていることは言うまでもないが、マルクス自身も一種のシュルレアリストであるのではないだろうか。どちらもモノ=オブジェの思考をその基盤としている。そのオブジェとは、黙って自分の置かれた場所に引き籠もっているような単なる客体=事物ではなく、マルクスの描く「逆立ちして踊り出す机」のようにそれ自身の場所や位置から逸脱し、越境しようとする何やら不穏な存在なのだ。

事物をこのようなオブジェとして（再び）見出す感覚をマルクスとシュルレアリストたちは共有している。

モダニズムへの一瞥

現在のアフリカン・アメリカン・スタディーズばかりでなく、批評理論全般を見渡しても、その最前線を切り拓いている存在がフレッド・モートンなのだが、彼は度々エイドリアン・パイパーのことを取り上げる。パイパーは、六〇年代から活躍しているアフリカ系アメリカ人女性のコンセプチュアル・アーティスト、パフォーマーであり、また、ハーヴァードでジョン・ロールズの下で学位を取ったカント研究者でもある。モートンは彼女の作品を取り上げながらアフリカン・アメリカン・カルチャーの基本的な特徴を演劇性 theatricality であると指摘する。もちろん、美術史家、美術批評家のマイケル・フリードによる演劇性批判を踏まえた上でのことだ。

マイケル・フリードは美術史家としてはフランス近代絵画史を中心としているが、他方で、美術批評家としてはモダニズムの立場から「メディウム・スペシフィシティ対演劇性」という評価軸を立てて現代美術を論じて、芸術をめぐる言説の領域で大きな影響力を持っている。

そもそも美術におけるモダニズム批評はクレメント・グリーンバーグによって形式主義批評として確立された。彼は芸術は純粋でなければならないと考える。詩でしかない詩、音楽でしかない音楽、絵画でしかない絵画。他の芸術形式でできることはその芸術にとっては不純な要素で、そういったものを排除して純化しなければならない。絵画で言えば、主題や物語性は他の芸術形式でも表現できるので絵画固有の要素とは言えない。グリーンバーグによれば、絵画とは、煎じ詰めれば「彩色された平面」である。ルネサンス以降の絵画は、二次元に過ぎないのにあたかも三次元であるかのようなイリュージョンを生み出すことを追求してきた。モダニストはこのように、絵画があたかも絵画ではないかのように(それが描く実物であるかのように)振る舞うのを許さない。

グリーンバーグの場合、この純粋形式は、カントが『純粋理性批判』で空間を外観の純粋形式=空虚な直観と捉えたことを踏まえて感覚の純粋形式、言い換えるならば純粋な視覚性として理解される。それに対してフリードは、ハリウッドの三〇年代ロマンチック・コメディを映画におけるモダニズムの成立と捉えるスタンリー・カヴェルに倣って、モダニズムの純粋性を感覚的な形式性からメディウム・スペシフィシティへと移行させる。ここで言うメディウムとは、芸術作品を支える媒体のことで、そのメディウムの固有性がメディウム・スペシフィシティと呼ばれる。映画であれば集団としての観客の眼の前に自動的に展開されるということがそのメディウムの固有性であるとされる。

フリードはメディウム・スペシフィシティの対極にあるのが演劇性であると言う。それでは演劇性とはどのようなものだろうか。

例えばこんなシーンを考えてみよう。劇場で演劇の上演中、その芝居のあまりの下らなさにあなたは耐えかねて、舞台に駆け上がり主演俳優を殴って劇場から逃げようとしたとする。あなたの剣幕に怯えてその俳優は後退るだろうし、他の俳優たちはあなたを取り押さえにかかる。ここで可視化されるのは、観客たちが客席で大人しくしている限りでは目に付かない、(個々の俳優ではなく)演劇という対象objectが否応なく観客との距離に配慮せざるをえないという事態である。演劇においては演劇というオブジェと観客は何らかの仕方で「現在」を共有している。

それに対して映画ではどうだろうか。舞台に上がってスクリーン上の俳優に殴りかかろうが、あるいは、スクリーンを切り裂いたとしても、映写技師が上映を止めない限り映画はそのまま続く。ここには映画の私たち観客への根本的な無関心が現れている。たといスクリーン上に映し出される人物がこちらに向かって愛想を振りまいたとしても、映画そのものは私たちに無関心なのだ。私たち観客は映画と現在を共有することはない。映画の自動性（私たち抜きで勝手に進んでいく）は、映画の現在が、現象学が想定するような、私たちの主観性の「生き生きとした現在」が過去の沈殿した志向性を再賦活化reanimationしたものではなく、私たちの能動性とは関係のない時間性であることを示している。だが、それは私たちに見られるべく、そこに在る。私たちは、ただ見つめることしかできない。

映画を観る観客、それは構成作用の能動性をすべて世界の側に譲り渡したカント的主観性なのだ（この点で、途中で止めたり、巻き戻したり、早送りしたりできるDVDやサブスクの配信は、それが同じコンテンツであったとしても、映画とは、そしてもちろん演劇とも異なるメディウムであることが分かる）。それは純粋な眼にほかならず、身体を持たない。イリュージョニスティックな絵画（バロックの静物画のような）を前にすると私たちは「これは絵なのか実物か」と思って思わず手を伸ばして触れてみたくなる。それに対してモダニズムの理想は私の手の存在を、さらに言えば身体を忘却させるような経験である。身体が無いので対象や対象の総体としての世界に対して位置取りpositioningすることが必要ない、というか、そもそもできない。

それでは、このような身体性の消去を通じてモダニストたちは何を成し遂げようとしているのだろうか。それは、主体と客体＝対象を切り離して、それぞれを純化することだ。主体は対象に対して何もできない。つまり、客体は主体から解放される。そればかりではない。実は主体は客体が組織する状況に巻き込まれている。これがフリードが「芸術を堕落させる」とまで言い切る「演劇性」の本質である。主体であることbeing subjectは演劇性の下では従属することbeing subject toにほかならない。主体と対象＝客体をそれぞれ純化することで、つまり、身体を失い、ただ見つめるだけの主体の下で、主体と対象＝客体は互いに相手から解放される。

目を離せなくなる／目を背けたくなる

それでは、このような、対象性から純化され解放された純粋な主体というモダニズムの解放のイメージに抗って、モートンが演劇性を擁護するのはなぜなのだろうか。それを理解するためには、フランツ・ファノンに、さらにはヘーゲルの主人と奴隷の弁証法にまで遡らなければならない。『精神現象学』のヘーゲルは「主人と奴隷の弁証法」という形で、主体がその自立性／自律性を完成させるためには、他の主体の欲望の対象とならなければならないのだと主張する。つまり、対象性無しの主体など空虚なのだ。そのためにはどうしなければならないか。「私を欲望する主体」を主体のままで徹底的に対象化＝モノ化objectifyすること、要するに奴隷化である。

主体性と対象性＝客体性とのこの絡まり合いをどう解きほぐすべきか。問題は、私の存在の対象性を何か汚点のようなものとして拭い去り純化、浄化することではない。

フランスの植民地（未だに「海外県」の）マルチニックのエリート現地人＝黒人であったファノンは、

マルチニックにいる限りでは、ヘーゲルの「主人」のポジションに同一化することができ、自己の身体性、とりわけ皮膚とその可視性を忘却することができた。そして、もちろん、主人の特権、つまり、自らは身体を忘却しながら、なおかつ、それにもかかわらず、快楽を得ることができて、苦痛と恐怖などの身体性はすべて他者に投げつけることができるという特権を享受していた。その彼がフランス本土に渡って経験したことは、彼を見た白人の子どもの眼差しと言葉「ほら、見て、ママ、黒人がいる！」。彼は身体性を投げ返される。それは身体図式（メルロ＝ポンティの「私は〜ができる」という潜在性）ではなく、ファノンの言葉では皮膚図式であり、私の実存に纏わり付くベタつきだった。言い換えるならば、その時のファノンの身体性 corporiality は、はっきりと形が整い能動性を備えた「身体 body」というよりも不定形な、殆どスライム状の「肉 flesh」なのだ。

さて、エイドリアン・パイパーの初期のパフォーマンスに「神話的存在 Mythic Being」（一九七三）というものがある。それは、アメリカの当時のメインストリームから最も嫌われるステレオタイプ（黒人労働者階級男性）にパイパーが扮するものだ。アフロのウィッグを被り髭をつけサングラスをかける。タバコをふかしながらストリートを徘徊し、あるいはパーティーの会場に闖入する。パフォーマンスは多かれ少なかれパフォーマー＝芸術家を芸術作品へと作り変える対象化の作業であるが、パイパーは人種的・階級的・ジェンダー的ステレオタイプを身に纏うことで、アフリカから連れ去られた人間たちが、大西洋の、いわゆる「中間航路 middle passage」を辿る奴隷船の中で奴隷という商品＝モノへと作り変えられる経験を変形しながら反復する。さらに、モートンが指摘するように、そのパフォーマンスはフレデリック・ダグラスの自伝に描かれる、鞭打たれ背中から血を流すヘスター伯母のシーンの再演でもある。

以前も触れたように、ダグラスは夜中に奇妙な物音がして目が覚め、その音のする方に行くと、母親代わりの伯母のヘスターが背中を剥き出しにされ、主人（おそらくはダグラスの父）から鞭打たれ血を流し呻き声を出していた。まさに原光景と言うしかない。彼は周りの大人たちに促され彼女が見えない場所に導かれる。つまり、彼自身はその光景にフリーズし、自力では見ることをやめられなかったのだ。

もちろん、それはずっと見つめていたいというような場面ではない。だが、目を離せなくなることと目を背けたくなることとが区別できない。ずっと見つめて愛でていたくなる「美」と、見つめ続けるわけにはいかず、目を背けるというのではないにしても、目を逸らさざるをえない、恐怖の対象たる「崇高」。この二つをきれいに分離し、さらにそれぞれを女性／男性に割り振ってジェンダー化することで一八世紀末の美学は何から身を守ろうとしたのだろうか（加えてエドマンド・バークは、黒さ＝闇の崇高さを強調するために、生まれたばかりの黒人の赤ん坊は自分の母親の肌の黒さに怯えて泣くのだとまで言う）。それは、美と崇高を貫く、諸力能の支出であり昂ぶりの身体性（身体図式以前の肉の次元）であり、これはまた、一九世紀の半ばにマルクスが、政治経済学の批判において見出した価値の実体としての抽象的な人間労働である。ジェンダー的、植民地主義的分割によって忘却される人間身体とその作動の普遍性だ。見る主体であるが自らは見られることのない崇高な主体としての男性と見られるが見つめ返すことのない美的対象としての女性。そして、このようなきれいに分離され分配された美／崇高という領土性に、その分割の始まりから黒さ blackness が違和として食い込んでいた。ヘスター伯母の剥き出しで、血塗れの背中や、パイパーのアフロで髭をはやしサングラスにタバコをふかしてうろつく人物は、私たちを、ただ見つめるだけの落ち着き払った主体から、目を離せなくなる／目を背けたくなる主体、自分の身体の興奮を感じ取り、いたたまれなくなり、さりとてどこかに安全な居場所を見出せもしない、対象に、オブジェに引き回される主体へと変貌させる。私たち自身が、自分のことを、シュルレアリストたちがデペイズマン Dépaysement と呼ぶ操作によって居心地を悪くされたオブジェのように感じる。

もしも私たちが、対象性から浄められることをよしとせず、自らの実存の核に巣食う対象性をこそ解き放とうとするなら、そのために必要なのは、このような居場所をずらされたオブジェとなることだろう。それは、マルーン（逃亡奴隷）たちがジャングルの中や海賊船という形で作り出した共同体のようなものになるだろう。

あるいは、精神科医として赴任したアルジェリアで植民地解放闘争に身を投じたファノンのように。ファノンにとって脱植民地化とは単純に奴隷が主人となるというような転倒を意味してはいなかった。それは、植民地主義的な「人間」、つまり、「主人」の身体を忘却させる身体図式とは別の、新しい図式を「肉」が獲得することであった（この意味で、すべての脱植民地化は「ポストヒューマン」「ノンヒューマン」への逃走なのである）。

そして、その時、居場所から逸脱した奴隷でありオブジェである私たちは、主人には理解できないサウンド／ノイズでコミュニケーションする。もちろん、サンプリングとは、このようなマルーン化のテクノロジーであり、音響的オブジェのマルーン化＝解放である。

表象は何をするのか

例えばカルチュラル・スタディーズに代表されるような人文系の諸学問では、表象 representation の分析がその重要な部分を成している。もちろん、代理＝代表という意味（政治思想の文脈ではこちらの意味が優勢になる）での表象に対する批判も以前からあったし（有名なところでは、スピヴァックが『サバルタンは語ることができるか』で批判したドゥルーズとフーコーの対談「知識人と権力」など）、そもそもカルチュラル・スタディーズ内部でも「情動論的転回 affective turn」が語られ、非表象理論 non-representational theory が提唱されてはいる。

私自身、「表象から情動へ」という動きにコミットしているつもりなのだけれど、「〜から〜へ」という掛け声の胡散臭さは払い除けたい。というか、そもそもローティが「言語論的転回 linguistic turn」などという言い回しを創り出して以来、あのお掃除ロボットよろしくターンばっかりしている人文諸学と思われないためにも、今回はもう少し表象の問題に付き合おうと思う。

private/public、後／先

私自身が「表象」という言葉に初めて触れたのはショウペンハウエルの『意志と表象としての世界』（もちろん日本語訳で）だった。哲学や心理学で表象とは、大雑把に言えば心に浮かぶイメージ（知覚であれ想像であれ想起であれ）のことであった。ところが、現代のカルチュラル・スタディーズや広い意味でその影響を受けた人文学（社会科学も）では、表象とは、文学や映画などの、私たちの心の外にあり、他者と共有できるものである。

私の心の中にある、私しか知りえない私秘的なものと、複数の人間が共有できる公共的なものがなぜ「表象」という同じ名で呼ばれるのか。

確かにどちらもモノそのものの現前ではなく、その代理物ではある。知覚であったとしても、私が目を瞑れば目の前のテーブルのイメージは消えるが、それでテーブルそのものが消えるわけではない（素朴にはそう考える）。また、小説（の本）やDVDを燃やしても、そこで描き出されたものが燃えて無くなりはしない。表象 representation は事物そのものの現前 presence ではない。その名が示すように再-現前-化 re-present-ation なのだとは言える。

しかし、この「再 re」は曲者だ。それは事物の現前、言い換えれば現実よりも後に来るということだろうか。表象とは何かの表象であり、それによって表象される何か、いわゆる「現実」についてのものである以上、現実が表象に先立つのは当然である、と考えることはできる。そうであるとするなら、

表象において問題となるのは、その表象が正しいかどうか、それが表象する「現実」と一致しているかどうかであるだろう。これは表象と現実の一致という古典的な真理概念ばかりではなく、文学や映画や写真などが現実を正しく表象しているかを検討する「ステレオタイプ研究」にも共通する態度である。

それに対して、「表象が現実に先立つ」と考えることもできる。これは特に、暴力の表象や性的な表象、あるいは「人種」的な表象に対する規制が求められる時に前提とされている論理である。暴力の表象が現実の暴力を生み出し、性的な、あるいは「人種」的な表象がただ単に現実とは異なったステレオタイプを表現する差別的なものであるばかりでなく、その表象の受け手の差別的振る舞いを生む。そのように考えられているわけだ。

表象が現実に先立つと考える時、表象から現実への移行は、当然ながら表象の受け手である人間たちによって担われる。そうであるとするなら、表象について考える際に、表象／現実（表象／表象の対象）という二項だけではなく、表象の受け手のことも考えなければならない。この受け手を（対象 object との対比で）「表象の主体」と呼ぶことにしよう。

この主体は必ずしも表象を作り出した者ではないが（ここでは受け手を問題にしているので）、表象とその主体の関係を問える論理を見出さなければならない。「その」という所有格が示す「所有」の内実を明らかにしなければならない。

表象／幻想

表象とその主体の関係を考えるには、精神分析で言う「幻想 fantasy」の概念を導入する必要がある。幻想とは、無意識であったり、白日夢のように半ば意識的であったりもするが、主体に欲望のあり方を教えるストーリーである。それは、何人かの登場人物からなり、それらの人物のあいだに能動／受動などの関係が設定されている。夢などに関して指摘されるように主体は、その中の一人にだけ同一化するのではなく、すべての登場人物は主体の分身である。

私たちの知覚やその他の様々な心的表象は、常に幻想によって裏打ちされていて、そこから意味を受け取っている。このことは、文学作品や映画などの、心的ではない、公共化された表象も同様である。つまり、幻想によって裏打ちされている。言い換えるならば、必ずしもそれらの表象そのものが「幻想」であるわけではない。

これは、実は、フェミニズム内部でのポルノグラフィをめぐる論争と関わる論点である。キャサリン・マッキノンやアンドレア・ドウォーキンをその代表とする、「ラディカル・フェミニズム」と呼ばれるフェミニズムの流れがある。ラディカル・フェミニズムは、ポルノグラフィこそは、（潜在的もしくは顕在的な暴力である）支配関係をエロス化し、家父長制（ラディカル・フェミニズムは支配関係から快楽を得る、言ってみれば「性的搾取」をその本質と見る）を再生産するものなので、ポルノグラフィを禁止すれば、人々は他者を支配することが（支配者／被支配者双方にとって）快楽であると思い込むことはなくなり、その結果、快楽を追求するために他者を支配することそのもの、つまり、家父長制も廃絶されると考える。

このようなラディカル・フェミニズムの反ポルノの主張に対して批判的なフェミニストたち（ジュディス・バトラーやフェミニスト映画理論家のリンダ・ウィリアムズ）も多い。彼女たちの主張は、論者によって力点に違いがあり、完全に同質的なものではないが、無理やり乱暴に整理するなら、「あなた方はポルノグラフィをテクストとして読んでいない」というものになるだろう。もちろん、ドウォーキンのポルノ批判の著作はポルノからの引用で溢れ返り、それ自体がポルノグラフィのようだと批判されてしまうほどで、普通の意味ではポルノを読んでいないどころの話ではない。ここで問題となるのは、テクスト理論や物語論などの、いわゆるポスト構造主義的な「テクスト」の理論を踏まえてポルノグラフィを読んでいるかどうかである。それは、ポルノグラフィという公共的表象を、それ自体を幻想として読んでいくことでもある。つまり、その表象の内部構造に即して分析し、そこに登場する人物たちの能動性と受動性、欲望と快楽に対してどのように主体が同一化するのか、その同一化を通して主体が自らを「欲望と快楽の主体」として見出していくプロセスを解明する。

だが、それに対して、フェミニスト映画理論の第一人者で精神分析と記号論の精緻な読み手であるテレサ・デ・ラウレティスは、ラディカル・フェミニズムがポルノグラフィをテクストとして読まない、ないし、読めない理由を考えるように私たちを促す。「テクストとして読む／読まない」の差異は、バトラーたちが「難解なポスト構造主義を使いこなせるほど頭がいい」という頭のよさの違いではない。それは、幻想に対する捉え方の違いから来る。

ラディカル・フェミニズムにとってポルノグラフィという表象はそれ自体は幻想ではない。すべてのポルノグラフィはその背後に同じ幻想を隠し持っている。それは暴力的支配こそが快楽の源泉であるというレイプ幻想である。表象と幻想のこの区別は、実は精神分析そのものも維持している。患者ごとに異なる語りの背後に同じエディプス幻想を見出すように、表象と幻想の区別は精神分析的には妥当なものと言える。

確かに、精神分析理論を文学研究に持ち込む際には、表象を幻想として扱うことを通して読みを精緻化するのに貢献した。しかし、これは文学や映画などの表象の理論的研究の問題である。人々の日常は、現実を幻想を通して生きる（これをアルチュセールは「イデオロギー」と呼んだ）。つまり、心的表象は、確かに公共的表象の読み、あるいは、解釈として形成されるのだが、その時、幻想は表象をテクストとして読むことを妨げ、そこに読み落としや過剰な読み込みを生む。

したがって、文化をめぐる研究（カルチュラル・スタディーズ？）が、単にテクスト読解の学ではなく、真に社会や政治についての理論であろうとするなら、（公共的）表象分析に留まるわけにはいかず、表象と幻想の関係に踏み込む必要があり、公共的表象と心的表象との関係を考慮せざるを得なくなる。

映画『ジョーカー』をめぐって

心的表象は私秘的であるからといって社会的でないわけではない。それどころか、レイシズム、セクシズム、ホモフォビア、トランスフォビアなどの様々な幻想に塗れている。個人の幻想はすでに社会的である。しかし、また、公共的な表象に付き纏う集合的な幻想とも区別されるべきである。そして、こういった表象と幻想の様々なレヴェルでの絡まり合いはしばしば映画というメディアのテーマとなってきた。デ・ラウレティスはクローネンバーグの『エム・バタフライ』を個人的幻想と集合的幻想の関係についての映画として読み解く論考を書いているが、ここではトッド・フィリップスの『ジョーカー』を取り上げたい。

『ジョーカー』は、クリストファー・ノーランの『ダークナイト』三部作が表象として描いてはいたが、バットマン幻想とでも呼ぶべきものによって覆い隠されてしまったものを明らかにすることをその課題としていた。つまり、ゴッサム・シティの腐敗と混乱の真の原因としてのウェイン産業によって構造化された経済の問題である。ノーランはこの構造を、まず、ゴッサム・シティの経済の中心をなすウェイン家のトーマス（篤志家として知られるが志半ばで殺される）／ブルース（後にバットマンとして父とは違う形でゴッサムを善に導こうとする）という親子関係に置き換え、さらにそれをバットマン／ヴィランの関係へと変形して物語化した。より正確に言うなら、そのような物語化によってブルースの個人的幻想（井戸に落ちた時のコウモリへの恐怖によって象徴される）をバットマンを中心に据えた集合的幻想に置き換え（二作目の『ダークナイト』では、バットマンに同一化した市民たちがバットマンのコスプレで自警団を形成しかえってゴッサムに混乱をもたらすほどだ）、その幻想によって真の原因である構造の振る舞いを隠して、構造によって割り振られたポジションを原因に見せかけるプロセスを描き出した。

『ジョーカー』は、「バットマン以前」の時空を設定することで、ウェイン家以外の個人がどのようにウェイン産業との関係を生きるのか、その幻想を描き出すことに成功している。それは、主人公の母とウェイン産業＝トーマス・ウェインとの幻想的関係であり、それを引き継ぐ主人公のファミリー・ロマンスである。『ジョーカー』で描かれる個人的幻想は、一つには「貧しい者たちを救う金持ちとしてのトーマス・ウェイン」のストーリーであり、もう一つは、そのヴァリアントでもある「困窮する女性を救う男性としての自分」である。実際、主人公による殺人は、まず何よりも地下鉄内でのウェイン産業グループのエリート社員による、セクハラの阻止なのである。そして、これらの幻想が維持できなくなった時に「ジョーカー」が誕生する。

ここで私たちを悩ませるのが、現実に起きたフェミサイド（女性に対する嫌悪殺人）の実行者が、映画『ジョーカー』の影響を受けたと語ることである。映画が犯行の原因であると理解するのは単純すぎるにしても、確かにそれはこの映画の読み、解釈ではある。それでは、セクハラ・エリート男性を殺す映画を観て女性を殺そうと考えるのは『ジョーカー』というテクストの誤読なのだろうか。それともこれはやはり正しい読み方と言うべきなのか。個人的幻想の崩壊の後、主人公は母を殺す。女性への憎しみは確かに表現されている。それではその憎しみはそれ以前のシーンにまで遡及させてよいものなのか。『ジョーカー』は、『ダークナイト』三部作が、まだぎりぎり表象の範囲内で留めていたもの、つまり、ヒーローを主人公とする物語によって表象と幻想の差異を描きつつあくまで表象の内部に留まっていたものを解き放つ。スクリーンに溢れ返るジョーカーのマスクの過剰さは、表象の内部に大人しく収まっているのだろうか。それは観客席まで、さらには映画同様、街路にまで溢れ出ていかないのか（付け加えるなら、この映画は階級性が力を持つための集団化、団結の必要性を描きつつ、それが、ジョーカー・マスクに表されるような同一化の原理に従うならどうなるかまでも描いていると言える）。

おそらく、表象分析を幻想にまで拡張しようとする時、実は、表象やテクストの領分に留まることはできなくなるのだ。「このような行為の実行（アクティング・アウト）はテクストの正しい読みなのか誤読なのか」という問いの立て方が相応しくないと感じてしまう一種の通過点のようなものがあるのだ。そして、これが、カルチュラル・スタディーズが表象分析から情動論へと移行しなければならない理由の一つなのだろう。また、理論に携わる者としては、ここからポルノグラフィをめぐる議論を再構成する必要があるに違いない。

Part 3　間隙のアフェクト

情動的地図

『ハンガー・ゲーム』

『ハンガー・ゲーム』というのはアメリカ合州国の作家スーザン・コリンズによるジュヴナイル小説で二〇〇八年に最初の巻が出て、その後二〇〇九年に第二巻の『ハンガー・ゲーム2　燃え広がる炎』、二〇一〇年には第三巻『ハンガー・ゲーム3　マネシカケスの少女』が出て三部作として完結している。さらに二〇二〇年には前日譚となる『ハンガー・ゲーム0　少女は鳥のように歌い、ヘビとともに戦う』も出版された。

二〇一二年にはコリンズ自身の脚本でゲイリー・ロス監督によって第一巻が映画化され、続いて第二巻、第三巻もフランシス・ローレンス監督によって二〇一三年と二〇一四年、二〇一五年に映画化された（脚本にはコリンズは参加せず製作総指揮、第三巻は第一部と第二部に分けて映画化）。主人公のカットニス・エヴァーディーンはジェニファー・ローレンスが演じた。ここでは映画を中心に取り上げる。

ストーリーは、何らかの理由で現在の文明が崩壊した後の近未来の北アメリカで、コリオレイナス・スノー大統領が支配するパネムという独裁国家が舞台。首都キャピトルでは国家を支配する富裕階級が潤沢な富と高度なテクノロジーを享受している。キャピトルにはそれに従属する一二の地区があり、それぞれ特徴的な産業を持ち、その生産物をキャピトルに供給することを役割としている。かつてこの支配体制に対する叛乱が起きたが失敗し、それへの戒めとして、各地区の一二～一八歳の男女一名ずつ、計二四名が選び出され最後の一人になるまで互いに殺し合う「ハンガー・ゲーム」が年一回開催されている。ハンガー・ゲームの様子はすべてライヴで中継され、キャピトル市民の一大娯楽となっている。

主人公のカットニスは、アパラチア山脈に位置する炭鉱が産業の中心をなす貧しい第一二地区の、その中でも町外れの最貧困地区に住む一六歳の少女。父は炭鉱の爆発事故で「棺に収める遺体の破片も見つけられない」ほどに粉々になって死んだ。父の死のショックから立ち直れない母親に代わって一二歳になる妹プリムローズの世話をし、学校に通う傍ら亡き父から密かに教わった弓矢（叛乱を恐れる政府によって武器の所有は厳禁されている）の腕を生かして動物を密猟して一家の生活を支えている。

そして、ハンガー・ゲーム参加者を決める「刈入れの日」、初めての登録で妹のプリムローズが選ばれてしまい、彼女を助けるためにカットニスは自らハンガー・ゲームへの参加を志願する。もう一人の男性の参加者は第一二地区では比較的富裕層に属するパン屋の息子でかつてのカットニスのクラスメイトだったピータ・メラーク。彼はカットニスが何も食べるものがなく飢えていた時に、焼き上がったパンを「失敗した」と父に嘘をついて店の外に投げて、土砂降りの中、道端にうずくまっていたカットニスに与えたことがあった。

この映画では貧困や飢えの様子が原作以上に強烈に描かれる。それは一方でキャピトルの富と対比されるものだが、他方で、カットニスと彼女が唯一心を許す相手ゲイルが、パネムの支配から束の間逃れることのできる場所である森の豊かさとも対比されている。

暴力とその表象

『ハンガー・ゲーム』、特にその映画を取り上げるべき理由はいくつもあるが、一つは現代資本主義におけるスペクタクルの問題を扱っている点だ。

『ハンガー・ゲーム』を論じた重要な著作の一つにケリー・オリヴァーの『ハンティング・ガールズ』がある。オリヴァーはクリステヴァやイリガライなどのフランス・フェミニズム思想やデリダなどに依拠するフェミニスト哲学者で、この本（タイトルは「狩りをする少女たち」でもあれば「少女たちを狩る」でもある）では、近年の闘うヒロインを描いた映画（『ハンガー・ゲーム』の他には『ハンナ』や『ダイバージェント』など）を論じている。本書の副題「『ハンガー・ゲーム』からキャンパス・レイプまでの性暴力」が示すように、オリヴァーは広く性暴力の問題から考えようとしている。そこで問われるのは「合意の不在」である。性行為に対する合意の不在ばかりではない。現在のSNSの状況で問題になっていることは、性暴力の様子が撮影されアップされてしまうことである。性暴力に限らず様々な暴力が、その実行者やたまたまそこに居合わせた人々に撮影されSNSにアップされる。もちろん、その被害者の合意なしにである。

『ハンガー・ゲーム』の着想源の一つは、もちろん、現代のリアリティ・ショーにある。リアリティ・ショーでは撮影に対する出演者の合意はあるものの、オーディエンスの関心は、出演者たちが意識してコントロールできない振る舞いをしてしまうところにこそ向けられる。このような「意識のできなさ」さらに「意識のなさ」への価値付けは、『白雪姫』や『眠り姫』のようなおとぎ話から、薬物によって意識を失わせての性暴力にいたるまでの連続性を形作っている。

私は、ラディカル・フェミニズムの家父長制理解（支配関係のエロス化）の論理的帰結としての「男性が性的快楽を得られるとしたらそれは、たとえ意識レベルでの合意があったとしても無意識的幻想においてはレイプだからである」という主張には賛成しないが、オリヴァーが主張するように、「合意のなさ」への価値付けとエロス化を解体し、転換していく必要があることは言うまでもない。

現代社会でのイメージの生産は、監視カメラによる撮影からスマホによる撮影まで、撮影されている者がカメラの存在に気づかない形で行われるものも多い。そして、SNSは「合意なきイメージ」の商品化を加速する。『ハンガー・ゲーム』が興味深いのは、オーディエンスが気に入ったプレイヤーのスポンサーになれるところだ。スポンサーは食糧や薬などをプレイヤーにドローンを使って送り届ける。スポンサーを見つけるためにはオーディエンスに気に入られるように振る舞う必要がある。そこでは意識的にどう見られるかをコントロールしなければならないが、むしろ、意識的に制御できずに行ってしまった（と見えるような）行為がオーディエンスの感動と共感を引き起こしてしまう。まさにリアリティ・ショーの要領だ。今日、無意識はこのようにして商品化される。

リメディエーションと情動の地図

『ハンガー・ゲーム』を取り上げて論じるに値する点の二つ目は、その複数メディアに亘る展開の仕方である。

もちろん、最初は小説なのだが、それがヒットし、いわゆるファンダムが形成される。これは映画化以前に出来上がっていた。小説というフィクションから、ファンたちという現実世界の存在へ、そしてそのファンダムでのSNSの発信や二次創作などが存在する中で映画化の企画は進められていった。例えば、カットニスのキャスティングで、原作では一六歳の設定なのだが、撮影時に二一歳のジェニファー・ローレンスがふさわしいかなどの話題がファンダムで取り沙汰された。

現代のメディア論ではリメディエーションということが議論されている。これは、小説やコミックから映画へ、アニメから実写へというような、もともとは違うメディアへと作品が変換されていくことを指す。また、劇場公開とDVDのようにコンテンツとしては「同じ」と見做されるものも、そのメディアを変えていく時にどのように受容の経験が変わるかを考えることでもある。

おそらく、人間とその身体もメディアの一種であって、ある作品を受容し別のメディア（例えば、SNSでの発信や二次創作）へと接続し変換していくものだと考えることができる。それでは、メディアを変え、その内容も変形させながら、伝達されていくものとは何だろうか。現在のカルチュラル・スタディーズなどで情動affectに関心が集まっていることは前にも触れたが、おそらく、人間身体を含め様々な異質なメディアのあいだを循環するものを捉えるために呼び出される概念が情動なのだろう。表象のレベルでの物語の構造ばかりではなく、その表象を伝達するメディアとそのメディアに接続された身体がどう振る舞うか、振る舞いを変えていくか。それを把握するために、情動という概念が必要になる。

そして、情動に関して私たちは、スティーヴン・シャヴィロが提唱する情動的地図という概念を手がかりにすることができる。ここで言う地図とはフレドリック・ジェイムソンの認知的地図やドゥルーズ＝ガタリが言う地図を踏まえていて、現実と遣り取りをし、それを乗り切っていくための手がかりである。世界に当たりをつけて道を見つけ切り抜ける。そのための地図である。

小説／ファンダム／映画（映画に合わせてゲームも作られた）という形で展開していった『ハンガー・ゲーム』は、メディアのあいだを循環する情動的存在であるのは言うまでもないが、そればかりではない。第一作の『ハンガー・ゲーム』では、オーディエンスの共感を得るためにカットニスとピータは「悲運の恋人同士」を演じる。もっとも、ピータはもともとカットニスを慕っていたのだが、カットニスはそれを人気取りのための演技だと思い、自分もそう演技する。この設定が反響を呼んでゲームの途中ながら主催者側はルールを変更し、同じ地区ならば二人優勝で良いとする。最後まで生き残った二人だが、ここで悲劇的クライマックスを演出しようと主催者はまたもルールを変更、生き残った一名のみ優勝という元のルールに戻す。カットニスは、誰も勝者がいない結末にはオーディエンスが満足しないと踏んで、猛毒のベリーで二人が心中することにして、慌てた主催者たちは改めて二人を優勝とする。

これは、オーディエンスとゲームとのあいだの循環的関係の中での物語構造の改変であり、『ハンガー・ゲーム』という作品内のゲームとしての「ハンガー・ゲーム」という物語構造の「語り手／登場人物／オーディエンス」という位置取りの内部で登場人物のポジションにある者たちが、どのようにしてオーディエンスや語り手という物語の枠組みの外部へ作用するかの物語なのである。そして、それはもちろん、『ハンガー・ゲーム』三部作を通して描かれるパネムでの革命を可能にするメカニズムの提示である。オーディエンスと作品とのあいだの情動の地図であり、現代社会のリメディエーション状況をいかに生き延びるべきか、そのための地図が『ハンガー・ゲーム』（様々なメディアを循環する情動としての）であるからこそ、この作品は重要なのだ。

狩るものと狩られるもの

カットニスは、もともと腕のいい狩人であった。ただ、それはこれまでは秘密であった。だが、少女としては、他の多くのヒロイン同様、むしろ獲物、狩られる対象として捉えられている。しばしば孤独な狩られる者がどのようにして変容し、狩る側になり、敵を追い詰めていくか。これは（『ボーン』シリーズのように）アクション映画ではよく描かれるパターンであるが、『ハンガー・ゲーム』でも重要で、とりわけ、単に受動的な対象から能動的な主体への変容というばかりではなく「誰なら狩っていいのか」という倫理的な問いを伴っているのが特徴である。生活を支えるための動物を狩るのは仕方がない（自分たちで食べるばかりではなく、新鮮な肉に飢えた政府軍兵士に闇で卸すので密猟が目こぼしされる）。それではハンガー・ゲームで他のプレイヤーを狩るのはどうだろうか。参加者たちは、生き残るチャンスを増やすために大抵はまずグループを組んで、敵を潰していく。敵と闘い生き延びる中で生まれる友愛は、最終的には、一人だけが優勝できるので、自分自身の手で壊さなければならない。このことが参加者たちを悩ませる。

ゲームのルールを変えるだけでいいのか、それともゲームそのものを廃止すべきか。狩るもの／狩られるもののゲームを不要にすることが革命であったはずである。第二巻、第三巻で心ならずも革命のシンボルとされてしまったカットニスではある。政権の交代は果たされた。映画の最後では、彼女は故郷に帰り、ひっそりと家族と暮らしている。自らの意に反した撮影shootingから解放されて。ただ、革命がうまくいっているのかどうかは分からない。殆ど滅びかけているようなコミュニティの周縁で営まれる生。それまでのカットニスの闘いを観てきた者にとっては本当にエモーショナルで殆ど泣きそうになる光景だ。ただ、これが私にとって、あるいは、私たちにとって理想的な結末なのかは分からない。けれども、このカットニスの生の静謐さは私たちにとっての「救い」ではあるだろう。そして、ともかくも何らかの「救い」が存在することを信じてもいいかもしれない、と思わせるものではある。私たちの行く先に「救い」はあるのだろうか。

資本主義の下でなぜこんなにも家族が問題になるのだろうか

公理系としての資本主義

ドゥルーズ＝ガタリは資本主義を公理系として捉えた。これは何を意味しているのだろうか。資本主義は既存の社会関係の破壊に基づいている。マルクスが『資本論』第一巻の「本源的蓄積（あるいは原始的蓄積＝原蓄）」の章で指摘しているように、生産手段から切り離された自由な、言ってみれば剥き出しで裸の大量の労働力の出現が資本主義の前提である。具体的には土地（という生産手段）を失い都市へと流入してくる流浪民をいかにして生産装置の内に捕捉し固定するか。マルクスは「原蓄」章で数百年に亘るこの闘いを描き出している。

ところで、ドゥルーズ＝ガタリは、資本主義に先立つ社会で、土地（生産手段）と結び付いた身体を「コード化」されていると捉える。この観点からすると、本源的蓄積とは、「脱コード化」されて、「自由な流れ」

と化した大量の身体の出現を意味する。もちろん、これに対応するのが、特定の用途へと結び付けられ「コード化」されていた富の「脱コード化」、つまり、抽象的な富としての貨幣の蓄積であり、労働力と貨幣の二つの自由な流れの遭遇とその整序化として資本主義は出現する。

しかし、それでは、なぜ資本主義はこれらの脱コード化された自由な流れの再コード化として理解されるのでは不十分なのだろうか。コード化／脱コード化／再コード化というコード化の論理だけでは資本主義を理解できないのはなぜだろうか。それは、資本主義が脱コード化した流れを再コード化する運動ではなく、むしろ、再コード化を脱コード化する動きの整序として存在するからだ。

例えば、産業革命期であれば、都市に流入する労働者からそれまでの労働規範を奪い、機械の労働のリズムに馴致させることが問題であった。それは確かに一種の再コード化と言える。いわゆる「規律化」である。だが、重要なのは、労働する身体が新しい特定の生産手段にぴったりと組み込まれて作動することではない。むしろ、技術革新を受け入れ、次々と新しくなっていく生産手段を受け入れていく身体、言い換えるなら「従順な身体」を生み出すことこそが大切なのだ。

脱コード化された自由な流れを再コード化によって固定するのではなく、流動性を維持したまま、その流れを整序する運動こそが資本主義なのである。従って、コード化のタームではそれを十全に捉えることはできない。

それでは、なぜ「公理系」なのか。数学や論理学で言う公理系の特徴は、一つにはそれぞれの公理は独立であるというところにある。資本主義は先行する社会を破壊してその瓦礫から出現する。それは一種のジャンク・アーティストであって、瓦礫の中から使えそうなものを拾い集め組み合わせて利用する。

そのパーツはそれぞれ別々の由来や歴史を持っている。

私たちはついつい「人種主義は資本主義にとって本質的だろうか、その構成的要素だろうか」「それでは女性差別は本質的だろうか」というような問い方をしてしまう。つまり、人種主義や女性差別などが資本主義の本質から導き出される定理であるか否かを問題にしてしまう。しかし、資本主義を公理系として捉える時、問題となるのは「現在の資本主義は何を公理として採用しているか」である。それは人種主義を公理としているか、もしそうだとしたらその人種主義はどのような人種主義だろうか、ナチスのような反ユダヤ主義か否か。それは女性差別を公理としているか。同性愛差別を公理としているか。トランスジェンダー差別を公理としているか。公理系の特徴は、公理の差し替え（幾何学における平行線公理のように）や付加が自由な点にある。そして、繰り返しになるが、一つの公理は他の公理から独立である、つまり、導出できない。

とはいえ、公理系 axiomatic は確かに系（ただし、システムというよりは機械のゆるい接続）ではある。それでは、公理系を纏め上げているもの、言ってみれば諸機械の機械、抽象機械はどのようなものだろうか。それは、家族／国家装置（具体的なものというよりは抽象的、経験的というよりは超越論的な機械としての装置）である。

家族装置とその時間性

ここで問題なのは抽象機械としての装置である。というのは、資本主義の整序に関わる家族／国家は、具体的な、伝統的な生産領域も包摂した家政というべき家族ではないし、君主の身体やそれに仕える神官などの諸身体が、土地へと隷属させられた労働する諸身体を統治するメカニズムとしての国家でもないからだ。

ここではまず産業革命期の労働者の「家族装置」への捕捉について考えよう。

産業革命期の大都市の成立は基本的に自然増（都市の内部での出生数の増加）ではなく、外部からの労働力の流入による。そして、そうやって都市に定着した労働者たちが形作るのは基本的に単身者文化であった。大人であれ子どもであれ、ベッドと簡単な朝食の出る宿屋で寝起きできるならまだましな方で、路上で寝起きすることもありふれたこと。結婚して子どもを持つ者もいないわけではないが、労働現場と居住環境の衛生面を含めた劣悪さ、長時間労働と経済的困窮などのせいで、一人の子どもが一定の年齢に達するまで同じ大人たちが育てることは極めて困難であった。親が死んでしまったり育てられなくなったりした孤児たちの生活世界はブレイクの詩（「煙突掃除」）やディケンズの作品に見て取ることができるだろう。

労働者の家族装置への捕捉のメルクマールは家族賃金の成立である。

生産手段である土地の上に設えられた家政（それは単に再生産だけを担うのではなく、むしろ生産と再生産の循環が生起する場であった）から引き剥がされ流動化した労働力としての労働者は、さしあたり生産要素として都市の内部に固定される。労働力の補填は都市内部で行う必要はなく外部からの流入で補えるので、都市は労働力の再生産に関しては、最低限の装備で構わない。むしろ、都市における階級関係は、生産労働を外部化し、純粋な再生産労働の場（専業主婦と執事やメイドなどの住み込みの労働者たちによる）として家庭を運営することができるブルジョワ階級と、生産労働の担い手に特化させられた労働者階級との対立として描き出すことができる。

いわゆる生政治は「子孫を持つ権利」の分配をめぐるもので、誰が子孫を持つことが許されているか、誰が禁じられているかがその争点である。再生産できる者とできない者（しかし、しばしば再生産労働は担わされる）の分割だ。もちろん、再生産自体は人類は常に行ってきた。それでは、家族装置への捕捉という形で労働者階級に再生産過程を組み込むことのどこが特別なのだろうか。

それまでの自分一人でも生きていけるかいけないかぎりぎりの個人賃金（男女、成人子ども問わず）から、家族成員の一人が働けば残りの者も養えるだけの家族賃金への移行によって、労働者家庭の内部にパーマネントで無給の再生産労働（とその担い手）が組み込まれる。それは、労働者の日々の労働力の再生産（「明日も頑張って働くぞ！」）ばかりではなく、次世代の労働力の再生産でもある。つまり、労働力の再生産、言い換えるならばこの社会が存続していく条件を労働者が我が事として気遣うことを求められるのである。

フーコーが『監獄の誕生』と『性の歴史第一巻：知への意志』で明らかにしようとしたのは、労働者がどのようにして自己を気遣い、さらに自らの未来（自分の子孫も含めて）を気遣うようになるか、である。未来という時間性を自分に似たもの（大文字の「子ども」）として産出させるための装置が再生産を主軸に据えた家族装置なのである。そして、自分の子孫によりよい未来を残してやるためにはどうしたらよいかという形で、自分自身の振る舞いをモニターし、改良、改善しようとする。つまり、所与の生産手段（道具や機械の連関）を固定されたものとせず、脱コード化に対応するフレキシブルな主体性なのだが、それが単に自由な流れとして溢れ返り、氾濫／叛乱を起こすのではなく一定の流れへと整序、整流されるのは、この想像上の大文字の「子ども」の同一性に担保されることによってなのだ。

未来が現在と似たものではない、そのような切断（その最たるものが革命だろう）を回避させ、過去、現在、未来の同質的な連続性を保証するのが家族装置とその再生産の時間性であり、それが反革命の根幹をなす以上、ドゥルーズ＝ガタリが家族主義を資本主義の再生産の根本をなすものとして批判したのは当然である。

流動し、氾濫／叛乱する身体、ストリートの女性たち

もちろん、現実の再生産とそれを担う労働は、常に「同じもの」の再生産であるわけではない。ここでは、クラウス・テーヴェライトの『男たちの妄想』（原語はfantasieなので精神分析的な「幻想」のことなのだが）に拠りながら、家族装置による再生産の整序から逸脱する流れと時間について考えよう。テーヴェライトのこの著作は、ドイツの六八年世代によるファシズム論としてばかりではなく、『アンチ・オイディプス』の影響を受けて書かれた最初の本の一つだという点でも重要である。

テーヴェライトがナチス、あるいはファシズムに見出すのは流体として捉えられた女性への恐怖である。労働者階級の女性はナチス前夜のドイツのメインストリーム男性にとって、一方で共産主義のメタファーであり、他方で、性病のメタファーでもあった。一九世紀の労働者は雇用が不安定で、景気変動の波（それは季節的なものでもあった）に翻弄され、定期的に失業の危機に晒された。そんな中で女性労働者は失業中に売春に従事する者も多く、専従のセックス・ワーカーとテンポラルなセックス・ワーカーを区別することは難しい。そういったこともあって、メインストリーム男性からは労働者階級女性全体とセックス・ワーカーとの同一視が起こり、また、「セクシュアリティ」なるもの（その内実は誰も明解に把握できていないのだが）が権力の参照点として浮上していく中での性病への恐怖を煽り立てるキャンペーン（自分が現在の行動を慎むか否かで自分の子孫のウェルビーングに差が出てくる、と脅して現在と未来を接続しようと

する語り）もあって、労働者女性が（「共産主義」であれ「性病」であれ）それに触れることで男たちが破滅するものの「感染源」と見做されてしまう。

男たちを破滅させるこれらの制御し難い「流れ」の源であり、それ自体が流体的なものと見做される、ストリートに溢れ返る労働者階級の女性たち。彼女たちは、ある一定の場所へと配分され、同一性を付与され固定されるのではなく、自分自身からの偏差そのものである。その彼女たちを労働者の家族装置の内部に捕捉して、未来（自分に似たものとしての大文字の「子ども」）のために現在を犠牲にする無給の再生産労働者へと変容させようとしたのが、一九世紀末の産業資本主義期の公理としての家父長制であった。

しかし、産業革命期の代表的機関である蒸気機関に典型的に見られる通り、流れとしての蒸気を機関が一方向への運動に変換し、鉄でできた車輪を動かし、鉄でできた軌道に方向付けられて走る蒸気機関車は常に脱輪し脱線する危険性と共にあり、それこそがトラウマ的経験の原光景であるように、女性労働者たちは、定められた軌道から逸れ続ける。氾濫し逸脱する現在は、それ自身との自己同一性の内に固定されてもいなければ、物語的なゴールに従属させられて未来に服属するのでもない。

それは、メインストリームの男性たちにとっては、鉄道事故同様のトラウマ的経験にほかならない。そして、トラウマ（そもそもは身体的な傷を意味した）から身を護るために、柔らかい中身を固い鎧で覆う。その鎧とは、精神分析的には「自我」であり、また、身体的には強張った筋肉、そして、さらにそれを覆う鎧＝戦車 Panzer。第一次大戦で初めて投入された戦車は一人乗りの、やっと腹ばいになれる程度の細長い鉄の箱にキャタピラが付いたもので、殆ど自走式の棺桶のように見える。このような戦車＝鎧＝棺桶に閉じ籠もり、男性兵士たちは何から身を護ろうとしていたのだろう。迫撃砲や機関銃の機銃掃射から、というのは確かだが、そればかりではないだろう。それは戦線で直に対峙している敵から身を護ろうとしているだけではない。それはロシアやドイツの革命とも対峙していた。ローザ・ルクセンブルクやグスタフ・ランダウアーを虐殺した白色テロルの暴力は、現在に縛り付けられるのでもなければ、物語的な未来にも縛り付けられない、自らと異なり偏向する現在、流れとしての現在に対する過剰な防衛機制ではないだろうか。

このような流れとしての現在を、政治学者のウィリアム・E・コノリーは多元化 pluralization、あるいは深い多元主義 deep plularism と捉えている。また、コノリーはトランプ政権をファシズムとして分析するのだが、そこで現代ファシズムを構成する重要な要素として新自由主義と宗教的保守主義、それに気候危機の否認を挙げる。コノリーはドゥルーズ＝ガタリを踏まえて資本主義を公理系として理解している。今日の資本主義（ファシズムへの傾きを常に孕んでいる）を構成する公理系は、宗教的保守主義によるシスヘテロ家族の強調と、気候変動（歴史の不連続性）の否定によって特徴付けられる。それは、私たちの理解では、脱コード化された主体性を再コード化せずに、それでも多元化していくのではなく、あたかも自分自身のアイデンティティと一体化しているかのように振る舞わせる、均質で連続した時間性に服属させるものである。

現在、世界各地で進行しているジェンダー／セクシュアリティに関わる反動は、現時点（気候危機とパンデミック、そして気の遠くなるような経済格差の拡大に代表される）の危機に際して、私たちに開かれている時間性がどのようなものであるのか、均質で成長する連続的な時間性に基づいて歴史性を理解するのか、それとも全く違う時間性概念に基づいて歴史性を把握するのかを鋭く問うている。

もちろん、私たちがどちらを選ぶのかは言うまでもない。

暴力と非暴力のあいだで

非 non- について

「暴力と非暴力」と、並べてみる。この時、まず私たちを戸惑わせるのはこの二つのものの関係、より適切に言うなら、「非」が何を意味しているのかである。

それは、消極的に（私たちが想定している）「暴力」ではない何か、全体から「暴力」を引き算した残りのことなのだろうか。それとも、積極的に「暴力」に対して「ノン！」を突き付ける行為なのだろうか。あるいは、ブレヒトが非ユークリッド幾何学とユークリッド幾何学の関係を参照して「非アリストテレス的演劇」を考えたような意味で「非暴力」なのだろうか。非ユークリッド幾何学の下では、ユークリッド幾何学はその一つのヴァリアントである。何一つ変わらずそのままで、しかし、全く別のものになっている。そのような形で「暴力」に「非」が冠されるのだろうか。

いるのか。

だが、そもそも私たちは「暴力」の何を問題だと考えて、それに対する「非」を突き付けようとしているのか。

暴力が悪であることは今更言うまでもないのかもしれない。暴力（物理的なものであれ、非物理的あるいは象徴的なそれであれ）は人を傷つける。これだけでもう十分かもしれない。けれども、ここでは暴力が持つ憑依と自己複製の側面に注目したい。

フランツ・ファノンは『地に呪われたる者』で、アルジェリア解放戦線のメンバーに対する拷問に従事する刑事が、自分の家族に対しても同じような暴力を揮ってしまうことに悩んで精神科医（ファノン自身）の診療を受けた事例を紹介している。彼は現在の仕事を続けることを望んでいた。つまり、この刑事にとって暴力とは職業上必要不可欠な道具であって、それを意のままに使いこなせる（誰になら暴力を揮ってよいか、誰に対しては暴力を揮ってはならないか）のが「健康」で「正常」な状態なのだ。そして、彼はその「正常」な状態へ復帰し、アルジェリア人たちを心置きなく拷問できるようになりたいのだ。

だが、人は暴力を道具として使いこなすことはできない。人間は自分こそが主体だと思っていて、他人を自分の意に従わせ、屈伏させるための道具として暴力を用いている気になっているが、その実、暴力に取り憑かれ、乗っ取られてしまい、むしろ、暴力こそが主体となる。そして、人間は暴力が自己を再生産するための道具になる。

暴力が暴力を産む、いわゆる、暴力の連鎖だが、これをベンヤミンは罪連関と呼んでいた。例えば、いまこの都市を苦しめる流行り病という暴力は過去に誰かが犯した罪（暴力）の結果であると考えるように、歴史の連続性を、暴力が暴力を産む、暴力の自己複製能力を基にして捉えることである。

ここでようやく私たちは、「非暴力」の「非」の意味を理解し始める。それは、歴史の連続性を編み上げる暴力の連鎖、暴力の自己複製を停止させることである。歴史の連続性に切断をもたらすことなのだ。

歴史の連続性、あるいは犠牲の論理

ベンヤミンはその「暴力批判論」で、神話的暴力と神的暴力の対比を行った。神話はその常として、起源の物語を語る。つまり、何事かの始まりから現在までの歴史の連続性を語る。それはもちろん暴力の連続性の歴史である。ここでさらにアドルノとホルクハイマーの『啓蒙の弁証法』を参照するなら、その歴史とは、最初の暴力である自然に対する抑圧（自然からの自我の離脱）と、自然と自我との距離によって可能になった労働による自然の漸進的な（一連なりの連続的な）人間化＝世界化＝人間的支配の物語である。

『啓蒙の弁証法』は二〇世紀の只中、それも、高度な科学技術を誇るドイツにおいてナチスのような野蛮がなぜ可能だったのかを、「まだ啓蒙が足りなかったから野蛮の余地が残っていた」と説明するのではなく、啓蒙それ自体が自らの反対物と見做す野蛮へと転化していく弁証法的論理として解明しようとしたものだ。アドルノとホルクハイマーは、そもそも、神話が啓蒙であったと言う。神話は自然に、例えば神々のような人格と意思を与え、それに働きかけることで自然をコントロールしようとする試みである。人間は、自分たちの願望の実現を神々に願い、懐柔するために何らかの犠牲を捧げる。人間は自然の一部としてカオス的な力に翻弄される存在から、自然を対象化し、それをコントロールすべく介入する存在になる。その時、まず犠牲に供されるのが人間の内的な自然、つまり、享楽＝享受enjoymentである。そして、そうやって享受を先延ばしにした宙吊りの時間の中で外的な自然に対して暴力を揮い、有用品へと加工する。神話は、過去と現在の連続性を「現在の満足は過去の犠牲のおかげである」という形で語る。何かが、あるいは、誰かが犠牲にされ、殺されたことが現在をもたらしたのだと考える。誰かが死ななければ他の者たちは幸せになれない、全員が同時に幸福にはなれない。そう神話は語る。

それに対して、そもそも啓蒙というプロジェクトが目指していたのは、誰も犠牲にせずに幸福になれる方法だった。雷は神の怒りではない、雨が降るか降らないかは神の気まぐれではない。自然現象の背後に人格を想定し、それが現象の変化の原因であると考えるのではなく（そうすると願望の成就には犠牲が不可欠になる）、真の原因を科学的に把握するなら、誰も犠牲にせずに全員が幸せになれる。啓蒙はそう考える。

だが、近代において現実に展開された啓蒙は、その科学と技術は自然に対する暴力を著しく発展させた。自然に対する暴力を人間に対する暴力から切り離せるのだろうか。『啓蒙の弁証法』は、結局、啓蒙によって抑圧された自然が文明の只中に回帰してきたのだと言う。アルジェリアの刑事が被植民者に揮う暴力が彼の身体に取り憑き、彼の家庭内に回帰してくるように、自然に対して揮われた暴力が人間の身体から溢れ出し別の人間に差し向けられる。ちょうど、アウシュヴィッツの死者たちから取り出された毛髪や脂肪も資源として利用されるように。

何をどこで間違えたのだろうか。自然に対する暴力と人間に対する暴力を不即不離と捉えたベンヤミンやアドルノらのフランクフルト学派第一世代とは違って、第二世代に数えられるユルゲン・ハーバーマスは、コミュニケーション的合理性と道具的（あるいはシステム論的）合理性を区別することで、自然を奴隷にしたまま人間たちは解放される方途を探った。それが彼にとっての「未完のプロジェクト」としての啓蒙である。しかし、それでは、フランクフルト学派第一世代の「自然との和解」のヴィジョンは捨て置いてよいのだろうか。とりわけ、気候危機が深刻な問題となっている現在、ベンヤミンやアドルノらの、人間と人間の関係と人間と自然の関係を分離しえないものとして、一つの自然史過程として捉える観点は欠かすことができないのではないか。

もちろん、自然との和解はベンヤミンや（フランクフルト学派ではないが近いところにいた）エルンスト・ブロッホにとっては、単に科学やテクノロジーの放棄や、牧歌的な理想化された無垢なる過去の賛美ではない。それは、例えばベンヤミンにとっては映画という新しいテクノロジーによって初めて可能になる何かである（「映画において初めて人間と自然は共演者＝共に遊ぶものとなる」）。

啓蒙は、神話の神々を追放しえたのだろうか。啓蒙は歴史の連続性を生命をモデルにして理解しようとしたために犠牲の論理と手を切れなかったのではないだろうか。ハナ・アーレントが『人間の条件』で指摘したように、生命の特徴は貪り喰らい、増殖することである。生きることとは殺すことなのだ。ベンヤミンが「暴力批判論」で述べたように、古代人にとって生命とは何よりも罪の源泉であって価値のそれではない。それだから、生命は慎重に、政治の原理からは除外されてきた。ところが近代社会は生命を価値の源泉に置く。それは諸個人の生命が大切だからではない。むしろ、私たちの近代社会の方が多くの人が死ぬ。生命の原理である「他者を殺して生き延びる」「誰かを犠牲にして生き延びる」ことが政治の只中において再演される。「誰なら殺していいのか」という生政治 biopolitics = 死政治 thanatopolitics の根幹をなす問いが、それと口にされることなくいたるところで響き渡っている。生命の連続性を模した「同じ」ものが、しかし、成長しながら再生産される、連続的時間性としての未来 = 歴史。

この「同じさ」を保つためには犠牲を捧げよ、と現代資本主義は私たちに要求する。『ガンダム』から『エヴァンゲリオン』を経て『天気の子』に至るまで、日本のアニメーションでは、同じものを再生産させるための、歴史の連続性を維持するための犠牲は一四、五歳の子どもたちによって形象化されてきた。もちろん、『天気の子』は、同じものの再生産のためにもう子どもたちを犠牲にしなくていいのだ、歴史の連続性など気に懸けなくていいのだと主張する。願いを聞き入れる神々など追放してしまえばいい。神々を追放するこの「暴力」(と言っていいなら) こそ、ベンヤミンが神話的暴力に対して神的暴力と呼んだものだ。(単数形の) 神とは、神話の神々を追放するものなのだ。そして、神的暴力とは、暴力によって編み上げられた歴史の宙吊り、停止、切断という意味において、私たちが理解しようとしている「非暴力」と異なるものではないと言えるだろう。

カイロス的時間としての赦し

ベンヤミンは「根源」を、均質で連続な時間である歴史の起点としてではなく、むしろ、歴史の各瞬間においてそのような連続性を切断するものとして捉えた。つまり、神話が語るような始まりとしての起源ではなく、むしろ、この〈いま〉においてアクチュアルに作用し、作動しているのが根源である。根源に触れることで、人はそれ以前と同じではいられなくなる。〈いま〉を過去からの連続性や因果性（それは罪連関であり、暴力と犠牲が形作るものだ）から切断し、解き放つ。

このようなアクチュアルな〈いま〉を古代思想ではカイロスと呼んでいた。好機 chance とも言い換えることができる時間把握だ。ベンヤミンでは、絶筆である「歴史の概念について」で、なかなか謎めいて理解し難いイェッツトツァイト Jetztzeit という形で取り上げられている。この語は、アガンベンによればルター訳のドイツ語聖書のパウロ書簡（「ローマ人への手紙」）に出てくるらしい。そのギリシア語原文は「ヌン・カイロス」である。

また、カイロスはティリッヒにとっても重要な概念である。そして、ティリッヒのカイロス概念の影響は、例えば、マーティン・ルーサー・キングがその学位論文のテーマに取り上げたり、また、アパルトヘイト下の南アフリカで、次いでパレスチナでキリスト者たちが始めた抵抗運動が「カイロス」を名乗ったというところにも見て取れる。このカイロス概念の理解の仕方は、多分に、「いまこそ行動を起こす時」といったニュアンスが強いが、南アフリカでの動きはやはり注目すべきものを持っている。というのは、南アフリカで一九九四年にアパルトヘイト体制が廃止され、新憲法が制定されて、体制移行が行われた際に、これまで誰も想像も経験もしなかったことが起きたからだ。八〇年代から九〇年代にかけて、様々な地域で、軍事独裁体制や、権威主義的な社会主義体制からの体制転換が図られた。その過程でいわゆる移行正義 transitional justice という新たな問いが生まれた。その時一つのモデルを提供したのが、南アフリカにおける真実と和解の委員会の活動であった。

それは、アパルトヘイト体制下で自分が犯した罪を正直に告白するならば、その罪は問わないというものであった。これは、旧体制による暴力の被害者とその家族、遺族たちが何よりも「本当のところ何が起こったのか、真実が知りたい」と強く希求していたからということと、もう一つ、この時期の体制移行では、かつての第二次大戦後の植民地独立のように旧体制支配層がその国を捨てて出身国へ帰還するわけにもいかず、加害者と被害者がこれまでの場所で共に生きていかなければならないので、和解の進展の可能性を優先させなければならなかったということから来る。重い懲罰を課すことで、真実がなかなか明らかにされず秘匿されてしまうことは体制移行後の社会に禍根を残し、新たなる暴力の芽を放置することになる。

しかし、この前例のない（とはいえ、キリスト教における罪の告白とその赦しがそのプロトタイプなのではあるが）試みは必ずしもうまくはいかなかった。一つには加害者トラウマというべきもので、自分が行ったことが本当に罪であったと思った者は、そのことに打ちひしがれ、なかなか語ることができなくなった。むしろ、自分のやったことに何の罪悪感も感じていない者は、さっさと証言して赦しを得る。また、アパルトヘイト体制下で人種差別によって維持されてきた経済的格差を是正するための抜本的改革（旧体制でのエリート層の財産の没収や再分配など）に手をつけられなくした。

このような問題があったにせよ、これらの（このような委員会は南アに限らず様々な国に設置された）試みを背景にして、例えばジャック・デリダの「赦し」をめぐる思考が展開されたし、そういった思考の必要性、緊急性は、いまでも変わらない。

そこで問題となるのは、私たちは「赦し」が到来する可能性や条件を確定できるのか、そして、「赦し」を制度化できるのか、ということである。

赦すこと、これはアーレントが、人間に固有な能力として重視したものの一つである。それは、人間の「新しいことを開始する能力」の一形態である。つまり、ある出来事（暴力、罪）を起点とする一連なりの時間（罪連関、犠牲の連鎖としての歴史）に終止符を打ち、別な新しい時間と歴史を創始する行為が「赦し」なのだ。そうである以上、被害者が加害者をいつ赦すのか、その条件を予め確定することはできない。その本性から言って、赦しの時とは、その時（カイロス）よりも前の時間からの因果性によって生み出されるものではないのだから。それは予めすでに存在して、ただ地中に埋もれ隠されていた可能性が露呈して顔を出すというのではない。その時の以前と以後で歴史性が変わってしまうような、そんな〈いま〉なのである。

おそらく私たちは、「赦し」を非暴力の内に位置付けるとともに、さらに神的暴力としても理解する必要があるのだ。

目的と手段のあいだで

カントは「人格」を目的となって手段にはならないものとして定義した。もちろん、人格そのものは自己のそれであれ他者のそれであれ、経験の対象ではなく、あくまで理念的なものである。現実の経験においては、私たちはお互いを自分の満足を得るための手段として利用している。コンビニで何かを買ったり、レストランで食事をしたりする時、私たちは否応なしに他者を手段化している。要するに分業に基づく社会とは、他者の手段化のネットワークにほかならない。そこにおいてカント的な倫理が要求するのは、他者を手段としてのみ扱うのではなく目的としても尊重せよ、ということに留まる。

地上の目的の王国?

カントにとって、手段とならない、目的以外ではありえない人格たちが形作る共同体、つまり、目的の王国は、あくまで理念的、超越論的なものであった。しかし、この目的の王国を経験的な領域で実現しようとする、ラディカルであり、またユートピア的でもある試みが存在しないわけではない。しかも、興味深いことにそれはセクシュアリティをその重要な賭け金としている。

すでに幾度か言及しているクィア理論家のレオ・ベルサーニは、今日のフェミニズム理論のチャンピオンとも言うべきジュディス・バトラーを批判し、バトラーの論敵であるラディカル・フェミニズムへの共感を隠さない。それはなぜだろうか。それは、ベルサーニの見るところ、セクシュアリティが孕む根源的な暴力性をラディカル・フェミニズムがきちんと捉えているからである。逆に言うなら、バトラーは暴力の根源性を捉え損ねていて、暴力的ではないセクシュアリティの可能性を考えてしまっているところにベルサーニは失望しているのだ。

私自身はラディカル・フェミニズムの主張に対してかなり批判的なのだが、今回は、ベルサーニの光学の下で、ラディカル・フェミニズムがセクシュアリティに見る暴力性について考えてみたい。

セクシュアリティの暴力性とは、まず何よりも対象化 objectification のことであり、さらに、対象化を通じての他者の手段化である。

ここで少し、対象 object という概念の厄介さを考えてみよう。この語は主体／主観 subject との対比では客体／客観などとも訳される。また、素っ気なくモノと訳される時もある（現代美術で言う「オブジェ」などはこのニュアンスに近い）。精神分析では、無意識の中に現れる主体自身の自我や身体の各部分、そして、他者（部分的であれその全体であれ）などの表象が総じて「対象」と呼ばれ、それらは主体に快や不快を与えるものとされる。つまり、精神分析的には、対象とは（客観的な認識の対象ではなく）何よりも主体が満足を得るための手段なのである。

他者を自分の満足のための手段とすること、セクシュアリティが身体性を巻き込む限り、このことは避けることができない。もちろん、自分の身体であれ、他者の身体であれ、私の意のままに操れるわけではない。身体はそのような透明な存在ではない。とはいえ、他者の身体を、私の身体的な快楽を得るための手段としていることには変わりはない。たとい、次の瞬間には私の身体が他者の快楽のための手段となりうるのだとしても、そのような相互転換がありうるとしても、それぞれの瞬間には、主体とそれが満足を得るために手段として用いられる他者という非対称的な関係が厳然と存在する。性的関係とは、対等な主体間の関係ではありえない。

性的関係におけるこの非対称性は、バタイユがその思考の基盤に据えた経験であるが、実のところ、ラディカル・フェミニズムにとってもその論理の起点となっている経験である。誤解してはならないのは、ラディカル・フェミニズムにとっては社会が家父長制的で、女性差別的だからその結果、性的関係において非対称性が、女性の対象化が起こるのではなくて、むしろ、論理的にはその逆で、セクシュアリティが不平等を生み出すのである。つまり、セクシュアリティとはその本質において他者を対象化して手段として用いて自分の満足を得ること、主体であるはずの存在の対象化の暴力である。

そう考えると、ラディカル・フェミニズムがポルノグラフィに対して頑なに反対し続ける理由も納得がいく。ポルノグラフィは、言葉を通してであれ、（実際に撮影されたり、あるいは、描かれたりした）イメージを通してであれ、他者の身体を私の快楽（しばしばマスターベーションという行為を伴う）のための手段に変容させる。だが、ポルノにおいて最もセクシュアルな行為は、私のマスターベーションではない。そうではなくて、他者を表象する（表象という対象物に変える）という行為である。私たちは他者を表象することで、他者の身体を私たちの満足を生み出すための手段として利用できるようになる。

それだから、ポルノの問題は猥褻性ではなく、不法行為tortとして理解されなければならない。猥褻性が問題であるとするなら、それは、『ボヴァリー夫人』や『チャタレイ夫人の恋人』をめぐって作家たちが主張したように、多くの人々が親密な領域で実際に行っていることを理想化せずにありのまま描いたことの問題、言い換えるならば、親密圏で行われていることの表象をどこまで公共圏に持ち来たらすことが許容されるかの線引きの問題に過ぎなくなり、表象することとそのものの問題性は看過され、むしろ、道徳的保守派が介入する余地を作ってしまう。問題はそこではない。

ラディカル・フェミニズムのポルノ批判では、ポルノはただのモノ、言葉やイメージという表象（物）ではなくて行為であることが強調される。

ラディカル・フェミニズムの反ポルノの主張と、それに反対するいわゆる「反-反ポルノ」派のフェミニズム（ポルノは女性の性的なエージェンシーの涵養に役立つ良いものだからポルノに積極的に賛成するという者ばかりではなく、反ポルノ派の議論は検閲を正当化するので反対という者まで幅広い）の主張がしばしばすれ違うのは、反-反ポルノ派が表象されている行為は暴力的、差別的かを問題にし、また、それらの表象された行為とそれらの表象を見たり読んだりする行為がどう繋がるのか、などを問題にしがちで、表象の作製の過程に関しては、例えばポルノ映像の撮影現場で人権侵害があったかどうかなどは問題にするものの、表象することとそのものの暴力性はそれとして問題にされにくいからだ。これは、一つには、セクシュアル・マイノリティをはじめとして、様々なマイノリティが、むしろ「表象されないこと」、つまり、表象の領域から排除されることの暴力性を問題にしてきた経緯もあるだろう。例えば、エイズ危機の時、同性愛行為を推進するものへの連邦予算の割当てを保守派が拒んだため、感染予防のためのセーファー・セックスを啓発する活動（セーファー・セックスのやり方を書いたパンフレットの作成など）に公的予算を使えなくなった。このように、マイノリティに関わる性的表象の不在は深刻な人権侵害を引き起こしうる。

しかし、ラディカル・フェミニズムはそこで引き下がらないだろう。あくまで表象するという行為そのものが持つ暴力性を批判し続ける。とりわけ、表象することが表象される行為の暴力性を無効化するかのような議論、「それは表象であって現実ではない」を批判する。もしも、台本と演出家の意図に従って舞台上である俳優が共演者を実際に殴ったとしたら、それは、暴力の表象であるとともに実際の暴力である。あるいは、演技であって実際には暴力は揮われず、また、演技者たちの間で合意も存在していたとしても、つまり、完全に「単なる表象」であったとしても、見る人によっては、現実の暴力同様にショッキングでトラウマを生みかねない。「これは表象である」という（暗黙のものであれ、明示的なものであれ）メタ・メッセージは、表象された行為の暴力としての実効性を自動的に減じるわけではない。

だが、もちろん、ラディカル・フェミニズムにとっての最大の論点はそこではない。ポルノは行為、それも性的行為である。繰り返すが、ポルノを用いたマスターベーションのことではない。ポルノとは、他者の身体を表象して、そこから満足を得ることができる対象物＝手段へと作り変える行為であり、人間による人間の手段化一切を可能にする条件なのだ。そして、それはラディカル・フェミニズムが理解するセクシュアリティの根幹である。つまり、ポルノこそがセクシュアリティの核心をなす行為、性行為そのものなのであって、いわゆる、性行為（例えば異性間の性器挿入）はポルノから派生した行為に過ぎないと言ってもいいのかもしれないほどである。

それだから、ラディカル・フェミニズムは、ポルノの禁止を求める。ポルノを禁止することができれば、人間は人間による手段化から解放されて、この地上において、経験の領域の只中で、お互いをただ目的としてのみ尊重し合う目的の王国を実現できるだろう。そこでは誰も他者による表象の対象にならないのだから、特定の属性を持った人々が表象されないことの暴力性も消える。

主体なき世界、あるいは手段の王国

他者の手段化というセクシュアリティの暴力性の核心を表象化の暴力に見たラディカル・フェミニズムは、表象なき主体たちの共同体を目指した。それでは、同じようにセクシュアリティの暴力性から出発するベルサーニはどうであろうか。

彼は、むしろ、主体の方を抹消しようとする。彼は『フロイト的身体』で、セクシュアリティの本質はマゾヒズムであると主張する。セクシュアリティとは主体が自らの暴力性を自分自身に向け、自分自身を破壊することであり、そのような自己の無化を快楽として感じることであると言う。つまり、セクシュアリティとは暴力であるとともに暴力の否定である。

世界にはモノ＝対象が溢れている。だがモノ＝対象が手段であるのは、それを何らかの目的に関係付け使いこなす（いや、こなしきれない）主体との関連においてである。そして、様々な手段がそれへと関係付けられる目的とは「自我」である。セクシュアリティとはその自我の破壊なのだ。

ラディカル・フェミニズムが表象なき主体、主体は存在するがセクシュアリティは存在しない世界を目指すのに対し、セクシュアリティの暴力性からベルサーニが導き出すのは、むしろ、セクシュアリティは存在するが主体は存在しない世界である。

対象は存在し、手段であり続けている。だが、それが満足を提供すべき存在、目的であるはずの自我は不在なのだ。この自我の不在は、一九世紀以降とりわけ小説という芸術形式において探求されてきたものであると、ベルサーニは考えている。

近代小説が発展してきた一九世紀はもちろん、産業資本主義が発展し、市場経済が生活世界の隅々まで侵食してきた時代である。自己利益の最大化という市場が課してくる原理は、個人にとっては匿名的で非人格的／非人称的な目的-手段のネットワークの力として感取される。特定の、強力な権力を持った者の悪意など不在なままで、私は自己利害の実現に失敗し、破滅するかもしれない。それは負債によるものかもしれないし、あるいは、社交界のゴシップによるものかもしれない。封建制社会の下であれば取り替えの利かないものであるはずの身分も、資本主義の下では、経済の浮き沈みの中で、誰もが他の誰かと交換可能になる。近代小説の登場人物たちが「愛」や「美」のようなアレゴリカルな名ではなく、ごくありふれた名を持つのは、そのような交換可能性のためである。誰でもあり、誰でもない誰か。私やあなたであってもおかしくない殆ど任意の存在。

資本の運動に翻弄されるちっぽけな個人を描くことが近代小説の責務なのだろうか。それとも、様々な手段のネットワークが最終的な目的とすべき（満足させるべき）ブルジョワ的な自我の称賛＝栄光化 glorification が小説の目的なのだろうか。しかし、近代小説の言語の特徴の一つは、視覚を通して与えられたなら一目で把握できてしまうようなモノの微細な描写にある。一瞥するよりもはるかに時間をかけて読まなければならない。モノ、対象であり、手段であるはずのものへの耽溺。手段のための手段である描写。主体や自我に対して役に立つ前にモノの方が擦り切れてしまいそうな描写＝語りの時間性。そこにおいて、目的へと従属させられていたはずの手段＝モノが手段であるままにその目的から解放されていく。主体による手段化と支配から解放されて、モノは自分自身の存在を享受する。人間もまた、そのような濃密な描写から逃れられず、モノ＝手段たちの間に埋没していくだろう。普遍的なナルシシズムの世界である。万物が自己の存在を享受している。ジェイムズ・ジョイスがスコトゥス・エリウゲナから借りた概念を用いるなら「エピファニー」と呼ぶことができるだろう。

ベルサーニがセクシュアリティの暴力性から創り出そうとしているのは、そのような万物が輝ける世界なのだ。

Possession/Possessed

ある変形の物語、あるいは語るモノとしての奴隷

まずは長い引用から。

ポスト構造主義の議論の流れに従って、言葉を「付与」されることはその言葉に所有されることであるという論を展開すれば、その人はただちに自分自身をディアスポラ的な場に置くこととなる。所有ということに関して言えば、憑依としての所有はヴードゥーの霊的作用の中で機能するものだが、経済的な所有関係は、西洋の押しつけてきた悲惨な奴隷制とヴードゥー的な経済体制の中で機能する。どちらの場合も、所有されるということはそれ本来の形ではない。いわば、亡霊あるいは影として、副次的ないしは第二の「自己」が無媒介な形であらわれ出てくることである。とりわけ

ディアスポラ的な用語においては、（奴隷としてだけでなく、「取り憑かれている存在」としても）「所有されていること」は、強制連行された人びと（必需品として、送り状という書状と共にやってくる人びと）の必然的二重化や、「他者性」として刻み込まれること以上のことなのである。なぜなら、ディアスポラ的な状況下では、所有された人びとはたんに書かれたものによって支配されているだけでなく、経済的な生産条件によっても支配されているからである。ということは、彼らの全活動は三重化されているということになる。

ヒューストン・A・ベイカー・ジュニア『モダニズムとハーレム・ルネサンス』（第七章「キャリバンから『黒人のたましい』へ」、九四頁）

マルクスは『資本論』において、資本をモノとしてではなく、形式（マルクス主義の伝統では「形態」と訳されることが多い）、より正確には形式の変換の過程として描いた。マルクスの場合、形式の変換は質料の変換（端的には産業資本主義の下での商品生産過程）とは独立したものとして理解されている。典型的には、交換過程における商品の所有権の移転で、その際には商品の質料＝物質的変化は伴わない。だが、これは、すでにすべてのモノが商品であり、誰かの所有物である世界の話だ。その世界では、未だ商品ではないものが商品へと変形された過程（マルクスは資本主義の前史であり根源史であるこの過程を「本源的蓄積」と呼んだ）は基本的には忘却されている。

「基本的には」というのは、この忘却に抗い、商品ならざるものが商品へと変形される過程を語るナラティヴが存在しないわけではないからである。それが、スレイヴ・ナラティヴである。一八世紀のイクイアーノの自伝がその範例を作ったと言われる。まず、奴隷狩りにあい、捕らえられて、奴隷船に船荷として積み込まれ、大西洋を渡る。そして、奴隷として苦しい生活を送りながら勤勉な努力を積み重ね、船員や交易で貯えた金で自らの自由を買い戻し、解放される。イギリスを拠点とする自由黒人として様々な職業を経験しながら、自伝を執筆して、イギリスの奴隷貿易廃止運動に大きく貢献した。つまり、(元)商品自身が語るその前史から後史までの物語なのだ。

とはいえ、ここでは話を急ぎ過ぎて商品の後史までは踏み込むまい。商品が自ら商品であることを廃棄する物語の手前が問題なのだ。

ヨーロッパの商人から買った銃などの武器による奴隷狩り、そして、荷物として船倉に詰め込まれる奴隷船で揮われる暴力とそれがもたらす恐怖。そういった装置を通じて、人間が奴隷という商品＝モノへと変形させられる。人間からモノへの形式の変換の現実性については、奴隷制に反対する者たちも含めて否定しない。それなのに、人間が蛙になったり、鳥になったりする、魔術による変形の現実性を私たちが受け入れないとしたら、それはなぜなのだろう。人間がモノになるのと、(同じ生き物である)蛙や鳥になるのと、どちらの方が「ありえない」と言えるのだろう。

ベイカーは『モダニズムとハーレム・ルネサンス』の第五章『『おれたちは仮面をかぶる』対『女まじない師』』でヴードゥーの魔術を描くチャールズ・チェスナットの短編集『女まじない師』を論じるのだが、そこで重要なのが、黒人の語り手が登場することで、黒人がただのモノではなくなり、それと同時に、様々な事物の同一性が流動化することである。

まじないは変容の力であり、それが固定的で認識可能な「もの」だとする「形式」の定義を融解させる。奴隷制によって「物」あるいは「純粋動産」とみなされてきた黒人の男たちは、まじないを通じて季節の植物、木、あるいは灰色の狼に変容させられる。他方、白人の男たちは、無愛想で虐待される「新入りの黒んぼ〔ママ〕」に変質させられる。黒人の子供は、ハチドリやマネシツグミに変えられる。黒人の女は猫になるし、ある年老いた黒人の男の足が内側に反っているのも、まじない師の「復讐」でラバに変えられたときの名残りなのである。

（八二頁）

変容＝変形 transformation、あるいは、一度被った変形への抗いとしてのデフォルメ deformation こそがディアスポラの奴隷たちの宗教（それ自体がキリスト教への改宗という変形操作へのデフォルメである）、ヴードゥーの核心であるだろう。ヴードゥーの現実性ないし物質性は、人間を奴隷＝商品＝モノへと変形する装置の物質性と較べるといかにも儚いものに思えるかもしれない。しかし、事物をそれ自身との同一性に固定しようとする装置の物質性に対して、事物を自己同一性から解き放ち流動化させる「語る行為」が問題なのだ。私たちはその物質性を、あまりにモノの堅固さ（自分自身との同一性の確かさ）に引き摺られて理解してはいないだろうか。

憑依 possession、あるいは、主人と奴隷の（非）弁証法

人間は商品へと、モノへと変形されて、所有の対象となる。主人に所有される possessed。マックス・ウェーバーは「資本主義の精神 spirit」について語ったわけだが、その精神とは、もちろん、資本家たちをはじめとして人々に取り憑く（精）霊 spirit でもある。プロテスタンティズムの禁欲倫理は、初めは自らの救済を確証するための手段であったものが、やがて自己目的へと変貌を遂げる。主体とそれが用いる手段との関係が転倒し、手段が主体を乗っ取り、自ら主体として振る舞い、自己自身の無限の再生産に勤しむ。貨幣であれ、暴力であれ、このような転倒と乗っ取りのメカニズムを孕んでいて、その意味で憑依的 possessive なのだ。そして、制度 institution と呼ばれるものは基本的にこのような憑依のメカニズムによって形成されている。

それでは、主人にとっての手段＝道具である奴隷たちは、このような乗っ取りと転倒を行うことができるのだろうか。所有されるものが、憑依するものへと変貌を遂げることができるのだろうか。

もちろん、フランス革命を受けて、フランスの植民地であったサントドマングでも革命が起こり、奴隷たちによって担われたその革命ではフランス革命でもなし得なかった奴隷制の廃止が実現する。奴隷自らが奴隷制を廃止したのだ。商品であった奴隷が自ら商品であることからの解放を実現した。そして、世界初の黒人大統領を擁した共和国、ハイチが誕生する。

しかし、ここでもまだ商品の後史に駆け込むのは控えよう。立ち返り、立ち止まり続けるべきはヴー

ドゥーやその他の様々な憑依現象である。憑依現象において、取り憑かれている者は確かにpossessedではあるが、それは主人に所有されているのではない。取り憑かれた者は主人／奴隷関係とは別の平面へと移行している。そして、憑依においてはしばしば呪術医やシャーマンのような存在がいて、憑依している霊的存在を分かち合う。つまり、それらの存在は、憑依されたものに取り憑いている霊に働きかけ、いわゆる「現実」の固定された事物の秩序とは異なる平面へと導き、連れ立って旅をする。それは、日常的な「現実」とは別の、しかし、それに劣らぬ実在性を備えた潜在的な世界の経験である。

この経験が重要なのは、一つの現実的な憑依（奴隷制／植民地主義／資本主義の霊たちによる）の中で、その序列を変えないままに、主人と奴隷の関係を転倒する、つまり、単に奴隷が主人に成り上がるのではないような形で、関係を変形する可能性を開くからである。

確かにフランツ・ファノンが指摘したように、奴隷は主人に取って代わりたい。主人が所有しているものをすべて自分のものにしたい。それは、自分の代わりに誰かを、もしかしたら、元の主人を奴隷にしたいということなのだろうか。そうかもしれない。だが、その欲望をただ現実化するのではなく、上演してみたらどうだろうか。主人たちは、自分が主人であると思っている。つまり、あまりに霊に乗っ取られているので、自分が主人を演じているのでも、主人になった＝生成したのでもなく、主人である、主人＝存在だと思っている。それに対して、主人を演じ、主人になるとしたらどうだろうか。その時翻って、奴隷も、奴隷であるのではなく、奴隷を演じている、奴隷へと生成していることになる。憑依する霊との二重化があり、自己同一性に基づく「現実」の秩序（主人は主人でしかなく、奴隷は奴隷でしかない）は一旦括弧に入れられる。そして、私たちの「現実」に抗い難いアクチュアリティを与えていたものが、奴隷制や資本主義といった霊による憑依なのだと分かる。私たちは何に屈し、「現実」を不可抗力なものとして受け入れていたのかを理解する。

私たちの欲望の演劇化は、私たちに憑依していた霊を別なものに取り替えることであり、同時に、それを通じて「現実」を別な平面へと置き換え、変形する。そこでは人間は木になったり鳥になったりするが、もはや、商品ではない。

そして、このような変形の操作に熟達していた人の一人が、ジャン・ジュネである。特に『女中たち』。そこでは登場人物たちが互いに役割を交代しながら、おそらくは彼女たちが殺した主人との関係を再演していく。主人に取って代わるとはどのようなことか。どのようなパフォーマンスが、真に「主人に取って代わる」という欲望の実現と見做されるべきか。それは、ジュネがブラック・パンサー党やパレスチナを支援した理由でもある。アメリカの黒人にとって真に主人を廃位するとは何を意味するのか、ヨーロッパで絶滅させられかけたユダヤ人たちが作った国家によって殺されていくパレスチナ人にとって解放とは何か。

それが何なのかを見定めることは本当に難しい。人間を商品に、モノに変える過程なら「現実」的に想像できる。しかし、奴隷でなくなること、商品でなくなること、誰も殺されなくなること、あるいは、誰も刑務所に入れられなくなること、これらのことを想像するのは難しい。ちょうど、人間が魔術で蛙になったり鳥になったりするのを「現実」的に想像するのが難しいように。

しかし、私たちに取り憑く過去の霊を廃位し、新たな別な霊を召喚すること、その新しい霊と交渉すること、これが世界を変えるということなのだろう。私たちが生きる社会の様々な制度（学校や病院や刑務所、あるいは、軍隊や企業）に憑依している霊を追い祓い、解体していくことが重要だ。フランスの社会学者や教育者、精神科医、精神療法家たちが制度分析と呼んだものは、このような憑依現象をめぐる交渉と別のものではない。

一人ひとりの教員や医者や警官、看守、兵士はその制度の霊によって憑依されることで何者かになり、その力をそこから汲み出している。その霊を暴き追い祓うためには何をすればよいのか。ただ知的に認識しただけでは霊の力は消滅しない。それは、マルクスが『資本論』において、資本のフェティシズムに関して、それを認識しただけでは資本の力、その実効性は消え去りはしないと指摘したのと同様である。『資本論』を読んで理解しただけでは、相変わらず、商品をお金を出して買わなければ生き永らえることができず、そのお金を自分の労働力を売っ払い、つまり、労働して稼がなければならない「現実」は変わらない。

それでは、「現実」は何によって変わるのだろうか。おそらく、それは欲望によって、なのだ。確かに、「今日の気候危機は資本主義が駆り立てた欲望の帰結ではないのか」という疑問も浮かぶだろう。だが、私たちは、真に主人に取って代わりたいと欲望しただろうか。真に豊かさを享受したいと欲望しただろうか。私たちは、すでに存在している「現実」の憑依／所有関係の内部でしか自分の欲望を理解できていないのではないか。

例えば、ベイカーは、意味作用と乖離するサウンドのエコノミーに耳を傾ける。例えば、ライム、韻は、（Nasの銃gunと修道女nunの押韻によって暴力と宗教との関係に光が当たるように）詩人やラッパー自身が必ずしも明確に意識していなかった欲望と身振りの組織economyに導いてくれる。人はそのようにして自分の欲望と出会い、それを上演するのだ。そうやって私たちは徐々に欲望することを学び、いま私たちに憑依している霊を祓い、新たな霊を迎え入れる準備をすることができる。

ポストフォーディズムとは何か

新自由主義とポストフォーディズム

現代資本主義を「新自由主義」と捉えてその特徴を解明しようとする試みは多い。だが、私としては、異なるアプローチを取りたい。というのも、私の理解では「新自由主義」とは一種のイデオロギーであって、その主張は、「自然環境、空間から知識、記憶、さらには救済にいたるまでの様々なコモンズ（共有財）を私有財産化して資本として活用せよ」というものであり、言い換えるならば、万人に対して「はい、確かに私は資本家です」と応答することを求める呼び掛け（アルチュセールがイデオロギー装置論で言うような）である。

体制（レジーム）として現代資本主義を把握しようとするなら「ポストフォーディズム」として捉える方が相応しい。つまり、労働過程の再編の問題として資本主義の段階の変容を理解するべきである。

集合的身体図式としての工場（固定資本）

ポストフォーディズムというからにはフォーディズムがまず問題になるのだが、そもそもフォーディズムを理解するためには、産業資本主義段階に確立された工場という制度（あるいは機械状アレンジメント）について考えなければならない。なお、産業資本主義に先立つ先駆形態としてのカリブ海サトウキビ・プランテーションの問題もあるのだが、まだそれを展開する準備ができていないのでいまは措いておく。

従来の職人的な労働においては、しばしば職人（親方）の住居を兼ね、徒弟も住み込みで起居を共にするアトリエがあり、そこに様々な道具や原材料が配備されている。それらに時間的・空間的な形式を与える綜合作用の担い手は職人の身体であった。

ここで身体図式の概念に触れておこう。モーリス・メルロ＝ポンティは、彼の現象学的身体論において、心理学から身体図式の概念を借り受けた。ただ、その時注意すべきなのは、心理学から哲学への転位においてカントの図式概念がそこへと滑り込まされている点だ。つまり、一種の綜合作用の担い手が「心」から「身体」へと転位された。また、身体図式という時には身体イメージとの混同も避けなければならない。

身体イメージは外から把握された人型の全身像の内面化であり、精神分析的には、自我のプロトタイプとなるものである。ブルジョア・リベラリズムはこの身体イメージ（皮膚の色や性器の形状が関与するかはその時々による）のオートノミーに基礎を置く。

それに対して、身体図式は、よく例に出される自動車の運転（慣れると車幅を自分の身体の幅のように扱える）に見られるように生身の身体以外の道具やメディアをその内に組み込んでおり、決して人型のイメージに収まるものではない。また、道具やメディアのアレンジメントを通して複数の（部分的）身体を巻き込んでいる。この意味で、身体図式とは、個人的な身体イメージには留まらない、最初から集合的で（『経済学哲学草稿』のマルクスに倣って言えば）「非有機的身体」をも含み込んだ綜合作用なのだ。ちなみに、社会主義や共産主義で問題になるのはこのような集合的な身体図式のオートノミーであって、例えば、工場評議会はそのような試みの一つである。

産業資本主義段階で確立されていく工場の特徴は、複数の身体が同一の空間内に配列され、分業と機械によって媒介され、綜合されていくことにある。労働のリズムを司るのは労働する身体ではなく、蒸気機関やベルトコンベアなのだ。つまり、労働する諸身体を綜合する作用は、工場の機械設備という固定資本によって担われる。なお、イタリアのオートノミスト・マルクス主義、とりわけ、ポストフォーディズム論者たちが、マルクスが『グリュントリッセ』（一八五七年の『資本論』草稿）の「機械についての断章」でちらっと語った「一般知性」を概念化して解明しようとしているのは、固定資本がこのような労働する身体に対する綜合作用、つまり、図式作用の担い手となっていくメカニズムである。

もちろん、一九世紀を通じて労働者たちが抵抗したのは、労働過程のコントロールが自分たちの身体から奪われることに対してであった。これを最終的に打ち負かしたのがフォーディズムなのだ。

フォーディズム

ヘンリー・フォードは、ストップウォッチと分解写真による労働者身体の身振り単位への分割=分析、ベルトコンベアの流れ作業によるそれらの身振りの再綜合によって大量生産と商品価格の低下を可能にした。そして、ある程度の安定した賃金や分割払い（生の負債化、金融化）を通じて「フォードの労働者にフォードの車を」を実現した。その論理的前提は、労働過程における労働する身体のコントロールを放棄して（そのことによって技術革新=不断の労働過程の再編が可能になる）、それ自体が満足をもたらすものではなく、ただ単に賃金を得るための苦行として労働を受け入れる代わりに、生の満足をただ消費にのみ求める労働者の出現である。

工場外での労働者の生は、産業資本主義の下で生産過程（工場やオフィスという空間内で組織された時間）と区別された無給の再生産過程として理解された。それが、フォーディズム体制では、大量生産品としての商品の価値実現過程としても位置付けられる。マルクスの理解では、労働過程は価値増殖過程ではあるが、その価値が実現するのは、生産された商品が売れた時である。フォーディズム体制の出来によって「商品を作るより売る方が大変な時代」（ガルブレイス）が到来し、産業構造上、流通、小売などの第三次産業へと重点が移っていき、また、広告産業などが「クリエイティヴ」なものとして脚光を浴びるようになる。

シチュアシオニストたちはこの変化を「スペクタクルの社会」の出現と捉え、余暇時間を主要な階級闘争の場面として捉え返した。また、イタリアのオートノミストたちは、工場内外での労働者の生の全過程、社会全体が資本の下に包摂されているのだから、社会全体を工場として捉えるべきだと考えて「社会工場」論を唱えた。

このような状況で、イタリアのオートノミスト・マルクス主義系のフェミニズムは、社会工場論を踏まえて家事労働賃金化を要求した。それは無給の家事労働も資本に包摂された再生産労働であり、明日働ける労働力や次世代の労働力の再生産を行っていて、その対価を資本は支払うべきであると主張した。間違ってはならないのは、同一家計内で収入の多い者に要求したのではないということだ。専業主婦であったとしても、その雇用主は夫ではない。問われるべきは社会という工場であり、そこでの階級闘争である。だから、少子化は女性による（次世代労働力の）再生産労働の拒否として、階級闘争として捉えられた。

七〇年代に始まった家事労働賃金化要求運動と並走する形で、ドゥルーズ＝ガタリの『アンチ・オイディプス』（原著初版一九七二年）やリオタール『リビドー経済』（原著一九七四年）が出ている。これらは、フロイト＝マルクス主義の先駆者であるヴィルヘルム・ライヒにもまだ見られた社会の政治経済を扱うマルクス主義と家族のリビドー経済を扱う精神分析という二元論（社会／家族、政治経済／リビドー経済）を批判し、政治経済とリビドー経済をただ一つの過程として把握する試みであった。それは、マルクス主義フェミニズムによる社会／家族＝生産／再生産の分割に対する批判と同じ試みであったのだ。

フォーディズムの後、その身体性

家事労働賃金化要求は、本当に無給の再生産労働に正当な対価を支払わせることを最終目標にしていたわけではない。むしろ、総体としての資本主義社会がすべてを包摂しているにもかかわらず、人間のすべての行為に対価を支払うことができないという資本が孕むパラドックスを露呈させようとしていた。挨拶をしたり、何かちょっとしたものを取ってあげたり、道を譲ったり、そういったことすべてに対価を要求していたら、社会は成り立たない。基底的共産主義とも呼ばれる、そもそも「他者と何かを共有する」という身振り、それを通じてコモンズがコモンズとなる身振りがある。ナンシーやリンギスが実存（ek-sistence、外に立つこと）の根本的な構えとして把握した（無である）外へと曝されることとその共有から成り立つ共同性が、そもそも社会を可能にする綜合作用である。あるいは、ベンヤミンがその純粋言語論で「コミュニケーション可能性のコミュニケーション」と呼んだものである。そのことは資本主義社会も変わらない。

産業資本主義、とりわけそのフォーディズム段階では、このような基底的なコミュニケーション可能性を土台として、その上に工場やその設備・機械などの固定資本が展開され、労働過程の綜合がなされていた。

ポストフォーディズム段階では、労働力の商品化は、この基底的なコミュニケーション可能性＝能力にまで及ぶ。大量生産に代わるいわゆるフレキシブルな生産（頻繁に新機種が投入されるスマホやモバイル・

コンピュータなどのITガジェットなど）に対応するには、生産ラインの変更のためにしばらくストップさせなければならないベルトコンベアではうまくない。臨機応変に組み換えられる移動式の小型作業台こそが相応しい。そして、流れ作業でどのように作業台と部品や工具を配置するか、一人ひとりの作業工程をどう分割して配分するか、それらは生産ラインの労働者の「創意工夫」に委ねられる。いわゆる「カイゼン」である。そこでは労働過程を綜合する作用は、もはや、固定資本によるのでも、現場を見張り目を光らせるボスによるのでもない。労働する身体自身による。

それでは、ポストフォーディズムの労働現場では労働者は自身の主体性を取り戻したと言えるのだろうか。いや、むしろその主体性のより深いところまでが疎外されている。ポストフォーディズムで動員される労働者の主体性はコミュニケーション可能性＝能力にまで及び、コミュニケーションまでが資本の下に包摂されようとしている。

ポストフォーディズム下の労働は、フォーディズムのように工場やオフィスなど、同じ場所に労働する諸身体が空間的に集められ配置される必要はない。むしろ、労働現場は分散される。そこで労働者は自分自身のボスとして労働過程を見張ることになる。

IT関連のテクノロジーの進展は、コンピュータのサーバーや光ファイバー海底ケーブルのような形での固定資本を必要とするが、その固定資本は、そこに労働する諸身体が配置される空間ではなくてむしろ、道路や鉄道のようなインフラに近い。各労働現場はそのようなプラットフォームに対する端末と位置付けられる。

今日では家庭と工場のあいだの分割は資本の側から乗り越えられる。ケア・ワークの市場化は家庭をあからさまに工場へと変える。だが、家庭内に、あるいは、従来「親密領域」とされていた場所に賃労働が入り込む時、その労働過程と労働生産物をどう理解したらよいだろうか。

これまでは、市場で商品を購入したなら、その商品を用いて満足を得ることは消費の領域に属するとされていた。だが、親密領域での労働が生み出すものは何かというと、他者の身体の内での直接の満足やウェルビーイングであると言えるだろう。社会学で感情労働が問題とされ、また、歴史学で感情史が関心を惹く背景には、このような親密性の内で他者の満足を生産する労働の浮上ということがある。

産業資本主義段階では医者やセックス・ワーカーが主に担っていた「他者の身体の内に満足を生み出す労働」に、今日では多くの者が従事している。このような労働過程において、労働する身体自身の安全や賃金の保障などを考える上で、セックス・ワーカーの運動は先駆的な経験を積み重ねてきた。分散され、親密で、それ故に経済面でも安全面でも不安定な労働過程においてどのように身を護るか、権利を守るためにいかに団結していくか。

また、コロナ禍がもたらした、ITを用いた、より一層分散された労働において、自分の労働現場に対するコントロールをどう確立していくか。

私がそもそもセックス・ワーカー・ムーヴメントに関心を持ったのは、AIDSアクティヴィズムの中においてで、セックス・ワーカーの運動抜きにAIDSに対する社会の対応の歴史を理解することは不可能だ。そのことに加えて、現在では、ポストフォーディズム的な労働の問題が最も鋭く現れるのがセックス・ワークであるので、ポストフォーディズム段階での労働と労働運動を考える時に、労働運動としてのセックス・ワーカー・ムーヴメントから私たちは多くを学べるはずだから、ということがある。

実存という傷、セクシュアリティ、あるいは二つの時間のあいだ

実存

個物は実存する。その語源からしばしば指摘されるように「実存するexist」とは「外に立つ」ことである。それでは、それは何の外、どこからの外へと出ていくのだろうか。「実存する」と捉えられる限りで、個物は何らかの存在者、存在するモノから外へ出ていくのではない。敢えて言うなら「無」としか言いようのない場所から、外へと出ること、それが「実存する」ことである。

もちろん、それが由って来るところの何らかの存在者、例えば、道具であればその製作者たる職人を考えることはできる。さらには、その職人に製作を依頼した顧客や、あるいは、製作を命じた者もいるだろう。存在者が織りなす「由来」のネットワークは、このようにヒエラルキーを孕み、存在者たちは必ずしも平等ではない。

それに対して、実存することにおいて、外へと曝されることにおいて、すべての個物は平等である。実存することにおいて、個物は他の存在者の重みから解き放たれる。

とはいえ、ここでは実存における万物の平等主義を展開したいわけではない。むしろ、個物の根源的条件をなす、この（最初の）「外への曝露」に引き続く時間性（それが個物にそれぞれの差異をもたらし、個体化を可能にする）について考えたい。というのも、個物が曝される「外」とは、まず何よりも「時間」であるからだ。個物が実存する限りで、それは、朽ちたり、老いたり、傷ついたりする。すべての個物は、実存し、外へと曝されている限りで、傷つきやすい vulnerable。そして、それぞれの個物は自らの傷つきやすさと固有の関係を持ち、それを固有の時間性として展開していく。

傷だらけの表面

個物とその外との境界面を、一応「表面」と呼ぶことができるだろう（というか、境界面ではない表面などありえないのだが）。その表面は様々な遭遇＝出会い encounter を受け入れ、それらの痕跡を記録＝記憶し、保存する。表面は、それ自体が傷つくとともに、自らが傷を受け入れることで、その表面によって包まれている何かを保護する。

ここでフロイトが「自我」について語っていることを思い起こそう。フロイトは、自我の原型は、身体表面＝皮膚の心的装置内部への投映であると言う。フロイトにとって自我とはまず何よりも防衛機制の審級であることを考え合わせるなら、彼にとって皮膚とは何かが理解できるだろう。さらに、心的装置のモデルとしてフロイトを魅了し続けたあの有名なマジック・パッド（ワックスを塗った台紙の上に薄い透明のセルロイド・フィルムが重ねられていて、何か尖ったもので線を書くとその痕跡が黒く浮かび上がるが、フィルムを台紙から剥がすと、その線は消えてまた新たに書き込むことができる）をイメージするなら、表面＝皮膚＝自我とは、まず自らが傷つくことで外との出会いのトラウマ的衝撃を緩和するのだと言える。しかし、自我が形成される以前の外との出会いは、当然、自我や何らかの被膜によって緩衝されない。それに、そもそも表面の投映物としての自我などというものは人間くらいにしか備わっていない防衛機制だろう。むしろ、大抵の個物にとっては、フィルターで濾過されることなく刻み込まれる様々な遭遇の痕跡ないし記憶こそが、個物が抱え込む存在の秘密で核心であるだろう。

それ故に、防衛機制は不可避にトラウマ的外傷よりも遅れる。もしも、その個物に（自我ではないにしても）何らかの防衛機制が備わっていたとしても、それは、実存することと等根源的な外への曝露＝傷つきに対して後からしか発動しない。それでは、自我は何をするのだろう。

事後性、あるいは二つの時間のあいだにあることとしてのセクシュアリティ

外へと曝された人間的実存の核心に食い込むものは、ジャン・ラプランシュの精神分析理論では「エニグマ的シニフィアン」と呼ばれる。それは、赤ん坊が周囲の大人たちから受け取る音声や表情や身振りなのだが、当の赤ん坊にとってはそれが何を意味しているのか理解できない。つまり、意味されるもの（シニフィエ――フランス語で「意味する」という動詞の過去分詞）を欠いた、純粋な「意味している（シニフィ

アン――同じく現在分詞)」という身振りという意味でのシニフィアンである。人間的実存とは、このエニグマ的シニフィアンの絶えざる翻訳過程なのだ。

翻訳の常として、それは、原テクストであるエニグマ的シニフィアンを汲み尽くしはしない。エニグマ的シニフィアンは、私たちの意識に昇る時は、誰かの微笑みのそこはかとないレミニサンスかもしれないし、あるいは、耳の奥底で鳴り響く幽かなリフレインかもしれない。「あれは何だったのか」という思いとともに、「あれはきっと……」と思いなしつつ、いま少しで掴めそうで掴めない、そこにあるはずなのに。

しかし、原テクストと翻訳とのタイムラグが、最初の外傷(「トラウマ」はそもそも身体的な外傷を意味していたギリシア語)、つまり人間的な個物が実存し、外へと曝されたことの傷から生き延びることを可能にする。

すべての個物は個物である以上は外へと曝され、傷ついている。その傷がそのまま積み重なっていくのか、あるいは、何らかの修復がなされ、そこにまた新たな傷が加わっていくのか。岩ならば、陽の光や風雨に曝され、少しずつ砕けていくかもしれない。植物であれば、光を求めて自らを外へと暴露する(植物は表面積を拡大する方向で進化を遂げたので、動物に関してよく言われるように「体長が二倍になると体重は二の三乗で八倍になるから自重で潰れる」ということはないし、自ら場所を移動することを放棄したので、むしろ他の種によって美味しく食べてもらえるように目立たなければならない)。

そして、人間だ。人間は自分の表面をイメージとして自分の内に取り込み、自我を作り上げた。イメージであるということがなぜ重要かというと、イメージだけが自らを完全性として僭称することができるからだ。例えば自然数を数え始めたら、数え終わることはない。すべてのカラスが黒いか数え上げようとしても「これが最後の一羽です」というものはない（次に生まれてくるカラスは黒いかどうか分からない）。同じように「すべての人間は去勢されている」も数え終わることはない。あるいは、アキレスが亀に追いつけないように、いま生きている人間は自分の死に追いつけない。

言い換えるならば、完全性について語れるためには、これらの数え上げや演算のプロセスが、あたかもすでに終わっているかのように、ということはそれらのプロセスをあたかもその外部から眺めているかのように振る舞えなければならない。私たち自身がそのプロセスそのものであり、生きている限りは辿り着けない「すべて」の先取りがなされなければならない。ハイデガーなら、自らの死を先取りする先駆的決意性を問題にするだろう。だが、ラカンの精神分析理論では、これは鏡像段階の問題である。生きられたものとしてはまだ成し遂げられていない身体的な纏まりを、鏡に映った自身の全身像として、イメージ的に先取りする。

自我は完全な対象である。だから、私は私の自我を愛する。精神分析では対象とは、無意識的な表象であり、それによって主体が満足を得るものの総称である。そして、自我こそは一切の対象のプロトタイプをなすものにほかならない（ラカンなら対象aと呼ぶだろう）。私はなぜこの対象を愛するのか、それは私の自我のように、私の自我に似て完全だからである。

根源的な暴露＝外傷の時間（どんな記憶よりも古い根源的な過去）と（「対象」という形で）先取りされた完全性の時間。この二つの時間性のあいだの関係をどう捉えたらいいだろうか。

ジャン・ラプランシュは、それを翻訳として理解する。ラプランシュ自身、フロイトのフランス語版全集の監修者でもあるが、彼にとって翻訳の問題は単にテクニカルな課題であるばかりではなく、その度重なるベンヤミンへの言及にも窺えるように、根源的なものである。原テクストたるエニグマ的シニフィアンの翻訳、脱翻訳（原テクストへの回帰）、再翻訳の絶えざる過程。もちろん、そもそもエニグマ的シニフィアンからして言語的なものに限られない。声の調子、表情、動作、あるいは、不安のような情動。ラプランシュにとって情動とその転移こそは、原テクストとその翻訳とを結ぶ絆である。

過去→現在→未来という単線的で一方向的な時間把握とは異なる、行きつ戻りつ何度もループする翻訳の時間性。これをラプランシュは実存の時間化と呼ぶ。

そして、ラプランシュにおいて大切なことは、ベンヤミンでは原テクストが神から与えられるのと同じように、エニグマ的シニフィアンは他者からやってきたものだということである。つまり、人間的実存は、その根源的な外への曝露、その外傷を（想定された）他者によってもたらされたものとして受け取り、時間化することで生き延びる。エニグマ的シニフィアンは外傷的であると同時に他者による誘惑でもある。言い換えるならば、外傷をセクシュアリティへと置き換える。私たちがセクシュアリティと呼ぶものは、基本的には、私を傷つける＝誘惑する他者との関係を私と私の自我の関係に翻訳し、また翻訳し直そうとする努力のことである。共同主観性とは、ある一つの実存がその実存することの傷を人間として生き延びるための形式であり、その根底には、このように理解された限りでのセクシュアリティがある。

口さがない者たちが、思い出したように、定期的に、「歴史の終わり」を取り沙汰するように、翻訳の終わりを言い募る者たちが現れたりはしないだろうか。おそらく、翻訳過程が終わるとしたなら、原テクスト翻訳の最終ヴァージョンが確定されるのだとしたら、その時、原テクストは放棄されてよい。つまり、私たち人間は、他者に対する根源的受動性からも、外傷からも、誘惑からも、これを限りに解放される。その時、原テクストたるエニグマ的シニフィアンから解き放たれた自我は、一種の鎧となっているだろう。

確かに、私たちは自我が強固な鎧であることを夢見ないではない。どんなものとの出会いを果たしても決して傷つかず、その軟らかい内部を保護してくれる鎧があったなら、と願う。

しかし、すべての出会いを想定して予め備えることは不可能だ。そんなことは、すでに歴史が終わってしまった地点からしか可能にはならない。もしもすでに歴史が終わってしまったのなら、時間の中で「新しい」と言えるようなことはもはや何も起こらず、私たちは不意を突かれることもなく、言い換えるならば、原テクスト＝エニグマ的シニフィアンへと脱翻訳し、そこから新たに翻訳し直すことなど必要なくなる。

だが、「新しいこと」は到来する。

ここで、唐突に思われるかもしれないが、フェミニズムにおける（何度でも強調する必要があるが「フェミニズム対反フェミニズム」ではない）反ポルノ派と反‐反ポルノ派の論争を考えてみたい。「誰も傷つくことのない社会」を望むこと、この点で反ポルノ派と反‐反ポルノ派の間に齟齬はない。問題は、傷つくことを事前にすべて排除できるかどうかである。反ポルノ派は、何が人を傷つけるのか、事前に完全に判断できるし、さらに言えば、法によってそれを取り除くことができると考える。つまり、法を整備すれば、エニグマ的シニフィアンに対する脱翻訳と再翻訳の過程は不必要になると考える。

それに対して、反‐反ポルノ派は、すべてを事前に排除することは不可能であり、また、国家に対してそのような権能（歴史の終わりからすべてを裁可するだけの能力と権力）を想定することの危険性を主張する。これはもちろん「何でもあり」ということを意味しない。重要なのは、取り締まりの強化であるよりも、修復の作業、脱翻訳と再翻訳にいかに広く、かつ、容易に取り組めるようにするか、なのである。

繰り返すが、人間とは、エニグマ的シニフィアンの時間と自我の時間のあいだの翻訳である。ノヴァーリスは「翻訳への衝動＝欲動」と語る。ベンヤミンは「翻訳者の使命」について語る。人間はすべからく翻訳者にほかならない。だが、もちろん、「翻訳者の使命」を投げ出したくなる時もある。「自我を鎧にしてしまえば、もっと楽になれる」と誘惑する声がある。しかし、自我の装甲を強化し、鎧と化した者たちの共同性は、自律した個人の自由な共同性であるよりは、国家（これ自体がしばしば傷つかない装甲を備えた不死の存在と見做される）への同一化に依拠することになるのは、歴史の教えるところである。

とりわけ、軍備拡大が恥ずかしげもなく、大きな声でがなり立てられている今日、自我の装甲を剥がし、鎧を解除し、翻訳の時間性への回帰を試みるべきであることは、いくら強調してもしすぎることはない。

希望というアフェクト

アフェクト、再び

繰り返しになるかもしれないが、アフェクトと感情の違いを整理しておこう。感情feeling/emotionは、個人の内面（それが心であれ、身体であれ）に生じ、その範囲内に留まるものと理解されている。個人の範囲を超え出る時は、単に心理学的な投映に過ぎないものとされる。それに対して、アフェクトは、何かと何かの遭遇において生じる。アフェクトは遭遇としての出来事との相関はあるが、「これ」とか「ここ」という風に指し示せるような、局在化され、個体化された起源は持たない。それがアフェクトの掴み難さに繋がる。アフェクトは、身体と身体の遭遇を通じて、あるいは、同じことだが、メディアとメディアの接続を通じて伝達され、拡散する。「ここを抑え込めばこのアフェクトを消去できる」というような中枢を持たない。例えば、人種主義的なアフェクトは、特定のアジテーターがその起源であったり、中枢であったりするのではない。それだから、そのアジテーターを何らかの仕方で人種主義の回路から取り除くことができたとしても、それで人種主義的アフェクトが消え去るわけではない。

つまり、アフェクトは諸身体あるいは諸メディアの配列 disposition/arrangement から成る物質的な回路にその実在性の基盤を持っていて、その配列を変えていかないことにはアフェクトに働きかけることはできない。もっとも、メディアへの依存性がアフェクトへの介入、より適切な表現をするなら変調 modulation の容易さをもたらしてはいるのだが。マスメディアに対するコントロール、SNSでのインフルエンサーへの働きかけ、SNSの運営企業による恣意的なアカウントの凍結やその解除などは、アフェクトの回路に差し挟まれた変調装置であり、それらを通して、アフェクトはそのトーンを変えさせられる。

例えば、正しくない表象がアフェクトの回路に投入され、拡散される。その結果喚起されたアフェクトは正しくないと言えるのか。もう少し正確に問いを立てるなら、アフェクトに関して正しい／正しくないという基準を立てることは適切なのか、アフェクトに相応しい基準とは何なのか、ということが問題になる。

もちろん、表象 representation に関しては、まず、それが正しいか、正しくないか、現実を正しく表象しているか否かが問われなければならない。正しい／正しくないというのは、表象に関しては投げ捨ててはならない基準である。しかし、間違った表象（「男性は女性よりも優れている」「黒人は劣った人種である」「トランス女性がシス女性の安全を脅かしている」など）が引き起こすアフェクトに関して「間違ったアフェクト」と（そう呼びたくもなるが）捉えることは適切なのか。さらに言えば、バックラッシュを下支えするロジックである「マジョリティの傷つきやすさ」（「私が正しいと信じている表象を間違いであると否定されて、私は傷ついた」）に対してどのように考えればいいのだろうか。

私たちがしばしば行ってしまいがちなのは、「傷つき」の度合いを測り、それによって「傷つき」の真正さに度合いを持ち込もうとすることだ。もちろん、人々を傷つける出来事は様々であり、その深刻さも異なるだろう。そこには、死傷者の数などに還元することのできない、それぞれの傷つき方の差異がある。それを繊細に、精緻に描写することは必要だ。けれども、それはやはり表象の真正さの基準であって、アフェクトの基準ではないし、「傷つき」の真正さの基準でもない。

それでは、アフェクトにはどのような基準が相応しいのだろう。

アフェクトに関する理論の多くが参照するスピノザに倣うなら、そのアフェクトが、より解放させるのか、より従属させるのか、というのをアフェクト固有の基準として考えることができるだろう。とはいえ、これだけでは具体的なイメージは掴み難い。そこで、次に、罪悪感と恥の違いを考えてみることにする。

罪悪感／恥

エルスペス・プロビンは、恥というアフェクトについてのインタビューで、罪悪感と恥の差異について興味深い発言をしている。彼女によると、恥は生産的であるが、罪悪感はそうではない。罪悪感は裁く神を想定している。ここで補助線としてスピノザの『神学政治論』を持ち出そう。

『神学政治論』はプロトナラトロジーとも言うべき書物で、聖書の語りを分析している。スピノザによれば聖書には理性によって解明できないことは何も書かれていない。ただ、『聖書』は科学の本ではなく、人々を信仰へと誘うための物語で、そのために様々な誇張やレトリックが用いられる。アダムとイヴが知恵の木の実を食べるくだりを彼がどう解釈するかというと、神は、この木の実はあなたたちの身体には合わないので食べないようにとアドヴァイスしただけなのだが、実際に木の実を食べて、体調を崩したアダムとイヴは、真の原因（知恵の木の実による食中毒）を認識せず、「神の禁止に従わなかったことへの罰」という想像上の原因を拵えてしまう。つまり、人間は、真の原因を認識できない時、自分たちを超越した審級を想定し、それに、その裁きに服従する。

スピノザが神を唯一の実体と捉えて世界に内在させようとしたのは、「神は裁かない」と言うためだ。神自身を「神の裁き」から解放するためである。

罪悪感が裁く神なしに成り立たず、否応なしに人を従属させるのに対して、恥は、より内在的なのだ。もちろん、人を恥じ入らせるshaming行為は存在する。例えば、性暴力の被害者は、周りの人々や、ネットワーク上の匿名の発話、そして、様々な制度的な制約を通して恥じ入らされ、自らを恥じるかもしれない。しかし、恥が内在的であり、また、生産的でもあるのは、何が恥ずべきであって何が恥ずべきでないかの区別が「裁く超越者」から切り離されうるからだ。恥じ入らせる者たちは、しばしば自分を裁く超越者と同一視して、そのことを通じて裁きに従属する。

だが、恥というアフェクトでは、次のようなことが起こりうる。これまで自らを恥じていた者が「恥ずべきは自分ではなく加害者である」とアフェクトをめぐる諸身体の配列を変えていくかもしれない。

あるいは、それまで恥じることがなく、むしろ、誇っていたかもしれない「男であること」「植民者であること」「帝国の構成員であること」などを恥ずかしく感じるようになるかもしれない。

今世紀になって、恥というアフェクトに関心が寄せられる理由の一つは、南アフリカのアパルトヘイト体制や様々な軍事独裁体制からの民政移管の過程で問題となった「(体制間の)移行正義」や「修復的正義」にある。恥というアフェクトはどのように社会と個人(どちらも傷ついている)の修復を可能にするのか。また、恥というアフェクトは、恥ばかりではなく、それ以外の様々なアフェクトにとっても物質的基盤であるアフェクトのインフラストラクチャー(レイモンド・ウイリアムズのstructure of feelingに対するinfrastructure of affect)をどのように変えていくのか。そういったことへの関心が、人々をして恥へと目を向けさせる理由なのである。

自由間接話法

アフェクトは、もちろん、諸身体において表現される。だが、一定の定められた場所に留まらず、諸身体、諸メディアを循環するものである以上、その「表現」の把握にも注意が必要になる。私たちが感情などについてしばしば想定するような「内面から外面へ」の運動として表現を理解してはならないだろう。また、表現されるものが表現するものの内部に、あたかも、私有財産か何かのようにしまい込まれているように理解してもならない。

ここで参考になるのは、実は、マルクスの『資本論』冒頭の商品論である。マルクスは資本主義においては、商品Aの価値は（商品と等価なものとして交換される）商品Bの使用価値によって表現されなければならないと言う。一つの商品は、自分の価値を自分自身では表現できないのだ。もちろん、ヘーゲルの『精神現象学』における主人と奴隷の弁証法を踏まえた、その展開であることは確かなのだが、マルクスは資本主義的生産様式という「人とモノの配列」においては、自己表現などというものは成り立たないと主張しているのだ。そして、価値は、商品から商品へと姿を変え、飛び移っていく。つまり、『資本論』とは、実は、アフェクトのインフラストラクチャーの論理を初めて解明した書物でもある。

そして、二〇世紀になると、『資本論』の表現論は、新たなメディウムを獲得してさらに展開されていく。エイゼンシュテインらの「モンタージュ理論」である。あるショットの意味は、次に来るショットによって確定される。ある顔のクローズアップが、怒りの表現なのか、恐怖の表現なのか、それとも絶望の表現なのか。

いや、むしろモンタージュが明らかにしてくれるのは、アフェクトは感情と違って、演じている俳優ばかりか、その役の人物でさえ、自分が怒っているのか悲しんでいるのか知っている必要はないということだ。だから、差し挟まれた、人間が出てこないショットでさえアフェクトの表現たりうる。テーブルや家や、岩、あるいは、空は、もちろん、自分が悲しんでいるのか喜んでいるのかを知らない。これは心理学的な投映、あるいは、擬人化ではない。生命のないものに生命を与えたり、人間ではないものに人間の属性を付与することではない。この意味で、アフェクトは非人間的である。

ところで、人間的（一人称／二人称）な領域と非人間的な領域の接続、むしろ、人間的な人称性を脱人称化、非人称化して非人間化するテクノロジーが、一九世紀には、小説において「自由間接話法」として展開されていた。一九世紀小説ではいわゆる非人称の語り手（作中のどの登場人物でもなく、登場人物たちの外面や内面を自由に語れる）が現れる。語り手が登場人物たちの発話を直接引用するのが「直接話法」で、語り手が自分の声、あるいは、立場から語り直すのが「間接話法」だとすれば、「自由間接話法」とは、語り手の声と登場人物の声が混じり合い、発話が誰に帰属するのかが不分明になるものだ。つまり、自由間接話法では、発話、時には、声に出さない思考まで含めて、個人の私秘的 private 領域に内属するものとしてではなく、アフェクトの領域を形成するものとして表現されている。

そして、映画というメディウムは、世界を、まさにこの自由間接話法の領域として表現するのである。

虹の彼方の何処かで

最後に一九三九年のMGMミュージカル映画『オズの魔法使』を取り上げてアフェクトの振る舞いを考えてみよう。

この映画は、カンザスで零細農民や農業労働者が、支配階級である地主の横暴に対して為す術もない中で、ただ一人地主を批判し、そのために死刑判決を受けてしまった政治犯であるトトの亡命と帰還の物語であることは繰り返すまでもないだろう。サルマン・ラシュディによれば、原作ではほんの数ページ（その中で「灰色の」という形容詞が執拗に繰り返される）のカンザスの描写が膨らまされている。貧しさと厳しい自然環境の中での労働の辛さが強調されている原作に、映画でははっきりと階級対立が描き込まれている。

よく知られるようにこの映画は、冒頭と最後のカンザスのシーンはモノクロで、オズの世界（原作では実在の世界だが、映画では竜巻に巻き込まれ気絶していたドロシーの夢）は、当時まだ貴重だったカラー・フィルムで撮られている。

映画で直接話法に相当するのは、いわゆる「主観ショット」、つまり、ある人物が何かを見つめているショットに続いて、その人物が見ているものと覚しき映像が映し出されることだと言われる。『オズの魔法使』では、ドロシーが自分の部屋で目覚めるラストのシーンによって、それまでのカラー・パートが彼女の夢であったことが示される。これは、あのオズの世界全体がドロシーの主観ショットであり、一種の直接話法であったということなのだろうか。いや、むしろ、私たち観客が経験するのは、夢見る主体であるドロシーの非人称化ではないだろうか。鮮やかな、どぎついとさえ言えるオズの世界の色彩は、まさに虹を超えてしまった彼方の、どこでもなく、かつ、どこでもある何処かで、その色彩の過剰さは付加されたアフェクトの現れである。

竜巻に巻き上げられた家がたまたま西の悪い魔女の上に落下し、押し潰してしまった「偶然の事故」によるマンチキンたちの解放に始まり、案山子、ブリキ男、ライオンとの出会い、東の悪い魔女との戦い。そして、最終的にはオズの魔法使いが隠れているカーテンを捲り、その正体を暴く。オズの魔法使いとは、実は、「偉大さ」の表象を生み出す以外何の役にも立たない機械を操るだけの男で、自分の作り出した表象の虜に過ぎなかった。ドロシーは、「神の裁き」から神を解放し、表象への従属の体制を終わらせる。落下、遭遇、連帯、解放。これがフルカラーの世界で起こることだ。

問題は、モノクロのカンザスの世界でドロシーが目覚めた後だ。最後のシーン、ドロシー（と、もしかしたらトト）以外の登場人物たちは知らないことを私たちは知っている。世界はこのモノクロの世界とは別様でありうることを。そして、「故郷 home は素晴らしい」と言うドロシーの夢見るような眼差しが何を見ているのかを。

希望がアフェクトとして実在している。

附論

Nas『タイム・イズ・イルマティック』――ストリートのサヴァイヴァル＝死後の生について

一九九四年、当時二〇歳の若者であったNasことナーシア・ビン・オル・ダラ・ジョーンズがそのデビュー・アルバム『イルマティック』を発表した。後にヒップホップ史上屈指の名盤と評価されるようになったこのアルバムの発売二〇周年を記念して作られたドキュメンタリーが、『タイム・イズ・イルマティック』である。

一九七〇年代にニューヨークの黒人の若者文化として始まったヒップホップ（「ヒップホップ」の名付け親と言われるアフリカ・バンバータは、ラップ、ブレイク・ダンス、グラフィティの三位一体であってラップだけではないことを強調する）は、今日ではそのままの形で残っているとは言い難いが、逆に言えば、世界中のどこを見てもラップ抜きのミュージック・シーンなど考えられないほどの拡がり、拡散を示している。そんなヒップホップないしラップの歴史において『イルマティック』のどこが名盤たる所以なのかについては、幸いなことにブルームスベリーから出ているポピュラー・ミュージックの名アルバムを論じる33 1/3シリーズの一冊Mathiew Gasteier, *Illmatic* がマシュー・ガスタイガー（なぜか原綴にないgの音が入っている）『NASイルマティック』（押野素子訳、スモール出版、二〇一七年）として訳されているのでぜひともそちらを当たっていただきたい（私自身そこから多くを教わった）。

この映画で、Nasが『イルマティック』をリリースするまでの半生を、父でありジャズ・ミュージシャンでもあるオル・ダラや、弟のラッパー、ジャングルの証言を交えて振り返り、またこのアルバムのそれぞれの曲のプロデューサーたち（一曲ごとに、これはと思うプロデューサーを選んで一枚のアルバムを完成させるという形式はNasのこのアルバムによって確立された）へのインタヴューを通してこのアルバムの意義が明らかにされる。

Nasは一九七三年、ニューヨークのクイーンズブリッジの公営団地、いわゆるプロジェクトで生まれた。映画のはじめの部分でコーネル・ウェストが、第二次大戦の復員兵に対して、中産階級には郊外の一戸建てが用意されたが労働者階級向けには集合住宅が作られ、やがてそこから白人は去り、黒人が取り残されていったことを要領よく説明する。そして、Nasが育ったのは景気後退と産業構造の変化によって、プロジェクトの黒人たちがフォーマルな経済から見捨てられ、ドラッグを中心として回るインフォーマルな経済しかなくなっていった時代である。彼は、日本で言えば中学二年で学校をドロップ・アウトして、誰も彼もがドラッグのディーラーかユーザーとなり、ドラッグ絡みの争いで銃声を聞かずに済む夜などないような、そんなタフな環境を生き抜かなければならなかった。

Nasに限らずストリートからアーティストを目指す者には二つの課題がある。一つはストリートでサヴァイヴァルすること（ギャングスタ・ラップはこのイメージを全面に打ち出し、ストリートのリアルから離れているもそれを表象としてのみ受け取ることのできるキッズは憧れ、同様の大人たちは眉をひそめることになる）。もう一つはストリートを、あるいは、ストリートからサヴァイヴァルすることである。ビッグになり、リッチになって、こんなくそったれのストリートのリアルから抜け出したい。そのためのリアルの表現・表象である。

リアルを表現・表象するrepresentこと、リアルを生きられたままにするのではなく、「生きられたもの」として作品化することであり、それをサヴァイヴァルすること、それよりも生き永らえること。『イルマティック』というアルバムが他のミュージシャンたちに与えた影響は、おそらくは、それが単にストリートでのサヴァイヴァルを表象するだけではなく、そこにストリートからのサヴァイヴァルの問題を折り返しているところにある。そして、『タイム・イズ・イルマティック』という映画がそこに付け加える（というか、むしろ明らかにする）決定的に重要な問題は一ストリートでサヴァイヴァルできなかった死者たちとストリートをサヴァイヴァルしたアーティストとの関係はいかなるものか」というものだ。この映画で最も重要な（不在の）登場人物は、Nasの幼馴染みで音楽仲間だったイル・ウィルだろう。彼は、生まれて初めて大麻をやってハイになったまま、クイーンズブリッジで、近く開く予定のバーベキューの資金集めを始めたのだが、一人の女性が「カツアゲだ！」と騒ぎ出し、駆けつけた彼女の子どもの父親に射殺されてしまった（この時ジャングルも銃弾が貫通する怪我を負った）。ちなみにNasのレーベルは「イル・ウィル」という。

映画の中のライヴ、ブルックリン出身のAZをフィーチャーした「ライフズ・ア・ビッチ」でAZとNasは叫ぶ。死んでいった者たちのために！　ストリートのリアルから抜け出そうともがきながら果たせずに死んでいった者、刑務所に入れられた者、そういった者たちのために、彼らに代わってfor自分はリッチになるのだ。それはあたかも死者たちとのあいだに密やかな約束があり、彼らが果たせなかった夢を彼らに代わって実現することが、生き残った者の責務であるかのようだ。

ヒップホップにおけるいわゆるレペゼンが、represent あるいは stand for という言葉の様々な意味、表象する、代表する、代わりとなる、その複雑さを含み持ち、そしてそれがレペゼンするコミュニティが何よりも死者のそれであることを、私はこの映画から学んだ。

神の死

神は死んだ。およそ二〇〇〇年前に十字架にかけられ恥辱に塗れた死を。カルケドン信条を受け入れるのであれば、キリストは完全なる人性と同じく完全なる神性とを備える両性的存在であり、したがって、十字架上の死は決してフェイク、死んだふりではなく、死を前にしたイエスの苦悩も死にゆく苦悶（磔刑による死因について諸説あるがいずれにしても即死ではない）も本物であり、（人間として）本当に死んだ。

もちろん、その後に復活が続き、「神の死と復活」こそがキリスト教を駆動する物語的装置であることは言うまでもない。ただ、この観点からすると、一九世紀という盛期近代 high modernity における「神の死」をめぐる議論（ニーチェは神の殺害者ではなくその死の診断者に過ぎない）は、この物語を神の死で終えてよい、復活は省略して構わないということなのだと理解できる。つまり、キリスト教の物語装置が放棄されたというよりは、その改変に過ぎない。

近代化は長いこと世俗化と同一視されてきた。あるいは、同一のものと見なされないにしても、世俗化は近代化の帰結であるか、その逆に近代化の前提である、つまり、近代化に随伴するものと考えられてきた。（神の）超越は（物質的な）内在に置き換えられ、それまで典礼などに見られるようにあからさまに公共的であった「宗教」が、公共領域からは退き私的な領域に身を潜める（このように考えるならば、イスラームばかりではなく、何よりもキリスト教プロテスタントの「福音派」が、政治の空間にアクターとして登場してきたことは典型的に「ポストモダン」な現象ということになるのだろう）。「神の死の神学」の流れを汲むマーク・C・テイラーは『神の後に』で、正しくも世俗化とは宗教的現象であると指摘している。また、デリダは『信と知』で現在進んでいるグローバリゼーション（フランス語では mondialisation、世界化と言う）をグローバラティニゼーション、世界ラテン化 mondialatinisation と呼ぶ。

デリダが強調するのは、このグローバリゼーションが、全世界のローマ化であり、キリスト教化であるということだ。

「キリスト教化」ということの一つの含意は、グノーシス主義者マルキオンによる正典の設定とそれに対する対抗としての「新約聖書」の正典化に始まり、さらに宗教改革における「聖書のみ」のように何を正典 canon や原典 original text と定めるか、そして、それらをどう読むかこそが、キリスト教ばかりではなく「キリスト教とその他者」という形で世界そのものを問題化する視座の核心にあるということである。このようなテクスト（今日ではＴＶやインターネットも含む）解釈の技法 art の世界化の解明なしにいわゆる「ファンダメンタリズム」（そもそも合州国のプロテスタント保守派の福音派における彼らなりの「字義通り」の聖書解釈について言われていたものが、後にイスラームやその他の宗教に転用された）は理解できないのだが、ここではこれは取り扱えない。本章が課題とするのは、超越を否定し（むしろ失効と言うべきか）目に見えるものだけを信じているかに見える、「世俗化」した私たちのこの世界、見えないものがその居場所を失ってしまったかに思えるこの世界で行方不明となっている「復活」について、言ってみれば「復活の復活」について今日における見えるものと見えないものの絡まり合いを通して考えることである。

政治神学とオイコノミア／イコン

アガンベンが『王国と栄光』でオイコノミア（エコノミーの語源）の問題を取り上げて以来、政治神学とエコノミーとの関係が問われるようになった。

キリスト教神学におけるオイコノミアとは、いわゆる配剤、つまり神による人類に対する救済計画を意味していて、その核となるのはキリストの受肉と磔刑による死、そして復活という物語的な配置である。

そもそも「政治神学」と言った時真っ先に思い浮かぶのはカール・シュミットの『政治神学』なのだが、そこで彼は、近代の政治学上の概念は神学上の概念の「世俗化」であると主張する。つまり、政治学上の概念である「主権者」とは、カトリックにおける神が（シュミットはカトリック）自然法則を一時的に宙吊りにして奇跡を起こせるのと同様に、法を一時的に中断できる存在、つまり、例外状態=戒厳令

Ausnahmestandを宣言できる者のことである、という具合に。

また、シュミット同様、政治神学的議論に雛型を提供するものとしてはエルンスト・カントーロヴィチの『王の二つの身体』がある。それは、中世後期から初期近代にかけてイングランドの法学者たちが、王ならびに政治体body politicを（キリストの）神秘体Mystical Body（of Christ）についての議論からの類推で捉えていたことを明らかにしたものである。

神秘体の概念は中世において、キリストの身体としての教会からミサにおける聖体（聖餅）にいたるまでの揺れを示していたが、いずれにせよ、見えるもの、その輪郭を象ることができるものと、見えないもの、その輪郭が象れないものとを媒介する両義的存在に関わっている。この場合で言えば、死にうる存在としての生身の身体と、死ぬことのない、国家そのものとして考えられる見えない身体の二重性を王の身体は備えているということである。

こういった政治神学的な議論は、神学的領域から世俗的な政治の領域への転用ないし置き換えとしてしばしば捉えられてきた（それだから「世俗化」が語られる）。しかし、神学的なものと政治的なものがそれぞれ別個のものとして予め存在していて、それらのあいだでの置き換え、移し換えがあったと捉えてしまってよいのだろうか。むしろ、神学的なものと政治的なものとの分節化をまず考えるべきではないのか。ここにこそオイコノミアの問題圏がある。

イエスが司る神の国、救済された世界、解放された世界、それはどこにあるのか。それは、いま、ここに私たちが生きている世界、私たちにとっての見えるものの領域、地上の国からすれば、いまだ「見えないもの」に留まっているように見える。それでは、神の国はどこにあるのか。天上の遥か彼方にか、それともこれから到来する未来に、なのか（歴史性とは見えるものと見えないものがどのような時間性において分節化されるかという問題であり、近代的な歴史の概念が神学的な救済史の世俗化であると言われる時には、このような分節化を想定している）。いや、神が人となり、十字架に架けられ、そして復活した以上、すでにこの世界が神の国なのではないか。

ミサにおいて（少なくとも完全実体変化を認めるカトリックなどでは）見えるもの、象られうるものである聖体は、同時に見えないもの、象られえないものであるイエスの肉である。見えないものとは、言ってみれば、見えるものに対する過剰である「見えるものの肉」、「イメージの肉」なのだ。そして、キリスト教におけるイコンをめぐる議論とは、この見えるものの肉をどのように捉えるべきかについてのものである。私たちは神による救済のプロジェクトに、イエスのものであり、私たち自身のものであるこの肉を通して参与する。イコンとは（とりわけ東方神学にとって）見えるものと見えないもののあいだのインターフェースであり、この場合の「見えないもの」とは、すでに解放されたものであるこの世界、しかし、見えるものの肉であるこの世界のことである。

それに対して、シュミットならば、この肉を「例外状態を宣言できる主権者」として形象化しようとする。フランス革命は革命群衆 multitude と人民（主権） people/popular sovereignty の二つの形象のあいだで揺れていたが、結局、ナポレオンを生み出す。それでは、私たちは？

私たちはこの世界の肉にどのような形象を与えようというのか。

商品の政治神学に向けて、あるいは「復活の復活」

エリック・L・サントナーはこの王の二つの身体、王における身体の二重性を、マルクスが『資本論』の冒頭に置いた商品論で指摘する「商品の二重性」（価値と使用価値）と関連付けて論じている。

また、ギー・ドゥボールは『スペクタクルの社会』で、やはり『資本論』の冒頭商品論の「私たちの社会では富は膨大な商品の集積として現れる」という文言の「商品」を「スペクタクル」に置き換えて引用する。商品をスペクタクルに置き換えるドゥボールの身振りが重要なのは、それが、商品とはそもそもがイメージなのだということを露呈させるからである。そして、商品というイメージを裏打ちする肉、それをマルクスはフェティシズムとして捉えた。商品に付き纏う過剰性、それ以上の何か、商品を包む栄光。それは、一つには「もしもあなたが私を購入したならば、私はあなたを幸福にしよう」という幸福への約束、救済の約束である。

だが、もちろんこの約束は果たされない。商品は購入されたなら、その瞬間に商品であることを止め、商品を取り巻く輝き、そのフェティシズムは雲散霧消してしまう（そうでなければ資本の循環は止まってしまう）。しかし、それでは、商品による約束、あたかもドン・ジュアンによる結婚の約束のように果たされないままの約束はどうなってしまうのだろうか、どこに行ってしまったのだろうか。それは、ハムレットの父王よろしく日々煉獄の炎に焼かれ苦悶に明け暮れているのだろうか（そして、夜な夜な亡霊として……）。

確かに。確かにそうなのだと言おう。商品フェティシズムの亡霊が、商品による幸福の約束の亡霊が、夜な夜な徘徊している。そして、それは「ポップ」と呼ばれている。それは商品の死後の生、死してなお幸福への約束に執着する商品の亡霊なのだ。マーク・フィッシャーやサイモン・レイノルズのようなイギリスの批評家たちは、ポピュラー・ミュージックを論じる際に、デリダの『マルクスの亡霊たち』から「憑在論」hauntology/hantologieという概念を借りてくる。だが、それは近年のサンプリング・テクノロジーの結果であったり、イギリスのアーティスト、ブリアルのような（ハイパー）ダブ・ミュージックによって新たに出現した亡霊性というよりは、そもそもポップというものが商品における亡霊的領域だからなのだと理解すべきだろう。

今日、亡霊＝再帰revenant的なもの、そして（それは、イエスというよりは遥かにラザロ的と言うべきかもしれないが、ともかくも）「復活」resurrection/anastasisという物語装置を最も使い倒しているのはヒップホップであると言ってよい。ここで、ラッパーのNasが一九九四年にリリースしたデビュー・アルバム『イルマティック』、そして、『イルマティック』二〇周年を記念して作られたドキュメンタリー『タイム・イズ・イルマティック』について考えてみよう。AZをフィーチャーした「ライフズ・ア・ビッチ」では、「人生はくそったれ、人はいつか死ぬ。だからハイになれ！」と（AZが）ラップする。俺の心は金のことばかり、とも。いかにも刹那主義的だが、それだけではない。この曲でラッパーは、このくそったれな人生、現実から抜け出そうと必死になって金を稼ごうとしている。だが、それは「俺は、夢を果たせなかった俺の仲間たちのために／代わってその夢を生きることを運命付けられている」からなのだ。そして、俺はこの金と一緒におさらばする。これはこのくそいまいましいストリートの現実からばかりでなく、この人生からも金を持ったまま去っていくのだ。自分の身体と生を通して死者が甦り、その夢を享受する。自分はいま死んでいった仲間のために、仲間に代わってその夢を生きる。その金を持ってあの世に行く。生は死によって、見えるものは見えないものによって二重化され裏打ちされている。

ヒップホップの美学と政治学が新自由主義的なものかどうかがよく議論されている。確かに今日の資本主義の下では、成功し、ストリートの現実から脱出 exodus を果たせるのは、個人（と、せいぜいその家族）に過ぎない。そして、レスター・スペンスが指摘するように、しばしばヒップホップ（とりわけギャングスタ系）が、ストリートを生き延びようとする人々（ドラッグ・ディーラーやギャングスタ）の自己表象を一種の「企業家」（スペンスは「クラック統治性」crack governmentality と呼ぶ）へと転換させる装置として機能することは事実である。

しかし、その個人とはどのようなものか。それは、コミュニティやコモンズから切り離された新自由主義的な個人なのだろうか。むしろ、「ライフズ・ア・ビッチ」が示しているように、それは死者たちに取り憑かれていて、その限りで、個と共同性の中間領域をなしていると言うべきではないだろうか。パオロ・ヴィルノがシモンドンから借りてきた概念、「個体化」individuation の領域なのではないだろうか。

ジャスティン・アダムズ・バートンはその『ポストヒューマン・ラップ』で、基本的にはスペンスの新自由主義論に依拠しつつも、トラップ、特にレイ・シュリマーのパーティー・ミュージックに新自由主義的な企業家精神 entrepreneurship とは別の領域の存在を見ている。ジェイ-Zに典型的に見られるような「ハスラー」（ドラッグのディーラー／やり手のビジネスマン、ジェイ-Z 風に言うと「ビジネス！マン」）の二つを同時に意味する）としてのラッパー＝企業家ではなく、（現代の合州国の多くの黒人にとって、ドラッグに関わりアンダーグラウンドで非正規雇用なものであるか、あるいは、民営化された刑務所で強制されるものにほかならない）労働とは別の、すでに到来しているはずの（死者と共になされる）享受の時間を解き放つこと、いわば身体から肉へと身を開くことがそこで賭けられているものである。それは初期資本主義勃興期の帝国スペインの都市アビラで修道院改革（都市下層民への救貧対策を含む）に取り組んでいたテレサが、自らのエクスタシー体験をいかに帝国の言説に対抗させるか格闘していたことの、二一世紀のこの世界における甦りだと言うことができる。

「語る商品」であった奴隷たちの子孫が今日作り出すいま一つの「語る商品」、ヒップホップにおいて、商品フェティシズムの亡霊＝再帰は、そのサンプリング・テクノロジーと相俟って、あたかもイコンがそうであるように、見えるものから見えないものへの通路passage、見えないものであるイメージの肉、すでに解放されたものであるこの世界を解き放つための回路をなしている。

すべてのイメージはその肉によって裏打ちされている。したがって、イメージである商品（すべて商品とはそういうものだ）もそうであるのだが、資本主義の下ではその肉は常に「幸福への約束」という姿を取って現れるや否や剰余価値へと姿を変えてそのようなものとして形象化されてしまう。しかし、ポップと呼ばれる領域においては、幸福への約束は亡霊となって回帰し憑依する。

「夢の残滓を覚醒のために用いることは弁証法的思考の定石である」とヴァルター・ベンヤミンは言う。ポップとはこの夢の残滓であり、それは資本主義（とりわけ今日の新自由主義）と亡霊となった「幸福の約束」とのあいだの闘いのアリーナなのである。それは、いつかやってくるであろうより良い未来や別の世界のための戦いであるよりは、遥かに、死者との約束、死者となった約束を果たすための闘いであり、テクノロジーは「すでに」を解き放つためにこそ用いられる。別な世界は可能だ、などと言ってはならない。私たちはこう宣言する、「この世界はすでに別のものである」と。

息をする、立ち上がる

二〇二〇年、人々が「息をする」とはどういうことかをこれほど学び直した、いや、いまだ学び直しつつある時はなかったのではないか。

あなた方は一つの霊によってしっかり立ち……
主においてしっかり立っていなさい

フィリピの人々への手紙1章27節、4章1節

息をすること、それは私たちの多くにとってあまりに自然で、殆ど意識されることもなく、繰り返される日常性の根本を成している（それ故に「彼は息をするように嘘をつく」などという言い方がなされる）。だが、それはまた、最も基本的なレヴェルでの外と内との交流、交換であり、内部が外部へと曝され、外部が内部へと嵌入する経験である。COVID-19と呼ばれるウイルスのおかげで、私たちは息の中の外を、

息の他性を否応なしに意識せざるを得なくなる。

そして、警官によって地面に組み伏せられ喉元を膝で抑えつけられ、文字通り息の根が止められる光景や、あるいは、催涙ガス弾を浴びせられて息を詰まらせる光景が世界の様々な場所から伝えられてくる。

「息ができない」、当たり前な、自然な繰り返しであるはずの呼吸が先延ばしにされ、宙吊りにされる。次の呼吸は一体いつ到来するのか。

ありふれたもの common（s）としての息

私たちの多くにとって呼吸がありふれたもの common であることを支えているのは、空気が共有財（commons, common goods）であるということだ。水でさえ私有化（privatization を「民営化」とは訳すまい）されて利益を上げるための商品とされる時代に、空気は殆ど最後のコモンというべき存在となっている。もちろん、ポール・バーホーベンがフィリップ・K・ディックの短編を映画化した『トータル・リコール』（一九九〇）では火星の植民地での叛乱を鎮圧するために当局は空気の供給を止めるのだが、この地球ではいまのところ、人間にとって呼吸可能な空気は共有財であり続けている。

このありふれたものであり、共通のものである空気を私たちは、一人ひとり、「息をする」という形で享受しているわけなのだが、一見するとそれ自体ありふれた当たり前で自然なものであるその享受のあり方について、いま私たちは改めて学ぶことになった。つまり、ありふれたものを享受することが「ありふれたこと」であるのは決して自明ではなく、そこに働く力を見極めなければならないということを私たちは改めて思い知らされた。

それはちょうど映画『トータル・リコール』に描かれていた植民地主義の下でのコモンズとしての空気をめぐる闘争を、被支配者、被抑圧者であるミュータントたちが「息をすること」、言い換えるならば自らの身体でもってコモンを享受することを（マジョリティ同様に）「ありふれたこと」として生きるための闘争を、私たちのここで、この場で繰り広げているかのようだ。

コモンズを、まるでホールのケーキを切り分けるように分割して私有財産として所有すること（ドゥルーズは「定住民的分配」と呼んだ）を今日の資本主義（植民地主義的で人種主義的で新自由主義的な）はとことんまで推し進めようとする。「あなたは自分に割り振られた取り分だけで満足しなければならない」とそれは宣う。それは世界を様々な境界 border で仕切り、その境界を超える移動を（禁止するのではなく）取り締まる。

それに対して息をすることは、その場に留まりながらも流れの中にいて（換気がなされなければいずれ窒息する）、固定された取り分の範囲、境界の内部に鎖されてはいない。それは私たちが自分の身体を生きる仕方の問題でもある。

私たちの身体の表面（皮膚ばかりではなく服飾も含めて）を取り締まるべき境界と捉えるのか、それとも、そこを通じて様々な交通と交流がなされる界面 interface と捉えるのか。レイシズムやセクシズム、ホモフォビア、トランスフォビアは自身や他者の身体の表面を常に注意を怠ることなく見張って、その取り分、そのテリトリーの内に押し留めておかなければならないと考え、「分を弁えろ！」と叫び続ける。

言うまでもなくレイシスト、セクシスト、ホモフォーブ、トランスフォーブにとって身体とその表面とは私有財産にほかならない。その時、人間は、自分の身体を生きることをありふれたこととして殆ど意識せずに済む者たちと、そのありふれたことから弾き出される者たちとに分かたれる。

マスクやカメラ、モニターは境界線を取り締まるための装置なのだろうか、それとも界面をなしているのだろうか。

呼吸をめぐる今日の闘いには私たちがコモンズの享受の仕方をどう学び直すかが、その享受を自らの身体のものとして生きる仕方をどう獲得するかが賭けられている。

ハワード・ケイギルはその『抵抗について』で、クラウゼヴィッツの『戦争論』の本質的テーゼを「戦争の目的とは敵の抵抗する力の無化である」として纏めている。クラウゼヴィッツ『戦争論』は『抵抗論』と呼ばれてもよい書物なのだとケイギルは言う。

新自由主義は（というかそもそも資本主義は）常に戦争状態にある。コモンズに対する戦争を仕掛けている。その抵抗を挫き資本主義的な所有権の下に置き、私有財産という境界の取り締まりの下に置こうとする戦争である。それの前線がいま、息をすること、ケアされること、身体を伴って居合わせることなのである。それこそがオキュパイ運動の本質であったものだ。

マルクスは、失業者は資本主義の産物であり、賃金引き下げ圧力として必然的に生み出されるものと理解していたのだが、重要なことは彼が失業者を産業予備軍と呼んでいたことだ。つまり、資本主義とはコモンズの享受としての民衆の生存に対する戦争なのだ。

それでは私たちはどのようにして、挫かれることなく抵抗へと立ち上がることができるのだろうか。

息の他性、あるいは他のものになること

ラテン語であれ、ギリシア語であれ、もともとは「気息」を意味する言葉が転じて、日本語で「霊」と訳されるような意味を獲得する。そして、キリスト教で言う「聖霊」は、この「気息」のニュアンスを色濃く残していて、しばしばそれは舌の形をした炎によって形象化されるし、それに何より聖書中で最も印象深い聖霊の降臨の場面は異言だろう。聖霊が降り使徒たちが自分たちの知らない言葉を話す。使徒行伝2章1–13節ではその場に居合わせた様々な土地の出身者たちが自分たちの言葉であると言うのだが、コリント人への第一の手紙2章では人間のものではない言葉が想定されている。

新約聖書はパウロ書簡の存在に端的に示されているように初期教会における異邦人宣教路線のドキュメントであり、つまり、ローカルな言語共同体ないし生の形式の境界を超えることはその当初からの使命ではある。しかし、霊において興味深いのは、特定の言語や生の形式からまた別の特定の言語や生の形式への翻訳や、その翻訳を通じて生み出される共通なものではなく、むしろ、個々の人間的共同体すべてを超出してしまうほどの過剰性である。

個々の言語という形式にとっての外部性ではなく、言語を学ばずにはいられないという普遍的な人間的生の形式そのものを外に曝してしまう外部性である。

そして、いま、私たちがマスク越しに、あるいはモニター越しに話し合う時に思い知らされるのは私たちの吐く息や吸う息が人間の生にとっての外を孕んでいることだろう。

（再び）立ちなさい、あるいはスターシスへの招待

「立ちなさい」「再び立ちなさい」と呼びかける声が聖書には響き渡っている。立つこと、つまり、スターシスとは同時に叛乱をも意味する語である。そして再び立つことは、復活 resurrection であり、抵抗 resistance である。

立ち上がること、再び立つことが意味するのは、とりあえず、いまの状況では、到来を先延ばしにされた呼吸を継ぐことである。再び息をし始めることであり、さらには、他者の呼吸を、ブレスを引き継ぐことである。それはちょうどソロ・デビューの前の一七歳のNasが、メイン・ソースのアルバム『ブレイキング・アトムズ』のクルー・トラックで他のクルーたちからマイクを受け取り、息せき切りながら「一二の時にイエスを殺して／吸って snuffin'地獄行き」とラップするように仲間たちのブレスを絶やさないように受け継いでいくことだ（それはNasにとっては直接的にはデビュー前に殺された親友イル・ウィルが享受すべきであった様々なものを自分の身体を通じて享受することを意味している。ストリートの多くの死者たちよりも生き延び、そして運良くストリートを抜け出すことを成し遂げたラッパーにとって自分の身体は他者、とりわけ死者たちの享楽が成就する場であり、ラッパーにとって金持ちになることとは私有財産という境界の中に財を取り込み囲い込むことであると同時に、それらの私有財産の意味をコミュニティの、とりわけ死者たちへと開き、コモンズへと変容 transfiguration させること、その闘いでもある）。

誰かの先ほどの、ということはいまのところ最後の呼吸を次の呼吸へと引き継ぐ。息と息とのこの隙

間に人は立ち上がるのだろうか、立ち上がれるのだろうか。息と息とのあいだを（再び）立つことが継ぐのだろうか。「立ちなさい、再び立ちなさい」と人ならぬものの声というかサウンドが、喘ぐような気息の音が私たちに呼びかける。それは時にターンテーブルを切り替える時のグリッチ音のようでもあり、トラックとトラックのあいだの空白のようであるかもしれない。あるいは、プリンスのサウンドの一瞬の無音の後に溢れ返るゴージャスな音響のエロティシズムの歓びのように。それは「再び立ちなさい」という呼びかけに応えたサウンドがこの世界すべてを我がものとする瞬間であり、その歓びなのだ。サンプリングとシンセサイザーがもたらすのは私たちの世界における異言であって、その異言に満たされて（そういえばNasも使徒discipleという言葉を愛用していた）サウンドが狭苦しい境界線に囲まれたみすぼらしい世界のささやかな切片を横切っていく。

立ち上がること、スターシス、叛乱であり抵抗であるような何かへの呼びかけとは、「これがお前の最後の呼吸になるだろう」という、息をすること、自分の身体を享受することへの境界付けと取り締まりを掻い潜ることへの呼び求めだ。「世界はお前のものだ」とNasは言う（元ネタは『スカーフェイス』だが）。世界をどのように所有するのか、私たちは、サウンドが世界を我がものとするように世界を所有することができるだろうか。

光は衝立で遮られ、境界の内に閉じ込められる。しかし音響は否応なしに境界線を跨ぎ越す。そして今日のデジタル・テクノロジーはリヴァーヴの調整を通してトラックごとに異なる空間（の拡がり）を作り出すことができる。サンプリングは異なる時間を取り込む。つまり、一つの曲が同じ場所から聞こえるのに異なる空間と時間に属することになる。それでも一つの曲である。それに応じて一つのこの世界が複数の空間と時間の重なり合いとして生きられる。世界全体を享受しなさいとサウンドは私たちに誘いかける。

一にして複数であるものとしてこの世界を生きることが私たちの求めることではないだろうか。それに対して、至る所に境界線と関門を設置して取り締まるものの結局のところ均質な単一の世界へと作り変えるべく資本が戦争を仕掛け、私たちの抵抗する力を押し潰そうとする。「君の皮膚はこの世界での君に割り当てられた取り分を教える、君はその範囲で満足したまえ、間違ってもストリートで大音量でがなり立てるラジカセ（ゲットー・ブラスター）のように越境を試みてはならない、世界全体を自分のものとして享受してはならないのだよ」。

だから私たちは、ある時は喘ぎながら息を振り絞って聞こえるか聞こえないかの声で、またある時は、ベランダ越しに、そして、またある時は、ストリートに溢れ返るデモ隊として、さらにはオンライン上で、サウンドを立ち上がらせるだろう。サウンドが（再び）立ち上がる。サウンドのスターシス。

資本であれ、都市／国家であれ、一なるものを創出しようという動き（その創出には常に暴力が付き纏い、さらに言えばその暴力を正当化／正統化するのが主権性にほかならない）に先立ってグラウンド・ノイズ、言い換えればサウンドのスターシスが存在する。実のところ民主主義とはこのグラウンド・ノイズであり、サウンドのスターシスであるものと主権性との、コモンズと私的所有との交渉の過程であり、それに形式を与える努力である。

もしも私たちが民主主義者でありたいなら、いま一歩の努力を、さあ立ちなさい、スターシスに、レジスタンスに。

現代思想としてのマルクス主義——二〇世紀からネグリまで

ルカーチ——ヘーゲルの復活

西欧マルクス主義の流れをお話ししましょう。

まず最初に名前を挙げるべきはジョルジュ・ルカーチ、カール・コルシュ、エルンスト・ブロッホでしょう。ルカーチとコルシュは当時の第三インター流の経済学中心のマルクス主義に対してマルクス主義を哲学化し、もう一回ヘーゲルに戻ったり主体性を強調したりして、マルクス主義哲学を提起した人たちですね。そのおかげで主流派から左翼冒険主義などと批判されることになります。特にルカーチの場合は、ヘーゲルに戻って弁証法の概念をもう一回考え直していく。第三インター流のマルクス主義を蔑称でディアマートと呼びますが、そうした批判が含意しているのは経済決定論、生産力主義です。要するにマルクス主義は科学であると考えられてきた。しかもその場合の科学のイメージは一九世紀に確立していくような近代自然科学のそれですから、機械論的な因果性を想定し、原因と結果の関係で説明することが科学的であるという考え方になります。つまり、マルクスがヘーゲルの神秘的な外皮から核心としての弁証法を鍛え上げて引き継ごうとしたのに、その後、唯物論の通俗的なイメージで機械論的な因果性で理解されてしまった。ソ連のマルクス主義者も弁証法と言いますが、その内実は、生産力が発達していくと上部構造と矛盾して革命が起こるとか、物が意識に反映されるとか、そういった単純な因果性の把握に留まっていた。それに対してルカーチは、機械論的な因果性ではなく、むしろヘーゲルの弁証法や全体性をめぐる思考を復活させようとした。その際、経済学というよりは哲学的なところにアクセントが置かれました。ここでは、物象化という概念が重要な意味を持ってきます。つまり機械的な因果性で物事を捉えるといった時には、原因も物ですし結果も物なんです。

その物と物のあいだに何か分かりやすい関係をつけて、それが因果関係だと見做される。ところが物象化の概念を軸に考えてみると、Aという原因があってBという結果が生まれる、そのAとBという物自体が、実は物象化の結果、物として把握されているに過ぎないのではないか。つまり生産物という物があって生産関係という物を変えるという説明は、実は全然弁証法的ではない。そうではなく、生産力が一つの物として把握できてしまう、あるいは生産関係という形で社会関係が一つの物として把握されてしまう、その物として把握するメカニズムをこそ見ないといけない。しかもそれは単に主観的、認識論的なカテゴリーではなく、ある意味では客観的なカテゴリーです。個人の主観的な幻想や概念でもって、「こういう概念をあてはめて現実を把握したら現実を理解できる」というのではない。人々が例えば「生産力という物があるんだ」「経済というよく分からない物があるんだ」「商品という物があって、商品には価値という物があるんだ」と認識する。これは決してある主観がたまたま勘違いしたり錯覚したりして幻想を持っているわけではなく、ある意味では客観的に生み出されている認識です。ただし、その認識を客観的に生み出す原因や作用は、「目の前にコップという物があるから、それが原因となって、光が反射され、網膜が刺激され、脳が刺激されて、「私たちの目の前にコップがある」という認識が生まれる」といったように把握される原因と結果とは違ったものです。私たちは「商品という物の中には価値がある」と認識してしまう。あるいは、生産力という形で把握される何かが社会の中にあって、その生産力という物の表現や命令、つまり生産力という物のレヴェルを落とさないためにはどうしたらいいかと考えてしまう。

例えばいま、余剰人員を整理しなければという議論が起こっています。「社会が持っている生産性を上げるためには企業が潰れてはいけないので派遣は切りましょう」「正社員をリストラしましょう」といった話では、ある原因と結果の関係の中で「こういう行動を取る」という推論が働いているわけです。その大元にあるのは、例えば経済という物があるとか、社会の生産量という水準があるとか、企業がある生産性や他の企業との競争という物を持っていて、それを維持するためには労働者をクビにしなくてはいけないとかいった因果関係の認識です。経営者は、社員のクビを切ることに個人的には心を痛めるかもしれないけれども、それをやらざるをえない。そして、そのようなことをさせてしまう力の原因を、私たちは「物」として把握してしまっている。

しかしそのような認識を生み出している何かは、いわゆる物ではない。その物ではない大元にある働き、後に構造主義だったら「構造」や「構造のふるまい」と呼ぶでしょうが、そういった物と物との関係とは異なる因果性を把握する方法として、ヘーゲル＝マルクスの線で考えられてきた弁証法、そして全体性をルカーチは取り上げ直すわけです。ここでの全体性とは、「企業という物が生産力という物を持っている」「商品には価値がある」といった具合に物を認識するときに、私たちはある意味では部分しか認識していないということを意味します。部分と部分をそのような形で配置していて、「これは商品である」「これは企業で、企業には生産性がある」という認識を生み出している、直接的には把握できない何か。この水準を、ルカーチのヘーゲル化されたマルクス主義は全体性という形で把握させるわけです。

ルカーチの場合、このような問題を認識できるのはどのような存在か、どのようなポジションにある者かというと、労働者階級こそが全体性を認識できる唯一の存在だとされます。それは、資本家とは違って労働者は、市場交換と資本蓄積という、そこに位置している限りでは完結しないプロセスに内在したままでいることができず、とことん物象化されて資本主義の内部ではもはや生とは言えない存在、資本主義の限界そのものである存在となっているからです。それ故に労働者は、資本主義を一つの閉じた全体性として把握できるとされる。ただ、ルカーチは現実の政治においては第三インターがその労働者階級を代表していると考えて、そこに留まろうとしました。マルクス主義で階級が「生産関係の中で生産手段を持っている者」と規定されるのは普通の意味で客観的なことですが、ルカーチにとっては、客観的な経済関係の中でのポジションだけでは人間の行動は決定されない。階級意識という自分のポジションに対する反省や自覚を伴って、即自階級から対自階級へという変化が起こってくることが重要でした。しかし、人々が自分の状況から客観的に何かを考えて行動するだけでは、真の全体性や真の認識には到達しえない。そのために何が必要かと言ったときに、少なくとも二〇年代以降や三〇年代以降のルカーチは前衛党といったものにたどり着いてしまいます。これは三〇年代、四〇年代、あるいはさらに後にマルクス主義において問題になることですね。つまり、自然発生性でいいのか、自然発生性だけではだめなのか。だめだとして、その+αが前衛党であるのか否か。これはルカーチだけの問題ではなく、当時の状況において深刻に問われていたことでした。

コルシュとベンヤミン

ルカーチと並んでマルクス主義を哲学化したのがカール・コルシュです。ルカーチとコルシュは、ソ連型のマルクス主義と区別されるいわゆる西欧マルクス主義の出発点とされます。コルシュもその哲学的傾向をソ連などの共産党から批判されました。コルシュはもともと法律学の人で、二〇年代は企業の社会化という議論をしていました。これは哲学というより実際の政策の話になりますが、社会主義革命によって私有財産制を廃止する。それではどうするのか。国有化なのか、社会化なのか。そういった議論が展開されます。この点、ドイツ革命しかりハンガリー革命しかり、あるいはルカーチもやはり評議会社会主義なわけです。ルカーチにせよコルシュにせよ、レーニンに対しては持ち上げながらも実は抵抗している。レーニン主義の最良の部分は単なる前衛党主義ではなく、評議会を中心とする評議会社会主義なんだと主張しながら、ルカーチやコルシュは当時の第三インターの主流派に抵抗していく。なおコルシュは、評議会社会主義をめぐる論考も日本語に訳されている重要な存在ですが、哲学的な議論も行いつつ、法律学や社会学の側面が強い人です。ルカーチもウェーバーの弟子ですから、哲学や文学だけでなく社会科学的な素養がないわけではない。ただコルシュは経済学的分析により力点を置いていて、例えば野村修さんが訳した『マルクス』ではポリティカル・エコノミーの議論を展開している。ベンヤミンが読んでいた『資本論』は、たしかコルシュが編集した版だったと思います。

コルシュをいま読んでいくときに重要なのが、コルシュの『マルクス』はブレヒトと一緒にいる時に書かれていて、ブレヒトの元にもコピーがあったという逸話です。直接三人が会ったことがあるかどうかは分からないですが、野村修さんはコルシュ、ブレヒト、ベンヤミンをめぐって議論していますね（野村修『スヴェンボルの対話』参照）。つまりブレヒトにとってもベンヤミンにとっても、コルシュの『マルクス』が非常に重要な意味を持っている。いまコルシュを評価するにあたって触れておくべき点の一つは、先に述べた評議会社会主義です。そしてもう一つ、これはベンヤミンがマルクス主義に接近した理由でもありますが、あの時代の人たちがルカーチの『歴史と階級意識』から受けた影響があります。その背景として、ルカーチが『歴史と階級意識』の前に書いた『魂と形式』に見られるような神秘主義的な左翼というのが、ヨーロッパの伝統にあるんです。ルカーチのそうした神秘主義的な部分は『歴史と階級意識』ではかなり切り捨てられていますが、『歴史と階級意識』の中でも「労働者の魂は物象化されない」などと言われますし、やはり神秘主義的な流れ、ある意味でユダヤ神秘主義に繋がるような流れがないわけではない。これはブロッホも同様です。おそらくベンヤミンはそういうところに反応してルカーチを読み、マルクス主義に対する理解を深めていくわけですが、その上で、晩年のベンヤミンのマルクス主義理解にとって重要だったのはやはりコルシュだろうと思います。

コルシュとベンヤミンを繋いで考えたいラインというのは、生産力の問題です。私の理解では『複製技術時代の芸術作品』というのは二〇世紀マルクス主義の中での最高の生産力理論なんです。『複製技術時代の芸術作品』は「ファシストは政治を美学化したけれども、マルクス主義は芸術を政治化する」というところばかり取り上げられますが、その終盤では「私有財産制の下では生産力は破壊力としてしか現れない」と語られます。つまり、戦争という形で、破壊力としてしかあらわれない。ベンヤミンにとって、いまの発展した生産力を代表するものの一つは映画ですが、その発展した生産力を生産的に使いこなせるのは共産主義だけだというのが『複製技術時代の芸術作品』の結論なんです。おそらくそれはマルクス主義に対するリップサーヴィスではない。

またベンヤミンはおもしろいことに、映画の中では人間と自然が一緒に遊ぶ、共演すると言います。この自然はいわゆる有機的な自然というよりは機械のようなものだと思いますが、物質性と、ある種人間的なものとが一緒に遊んでいく。これはフーリエ的なビジョンでもありますが、人間と自然は、機械や技術を媒介とすることによって共に遊ぶ存在になるんだと言うんです。後にアドルノとホルクハイマーは『啓蒙の弁証法』の中で、経済力の発展が自然を抑圧してしまう、テクノロジーが自然を抑圧してしまうというモメントを強調することになりますが、それに対してベンヤミンは、テクノロジーが初めて人間と自然を共存させるということを映画の内に見ている。だからこそ映画はコミュニズムにしか使いこなせない。つまり生産力を破壊力としてしか使えないファシズムには使いこなせなくて、コミュニズムだけが映画という現在の生産力水準、テクノロジーを生産的に使いこなせる。自然と人間とはテクノロジーによって一緒に遊戯する、抑圧関係ではないものがそこで初めて可能になるんだと言ってるんです。一方では生産力が人間を解放するという第三インター流の生産力主義があり、他方ではいわゆる西欧マルクス主義、人間的なマルクス主義がそういう生産力主義を批判したと一般には思われがちです。しかしベンヤミンは、テクノロジーや生産力といったものこそがユートピア的なものを可能にすると考えていました。そこからもう一度、生産力を考えなくてはいけないだろうと。そういえば、アンリ・ルフェーヴルが『フーリエのアクチュアリティ』という本を編集していて、そこにギィ・オカンゲムとルネ・シェレールが「生産力の理論としてのフーリエ」といった論考を寄せています。マルクスは、プルードンに対しては経済（学）を経済学で批判したと言って批判するのですが、経済（学）に対する非経済学的な批判に相当するのが、フーリエ的な生産力の理論なのかもしれません。

コルシュの『マルクス』の読みどころの一つに、労働者が物象化されている以上、労働者の反乱とは生産力自体の反乱なのだという議論があります。生産力やテクノロジーの発展は非人間的なことであって、人間性の回復こそが人間主義的なマルクス主義の目指すところである、だからソ連は間違っているといった具合に、単純に人間と物、人間と機械を対比して人間性を救おうというのではなく、むしろ生産力の物象化が極まったところで初めて開けてくる可能性、私たち自身が物になりきるところで初めて出てくる可能性を見ていたマルクス主義者として、コルシュそしてベンヤミンは重要なんです。

ブロッホ――「可能なもの」の唯物論

エルンスト・ブロッホが興味深いのは、現代思想の文脈に繋がってくるような仕方で唯物論哲学を考えているところです。もちろん、ブロッホの考えている物質は殆ど錬金術的、神秘主義的な物質です。ブロッホの『ルネッサンス』という本は日本語訳がありますが、その前史として『アヴィセンナとアリストテレス左派』という小さな本があって、こちらはフランス語訳が出ています。ヘーゲル左派という言い方に倣ってアリストテレス左派という言い方をするのですが、そこで言及されるのがアヴィセンナです。今のイタリアの哲学者たちはアヴェロエスを高く評価しますが、エルンスト・ブロッホはまずアヴィセンナを、そしてアヴェロエス、ブルーノを評価する。ドゥルーズもドゥンス・スコトゥスから「存在の一義性」という概念を持ってきますが、ブロッホはイスラームにおけるアリストテレス解釈がスコラ哲学に影響を与える中で、何が起こってくるかを論じています。形相‐質料図式を考える時、一般に言われるのは、形相が能動的で質料が受動的だということです。形相と質料が合体する際には、「犬」という概念が質料と結びつくことで「この犬」「あの犬」となる。物質はただ受動的で形相の働きを受け入れるのみ。そして、その形相に対して一種の制約という形で、その能動性の限定という形で、物質が個体化の原理であると考えられる。ところが、物質の側に能動性を見出すという動きがアヴィセンナあたりから始まってきます。個体において、物質の方に個体化の能動的な働きを見ていく、これがアヴィセンナから、ブルーノ、ライプニッツにいたる系譜です。ハーバーマスがブロッホのことをマルクス主義的シェリングと称していますが、当然シェリングもその系譜に入るでしょう。

このように唯物論哲学で重要なのは、物質性には能動性がある、それも、それぞれの物質性の側に個体化の原理と能動性が見出されるという点です。エンゲルスが中世末期における階級闘争としてトマス・ミュンツァーを扱う際にも、その前提がおそらく共有されているでしょう。また、ブロッホのキーワードとして「可能なもの」があります。この「可能なもの」という概念は、その後のマルクス主義に非常に重要な影響を与えています。「可能なもの」というと、ヴァーチャルとポテンシャルの議論にも深く関わりますが、そこに通底するのは個体化の原理をどこに見るかという問題意識です。おそらく、ドゥルーズやパオロ・ヴィルノが評価しているジルベール・シモンドンの個体化をめぐる議論と突き合わせて、ブロッホの「可能なもの」は考えなくてはいけない。イスラームのアリストテレス派やブルーノなどを媒介項として置いていった時に、ドゥルーズ、ジョルジョ・アガンベン、ヴィルノ、アントニオ・ネグリなどとブロッホとの共振関係が見えてくると思うんですね。

フランクフルト学派

西欧マルクス主義の「王道」はルカーチからフランクフルト学派へ繋がります。彼らに共通しているのは「マルクス+ウェーバー」という点です。ルカーチはウェーバーの弟子でしたし、アドルノなどもウェーバーの影響は色濃い。そこではとりわけ、マックス・ウェーバーの合理化論が重視されます。ルカーチがマルクスの物象化論を再発見していく上でも、合理化、合理性をめぐるウェーバーの媒介があったのでしょう。ウェーバーの合理化論は、人格と人格の関係、つまり封建領主が家臣に命令をするという関係から、例えば法や貨幣を媒介として社会関係を作っていくことで、それぞれの人の行為の予測が可能になっていく、そのプロセスを近代的な合理化のプロセスとして把握しようとします。ウェーバーの仕事は右にも左にも影響を与えるわけですが、マルクスとウェーバーの影響を受けて、マルクスが物象化と呼んだものをウェーバーの理解を梃子にして把握し、マルクス主義の再生をはかったのがルカーチでした。それに続くのがフランクフルト学派です。アドルノの音楽社会学関係の分析は、ベンヤミンとの対比で「ポピュラーミュージックが分かっていない」「オーディエンスの主体性を認めていない」と批判されますが、アドルノは音楽が産業化されていくその分業の中で、フォーディズムのように規格化され、文脈から切り離して組み合わせることで曲が作られたり演奏されたりするという点を見た上で、その対応関係を批判しています。例えば、演奏の中からいいところだけを繋ぐといった編集にベンヤミンは可能性を見出すんだけれども、アドルノはそれこそいまの私たちの労働のあり方そのものではないかと言います。瞬間瞬間で完結していく動きは、ストラヴィンスキーであれジャズであれ、どちらも同じく批判すべきものである。つまりどちらも、アドルノにとっては攻撃性の現れなんです。音楽が形式化されて啓蒙されてきたにもかかわらず、飼い慣らされたはずの自然が野蛮として、激しい打撃音として、産業化された社会の只中に回帰してくる。音楽の作り方が分業化され、産業化されることによって、全体を把握した批判的な聴衆が衰退していくということをアドルノは嘆き批判しますが、その力点は、産業化されていく中で物象化され断片化されて、野蛮状態に回帰していくことに置かれています。

ルフェーヴルと日常生活批判

アンリ・ルフェーヴルは、長く生きたせいもあるのかもしれませんが不思議な人です。まずルフェーヴルは、一九三〇年代から活躍した批判的なマルクス主義者でした。一九五〇年代までは共産党員だったんですが、そのマルクス主義は教条主義、スターリン主義を排したものです。シュルレアリストとも交流がありましたし、ベルンハルト・グレトゥイゼンとも繋がりがありました。グレトゥイゼンはディルタイの弟子で、人間学、歴史的理性批判といったディルタイ的な問題意識をマルクス主義に合流させました。その後フランスに渡って、一九二〇年代、三〇年代のフランスに人間学的なマルクス主義を持ち込んだ人です。このことから、ある種の人間主義的、哲学的なマルクス主義の素地がルフェーヴルにもあったと言ってよいでしょう。また、ルフェーヴルは当初は哲学者であり社会学者でもありました。フランスの社会学は半ば哲学のようなもので、いわゆる純粋な哲学プロパーではなく、日本で言う社会思想やマルクス主義を扱う人たちが入り込んでいくところです。そしてルフェーヴルは、当初は農村社会学者だったんですが都市社会学者に転じていきます。第一次大戦が終わった後だったか、タクシーの運転手なんかもやっていたそうですが、都市社会学に転じてからは、一九四〇年代の終わりに『日常生活批判』の第一巻を刊行します。これは最後の巻が六八年の刊行ですから、二八年かけて出した本なんですね。マルクス主義の課題を日常生活批判に見出す。

ここで日常生活とは、少なくともそれまでの学問では顧みるに値しないものだと思われてきたものでした。しかしルフェーヴルは、それを主題的に取り上げていく。思想史的に言えば、ハイデガーが、これは否定的な形ではありますが、日常性を哲学の主要なテーマとして『存在と時間』で取り上げたということがあります。ジンメルの社会学もそうですね。私たちの日常性が一つの学的な主題として把握されていきます。別なところでは、ウィトゲンシュタインが日常言語の分析を始める。日常性、everydaynessやordinarynessが、哲学とか思想の対象になってきた。日常生活というのは一般にはバナールなもの、つまらないもので、非日常の方がわくわくするものだと思われがちです。しかし、日常性自体が近代になって生み出されてきたものだとすると、これをどう考えるか。あるいは、日常と非日常の対比ということがあります。およそどのような宗教でも儀礼におけるハレの日が設定されるものですが、日常生活が特に問題になるのは特殊資本主義的な状況だと言っていい。例えば、なぜマルクス主義者が日常生活批判をやらなくてはいけないかというと、マルクスの『資本論』自体が商品論で始まり、その商品とは日常にありふれたものだからです。まさに『資本論』で言っているように、私たちの資本主義社会ではグッズ、財ないし富は、商品の巨大な集積としてあらわれる。その商品という日常にありふれたものを、マルクスは神学的で形而上学的で不可解なものだというわけです。『資本論』を書くマルクスの視線は、私たちの生活こそ最も神秘的で不思議なものであるという点に注がれている。つまり、私たちが当たり前だと思っている「商品をお金で買う」「千円の商品には千円の価値がある」ということが実は不思議であると。物神崇拝、フェティシズムといった人類学や宗教学の言葉を使ってマルクスはこれを語りました。つまり私たちの日常生活は宗教だということです。

当然、宗教としての資本主義という話はマックス・ウェーバーもしているし、最近いろいろな人が取り上げていて、ベンヤミンにも「宗教としての資本主義」という文章があります。私たちの日常生活が送られる資本主義社会では、お金で物を買うことができる、まさにそのことが宗教的なんだというわけです。資本主義社会ではないところでは、例えば日曜にミサに行くとただのパンが聖体になったりする。パンという感覚の対象がイエスの体という感覚を超えたものになる瞬間というのは、特権的な瞬間なんですよね。それは、ミサの時にしか起こらない。ところが、資本主義では同じことが日々いつでも起こっている。すべての生活の場面でそれが起こっている。まさに日常性こそが、ありふれたものではなく、最も神秘的で最も不思議なものであると明らかにしたのがマルクスの『資本論』です。フェティシズムの議論はアフリカやアメリカの先住民の研究などに由来しますが、要するにそこで言われているのは、商品経済が普及していない社会の人間が私たちの社会にやってきたら、私たちが行っている行動を宗教的儀礼だと思うだろうという話です。アンドレ・ブルトンは「眼は未開の状態である」と言いましたが、まさに『資本論』を書いているマルクスの眼は未開の状態であって、未開の状態の人には資本主義はこう見えるという話がその商品論なんです。ブルトンや『パリの農夫』のルイ・アラゴン、そしてシュルレアリスムを扱うベンヤミンは、なぜ彼ら彼女らの日常生活を論じるのか。それは、私たちの日常生活というもの、普段気がつかなくて当たり前だと思っているものの宗教性や神秘性をどうやって暴いていくかというのが、マルクス主義における根本問題だからです。その時のキーワードが物象化、物神崇拝、フェティシズムであると。商品とその集積としての資本主義社会を見るマルクスの眼は、いわば「未開」と「フーリエ的ユートピア」という「前史」と「後史」によって資本主義社会を挟み込んでいる。

それを明らかにして理論的に把握していく時には、当然様々な理論的立場に分かれます。多くの場合は二元論なんです。生きられたものと思考されたもの、現象の世界と本質というような二元論で、現象とか感覚の世界と感覚を超えたものという二元論あるいは機械的な唯物論になるわけですが、ルフェーヴルの場合は、現代の地理学者エドワード・ソジャがダイアレクティクスではなくてトライアレティクス、三元弁証法だと言っているように三つの次元で考えていきます。ルフェーヴルは一方ではマルクス主義的な唯物論的認識を考えつつ、他方の哲学的な議論、すなわち現象学的な生きられた世界と物質性の世界だけでもなくて、さらにもう一つ、イマジナリーと言うべきかシンボリックと言うべきか、象徴や表象が独自に組織化される空間と、私たちの経験で生きられた空間と、さらに物質的な基盤という、三つでやっていこうとしました。ルフェーヴルの理論が最近理解されるようになって、ますます注目されている理由の一つはここにあるでしょう。弁証法と言っても、二つではなく三つの弁証法です。もちろん弁証法自体も、二つがあって媒介があるから三つということにはなるのでしょう。しかしルフェーヴルにとっては、物質的な基盤のようなもの、ルカーチの言う全体性と、個々の人々に生きられた経験とがあるだけではない。六〇年代以降に記号論が問題にするような、象徴化された表象の空間があって、両者のあいだを媒介するこの空間は固有の論理を有しており、生きられた空間とも物質性ともイコールではない。この関係をルフェーヴルは見ていこうとしたわけです。

マルクス主義であろうがなかろうが、この三つの要素を捉えることに成功していない議論はしばしば見受けられます。例えばいわゆるラディカル・デモクラシーだと、マルクス主義から出発しつつも、言説編成 discursive formation と主体の議論に終始してしまい、その言説編成と実際に生きられた主体のありようとの関係を、物質性を欠落させて言説による構築だけで説明してしまう。おそらく文化左翼として右からも左からも批判されたような人たちは、例えば表象化された空間の分節化と生きられた経験との対応関係は見るけれども、ルカーチ的な意味での全体性というか物質性としての全体については捉え切れていないんです。スラヴォイ・ジジェクなどはそこの弱みをねちねちと突いていく。しかし、物質性と生きられた経験、記号や表象が組織する原理、それらのあいだの関係を見ていかなくてはならないというのがルフェーヴルの議論です。この際、ルフェーヴルは都市というまさに具体的なものを扱っていて、「ヘーゲルが生きていたら、都市こそが具体的普遍だと言うだろう」と言います。例えばサブプライム・ローンでは、住宅という物に対する貸付をコンピュータが割り振っている。記号論的、情報論的なシステムと物があって、その中で経済という電子化された物質性がある。さらに、この中で人々は実際に家を失ってしまうといった具体的に生きられた経験があって、ではこれらの関係はどうなっているのか。実際に都市や都市空間を扱う中で、ルフェーヴルはこうしたことを把握できたわけです。

さらにルフェーヴル派がおもしろいのは、他方でそれを、マルクス×ハイデガーという世界性（世界の世界性）のレベルで把握しようとしたところです。これがいまのグローバリゼーション以降の世界で、アンリ・ルフェーヴルの思想が生き残っている理由でしょう。生きられたものと表象と物質性、この三つの媒介関係を考えたということと、ある種のグローバルな考え方をしているという点でルフェーヴルはいま、重要な存在として浮上している。

ハーヴェイと本源的蓄積

デヴィッド・ハーヴェイはもともとアメリカ流の行動科学の手法の人文地理学者だったんですが、ベトナム反戦運動の中でラディカル化していってマルクス主義の立場に立っている人です。日本のマルクス主義では地代論が重要なテーマでしたが、ヨーロッパ語圏のマルクス主義は『資本論』第三巻の地代論にあまり取り組んでこなかった。ハーヴェイは地理学者としてそこをきちんと扱っている数少ないマルクス主義者です。ハーヴェイはルフェーヴルと交流があって、ドゥボールなどの影響も受けながら『都市の資本論』を書いています。ハーヴェイで理論的に重要なのは、本源的蓄積＝源蓄の問題を扱っている点でしょう。源蓄の問題は現在の資本主義を理解する上で非常に重要です。資本賃労働関係で起ることは搾取ですが、搾取に先行して収奪という暴力的な出来事がないと資本主義は始まらない。農民から土地を取り上げる、労働者を無理やり工場に押し込み、働かないと刑務所に入れる、そういった出来事です。一国主義的な視点でイギリスをモデルにして考えるならば、これは特定の日付を持った一回きりの出来事であって、歴史上のある時点で終わったとされます。それに対してローザ・ルクセンブルクなどは、源蓄は歴史的に一回きりの出来事ではない、資本主義はその外部をいつも内部に取り込む形を取る、だからいつも外部がなくてはいけないと主張します。要するに、一国の国内で市場が成熟して資本蓄積が起こり資本主義になったという理解が一方にあり、他方にはローザや従属理論や世界システム論の、資本主義は資本主義だけでは絶対に生まれなかったという議論がある。非資本主義があって初めて資本主義は生まれる。しかもそれは一回きりの出来事ではなくて、いつも、いまでも起こっている。これから述べるオープン・マルクス主義は、ハーヴェイは源蓄は一度起きるとそれで終わりだと言っているが、そうではないと批判しています。実は搾取に先立って、あるいは搾取に連続して、常に源蓄があり、収奪があるのだという主張です。

オートノミスト／オープン・マルクス主義

ここからは、オートノミストとオープン・マルクス主義について話していきましょう。オートノミスト、いわゆるアウトノミア派は、一九六〇年代のイタリアの新左翼として知られています。有名なのはアントニオ・ネグリですが、六〇年代に工場労働者の組織化などを行っていた（ネグリのほかに現在の日本で知られている人としてはマッシモ・カッチャーリがそうです）、いくつかのグループがあります。それをイタリア以外の国ではざっくりとオートノミスト、アウトノミア派と言っているわけです。中でも、特にネグリが六〇年代に主張していたのは社会工場論です。従来のマルクス主義で労働者あるいは労働力の商品化を語る際には、労働者として生きている人間は自らの時間を労働力という商品として資本家に売っ払っている、ただしそれは工場で働いている時間だけのことで、それ以外の時間は自分のために生きているとされていました。対してソーシャル・ファクトリー、社会工場論は、消費のプロセスも資本のプロセスに包摂されていると考えます。消費活動とは資本の価値実現である以上、資本蓄積のためには消費がなされなくてはいけない。現代資本主義で言えば、基本的には人々がお金を使って何かを買うという行動なわけですが、それは単に自らを生かす食べ物を買うだけに留まらない。広告からディズニーリゾートまで様々な資本がここには投下されていますし、余暇もまた資本のコントロール化にある。労働者が明日も働けるように労働力を再生産するというプロセス自体が、単に労働力商品をもう一回供給するというだけではなく資本の実現過程、価値増殖過程に組み込まれている。イタリアの理論家たちが把握したのはこのことでした。つまり家事労働は労働であり、学校に行くのは労働である。だからそれに賃金をよこせと言って、家事労働の賃金化要求をしたわけです。そうしてすべてが資本に包摂されてしまったところからどう戦略を立てればいいか。それが当時ネグリたちが考えたことです。

ネグリとハートの『〈帝国〉』の議論も、すべては資本に包摂されているという考え方を基調としています。すべては資本主義の内部での闘いであると。この時、資本主義の内部で、例えば移民労働者たちが技能を身につけて様々な行動に打って出ることで、可能性が開けてくるというように彼らは考えます。革命の主体は、先進国で働く移民労働者に見出される。それに対して同じオートノミストでも、革命の主体は誰だという問いに、例えばチアパスの先住民に注目することで応えようとする人たちもいる。ジョン・ホロウェイやマッシモ・デ・アンジェリス、あるいは『資本論を政治的に読む』を書いたハリー・クリーヴァーです。彼らは、同じオートノミストでもネグリとは違う流れにいます。ジョン・ホロウェイは、ネグリたちのことを「レーニン主義者だ」と批判します。ネグリたちにとっては、革命の主体とは現時点での生産力水準の最先端部門の労働者のことであって、それはあくまでこの段階においては、先進国で働く移民労働者に見出される。対して、最先端部門の労働者が最も革命的で戦闘的で前衛的なということはない、様々な立場の人が様々なところで闘っているんじゃないか、とホロウェイらは言います。重要なのは、すべてが資本に包摂されているわけではないし、源蓄はいつも起こっているという認識です。ではそれはどこで起こっているかというと、ハーヴェイであればどこかまだ資本主義化していない第三世界をイメージするところを、ホロウェイはいたるところで起こっていると考えるんです。例えば、私たちが普段生きて働いている中でコモンズというものを作ってしまう。これはデヴィッド・グレーバーも言っていることですが、職場でも暗黙のうちにあ・うんの呼吸のようなものが生まれて何かを共有している。何かを共有して、初めて仕事ができる。資本主義にはそのベースに贈与経済があるとグレーバーは言いますね。対価があって初めて人が行動する、対価が支払われて交換で行動するというだけですべてが進行しているわけではない。最も基盤的な、他の人が言っていることに答える、他の人が言っていることが分かるといったことは、対価と関係なく身につけられている。少なくとも、最低限のコミュニケーションができるようになり何らかの共同性に属していく、そのこと自体は交換の原理ではなく贈与のエコノミーに依拠している。私たち人間は共同性の中に自分を贈与しているところがあるんです。それなしには資本主義は絶対にありえない。つまり、資本主義は一方では贈与的なコモンズ、共有がなければ成り立たない。すべてを交換の原理で行うと破綻してしまうので、贈与の原理が日々生まれるようにしなければいけないけれども、その原理が強まりすぎると資本主義への抵抗が生じる以上、不断に共同性を分離していかなくてはならない。このように、源蓄とは日々行われるものです。職場で労働者同士が何らかの形で、例えば生産力を向上させるために互いの体を同調させていく際にもコモンズは生まれる。それによって生産性が向上するんだけれども、仮に解雇でもされようものなら、その身体はそのまま自主管理が可能な身体になっている。そこは各人をバラバラに切り離して対処しなくてはならない。この動きはあらゆる場所で、先進国だろうがどこだろうが起こっている。こうした源蓄を伴わない限り搾取はできないというのが、ホロウェイやデ・アンジェリスの理解です。

まとめると、私たちの生命のプロセス全体はどうあっても資本の中に包摂されない、仮に包摂されたとしたらそれは資本主義が死ぬ時であって、資本主義はいつもそうではない外部を必要としていて、必要とあらば積極的に生み出していく。それを個人に解体していって、資本制的な機械の中に捕捉していく、それを繰り返して存続している。これがオートノミストのオープン・マルクス主義の主張です。資本主義には、常に外部がある。コモナー commoner という言葉があります。これは、コモンズという共有性を体現しているような人のことでもあるし、常民、普通の人のことでもあります。そのコモナーであるような者たちが闘いの主体であると彼らは言う。それはサパティスタであり、先住民であり、あるいは派遣村にいるような人たちでもある。決して最先端部門の労働者こそが一番先鋭的な意識や可能性を持っているということではない。そこがネグリたちとホロウェイたちの一番対立するところです。

アルチュセール派

アルチュセール派はマルクスの『資本論』を理解する上で、導入としてはいいのではないでしょうか。アルチュセール派は構造主義的マルクス主義と称されますが、アルチュセールは人間主義的なマルクス主義が脚光を浴びていた時に「あれはマルクスではなくてフォイエルバッハだ」と言いました。マルクスのオリジナリティはマルクスを人間主義化したことでは得られない。そうではなくて『資本論』で見出した細部にある。論理、つまり新しい因果性の概念が重要なのだと。『資本論』の中にマルクスの思想を見出すべきだとして、マルクスを厳格に読んでいこうとしたことが画期的だったわけです。マルクスは歴史や社会を把握する時に、例えばデカルトの機械論的因果性に依拠するのではない。あるいはアルチュセールはライプニッツ＝ヘーゲル型、表現表出型と言いますが、通俗的な言い方だと時代精神、つまり「バロック建築にはバロックの時代精神が表現されている」「ライプニッツの思想にはバロックの時代精神が表現されている」といった神秘主義的な説明の仕方にも依拠しない。マルクスの偉大さは新たな物事の説明の方法を『資本論』で作り出したことにあるというのがアルチュセールの思想なんです。これはおそらくいまもまだ生きている思想だと思います。ルフェーヴルの三元論も、アルチュセールの構造的因果性の議論と改めて付き合わせる必要があるでしょう。

あと、アルチュセールでもう一つ重要なのは国家のイデオロギー装置論ですね。それは再生産の問題です。なぜ社会は同じように続くのか。つまり「今日労働者である人が、なぜ明日社長にならないのか」。最近だと、今日は労働者の人が明日はホームレスや野宿者という話は多いですが、でも「くじ引きでシャッフルして」みたいな話にはならず、皆今日と同じ明日が続くと思っている。逆に言うと「なぜ革命は起きないのか」ということは独自に説明しなくてはいけない。その時にアルチュセールは国家のイデオロギー装置というものを考えて、ある装置の作用として同じ社会が存続するというふうに考えたわけですね。その典型的な装置が教会と学校と家族です。これは様々なところで大きな影響を持った議論です。

ただ、これの何が問題かというと、理論的に「装置」と言うのはいいとしても、理論的な対象と経験的な対象を分けることをアルチュセールが主張する際に、理論的な対象としての装置が、経験的な対象としての学校や家族と簡単に混同されてしまってはいないかということです。現実に起こっているポストフォーディズムの問題を見てみると、企業の場で生産だけでなくフレキシブルな労働者の再生産が起こっている。つまり、フレキシブルな労働に耐えられる人間の生産は働いている現場で起こっているのだけれども、そういう事態を捉える時にイデオロギー装置という形だけでよいのか。アルチュセールにおいて経済と政治とイデオロギーは三つの審級をなしていますが、その一つの審級を独立させて、ある装置の働きという形でのみ考えていってよいのかということです。例えば「工場はイデオロギー装置ではないのか」と問われれば、そうだという話に当然なるわけですが、この議論をうまくやっていくためには、アルチュセールをルフェーヴルやオートノミストの議論と突き合わせる必要があります。

さておきアルチュセール派では、エチエンヌ・バリバールがエマニュエル・ウォーラーステインと一緒に仕事をしたり、政治哲学を論じたりしています。アルチュセール派のアクチュアリティはこういった論者に求められるでしょう。あと一つ、フランスでもあまり顧みられていないかもしれないんですが、昔日本でも「生産様式の接合」という議論が問題になった時に話題になったピエール・フィリップ・レーという人がいるんですよね。アルチュセール派の生産様式の接合論に最もよく取り組んでいるのがレーで、いまその本を読み返してみると、六〇年代にアルジェリアの農民が土地を捨ててフランスに移民として出ていくという話をしている。生産様式の接合論も、その経験的なレファランスは何かというと、移民の問題なわけです。生産様式の接合ということ自体は、レーの『階級同盟』というタイトルに現れているように、レーニン以来の労農同盟に求められます。農民と労働者の関係をどうするかということですが、六〇年代にその問題がどういうふうに現れてくるかと言えば、移民です。これは現在も同様で、例えば二〇〇〇年くらいになって全世界の都市人口が全人口の五〇パーセントになった。二〇世紀の初頭は全人口の一〇パーセントくらいだったのが、いまや五〇パーセントです。その残り五〇パーセントの人口による農業生産で、一〇〇パーセントを支えていかなくてはならなくなっている。それだけ農村部から都市部への移動が激しい状況なわけです。この状況下において、労働者と農民という二大階級の関係をどう把握するかということを、生産様式の接合論は問題にしました。これは実はいまものすごくアクチュアルな問題なんです。

クリジス・グループと労働への批判

もう一つ、オートノミストにも近いグループとして、ドイツのクリジス Krisis に触れておきます。主要なメンバーとしては、ギー・ドゥボール論を書いているアンゼルム・ヤッペや、アメリカだとモイシュ・ポストーンがいて、彼らは価値論や労働論の見直しを精力的に行っていますが、そのクリジスが「反労働宣言 Manifesto against Labour」という文章を書いているんです。そこでは、労働とは強制的なものであり、労働は支配なんだから反対していかなくてはならない、マルクスの理論の顕教的な部分は労働を中心にしているけれども、そうではない秘教的マルクス、エゾテリックなマルクスがいて、このマルクスは労働の批判をちゃんとやっているんだということが主張されます。すなわち、『資本論』や「ゴータ綱領批判」には労働批判があるというんです。商品の二重性、フェティシズム、そして労働の二重性の議論を再検討しながら、労働そのものが資本主義的な歴史的存在であってマルクスはそれを批判していた、私たちは労働から解放されなければならない、と主張していく。労働を価値の源泉と見做したり、労働を中心にして社会を再編しようというのではない、労働を批判するマルクスをどう掘り起こすかということも、いまの状況の中では非常にアクチュアルな課題の一つです。

現代思想としてのマルクス主義（2）——唯物論、自然、社会的再生産

「現代思想としてのマルクス主義（1）」は、『道の手帖　マルクス『資本論』入門』（河出書房新社、二〇〇九年）のために一五年前に語ったものでした。二〇二三年末にはアントニオ・ネグリも亡くなりましたし、この一五年間に起こった変化についてこれからお話ししましょう。とはいえ、ネグリについては私が話すまでもないでしょうから、まずはブロッホについて。

ブロッホ再訪

本書は、月刊誌『福音と世界』（新教出版社、二〇二一年四月号〜二三年三月号）での連載「間隙を思考する——非同時代性のために」を中心にした書籍ですが、この間隙、あいだと言う時に想定していたのがエルンスト・ブロッホの非同時代性の概念でした。エルンスト・ブロッホは英語圏で最近言及されることが増えていますし、ここで再訪しておくことにも意味はあるでしょう。

まず取り上げたいのは、エルンスト・ブロッホの著書の一つである『唯物論の問題』です。この中でブロッホは、原語はドイツ語ですが、思弁的唯物論 speculative materialism という言い方をするんですね。これが、近年の哲学における思弁的実在論や新しい唯物論との関連で再注目されています。『唯物論の問題』自体は、ブロッホがアメリカに亡命する以前の一九三〇年代に執筆され、一九六〇年代に刊行された本ですが、それがいま脚光を浴びている。とはいえ、ブロッホをいわゆる思弁的実在論や新しい実在論と直接繋げて考えることがどれだけ生産的かはやや疑問です。いまの日本語圏でブロッホを研究する際に合わせて取り上げられるのはシェリングで、シェリングは新しい実在論などでクローズアップされているので、そうした間接的な繋がりをたどっていく方が有意義でしょう。

また、英語圏でブロッホが注目を浴びている理由の一つとして、『唯物論の問題』に付録として収められている「アヴィセンナとアリストテレス左派」という論文が英訳され、一冊の本として出版されたことがあります。英訳より少し前にフランス語訳が出て、あとイタリア語訳も最近出ているんですが、翻訳が出る時の常として、割と長い訳者序文によってエルンスト・ブロッホの全体像が要約されていて、その中で『アヴィセンナとアリストテレス左派』の位置付けも語られている。アヴィセンナといえばイスラームの哲学者で、近年だとアヴィセンナやアヴィロエスのイスラーム哲学から、ヨーロッパの神学やスコラ哲学への影響が盛んに議論されています。ブロッホの議論が、そこに一石を投じることになった。もちろん、中世哲学史の専門文献としては評価が分かれる点もあるでしょう。ただ、哲学者による哲学史って、それによって哲学史が本当によく分かるっていうタイプと、その哲学者自身の思想がよく分かるっていうタイプがあって、ブロッホはやはり後者なんです。特に『アヴィセンナとアリストテレス左派』は、日本語訳がある『ルネッサンス』などと繋げて見ていくことで、ブロッホがやりたかったことっていうのがある程度分かってきます。欲を言えば、『自然法と人間の尊厳について』の日本語訳があるとより良いんですが……。

ともあれ、イスラーム哲学から初期近代ヨーロッパ哲学への流れの中で、ブロッホがまず注目するのは運動の原理です。基本的な運動の原理といったものが、宇宙に内在化するし個物に内在化する、こうした思想をブロッホは汲み出してくる。ごくおおざっぱに言うならば、アリストテレス以来の自然学における運動の理論では、ある物体が運動する時には常に外から力が加わっているとされてきました。プラトンであれば、投げたボールが進むのは、ボールが進むと空気を押しのけて、その空気が後ろに回り込んでそのボールを押すからだと考えます。アリストテレスも、ボールとそれを投げた手は空気に媒介されていて、そこには接触が続いている、そのように外から力が加わることで運動は起きるのだと考える。

これに対して、ニュートン力学における慣性の法則は決定的でした。そこでは、外力がなければ物質は同じ運動状態を保つのだとされます。外的な力が働いて初めて運動が生じるのではなく、物質そのもの、個物そのものに運動を維持する力があると主張されたわけです。スピノザであればラテン語でコナトゥス、ホッブズであれば努力 endeavor と呼ぶような力です。物質は、ただ単に外から力を加えられるだけのものではない。形相 form を与えられることで初めて個物になるといった、単なる受動的な存在ではない。物質そのもの、質料、マテリアルそのものが能動性を備えているんだ——『アヴィセンナとアリストテレス左派』ではイスラームのアリストテレス注釈者たちに加えてユダヤ人の哲学者アヴィケブロンも参照されますが、何にせよヨーロッパでは中世の終わりにこのような思考が生まれていたのだとブロッホは言うわけです。

では、イスラームのアリストテレス注釈者たちをなぜアリストテレス左派と呼ぶのか。ブロッホによれば、それはヘーゲル左派と同じで、個物に対する関心を備えているからです。プラトン、アリストテレス以来の哲学の伝統だと、いわゆる学的認識の対象は普遍であるとされます。一匹一匹の犬は感覚の対象であるのに対して、知性の対象は犬そのもの、犬なるもの、普遍であると。ところが、イスラーム哲学においては個物、個体への関心が前面に出てくることから、ブロッホはアリストテレス左派という呼称を用います。中世の神学的な議論では、宇宙でいろんな事物が運動している、その最初の一撃は神がいわば宇宙の外、世界の外から与えたものです。最初にモノを動かすモノには、それ自体に先立ってそれを動かすモノがない。自分が動くことはなく他のモノを動かす、いわゆる不動の動者です。その結果、他のモノは自ら動かされつつさらに他のモノを動かす、この他のモノはまた他のモノを動かすっていう連鎖として世界は描かれるわけですが、それに対して、世界の中、しかも物質や個体の中に運動の原理や始まりが内在しているといった考え方が台頭してくる。

こうしたパラダイム・シフトは、自然学と政治学との一体性の内に受け止められるべきものでしょう。例えば、ホッブズが『物体論』を著していますけれども、そういった自然科学的な議論から哲学体系を作っていくことは初期近代には珍しくなかった。個人が契約して社会を形成するといった社会契約論でも、個体の中に運動の原理があって、かつ個体はそれ自体の運動に執着するという性質を持っている、そういった認識から全体が思考されていきます。神なり国家なり、始原となるような一なるものがあって、それが個物に作用を及ぼすというのではなく、ある運動の原理、始まりを内在させた個物からこそ、初めて社会は思考されうるのだと。そこでは、自然認識の転換と社会認識ないし政治哲学の転換が結びついていて、切り離せない。ブロッホが中世末期そしてルネサンスの哲学史を重視するのは、そうして運動の原理が物質、個物の中に内在してきたという、まさにその点からです。

ある面で、ここには強い神秘主義的な発想も見られます。ブロッホは、ドイツ農民戦争を戦った神学者トマス・ミュンツァーについての本を書いていますね。反乱を起こした農民たちをルターは裏切り、それが近代化、資本主義社会への移行を促したんだというのが通説的な理解でしょうが、重要なのは、ミュンツァーらが反乱を起こす時って、自分の中に原理が見出されているんです。自分の中にあって自分を動かす始まり、アルケーが見出されている。リアル real であるとはレース res すなわちモノがそこにあるということですが、アクチュアル actual であるとは、何かがアクト act している、働いていることである。ドイツ語では werklich、werk などと言いますが、作品ないしワークが働いているんだと。では何が働いているのかというと、ミュンツァーであれば神の摂理ということになるんでしょうが、いずれにせよそれは個体の中にあるし、この個体を出発点にして物事を考えていかなくちゃいけない。これが初期近代に起こったことであり、そこでは自然学、政治学、唯物論、そしてある場合には神秘主義までもが不即不離なのだということは、改めて確認しておくべきでしょう。

スピノザの専門家で、ピエール＝フランソワ・モローという人がいますね。フランスのPUF、フランス大学出版局から出ているスピノザ全集の監修者で、白水社文庫クセジュから著書『スピノザとスピノザ主義』（邦題は『スピノザ入門』）が訳されています。スピノザだけでなく初期近代を広く論じつつ、政治的にもなかなか尖った発言をする人ですが、そのモローが、ネグリの『野生のアノマリー』やジャン＝マリー・ヴァンサンの『労働の批判 *Critique du travail*』と同じPUFの叢書から、『ユートピアの物語 *Le récit utopique*』という本を出しているんです。モローは、また、フェルナン・ドゥリニィを現代における自然哲学＝政治哲学の代表者として評価します。では、フェルナン・ドゥリニィとは何者か。

ドゥリニィは、ガタリが働いていたことで有名な精神病院ラ・ボルド病院の周辺で、制度論的精神療法で知られるジャン・ウリらとも接点を持ちつつ、いわゆる自閉症児の教育に当たっていた人です。ドゥリニィ自身の表現で言えばアンファン・ミュエット enfant muet、言語でコミュニケーションを取ることができない沈黙した子どもたちを、どのように教育するのか。絵を使ったりしてこれに取り組んでいく中で、ドゥリニィが草案したのがカルトグラフィ、地図を書くという実践なんです。ドゥルーズやガタリが言うカルトグラフィの由来も、このドゥリニィの実践なんですね。

さらにドゥリニィは、その後映画に関心を抱いて自ら映像を撮っていきます。それも、今日ではオーティスティック・スペクトラムとでも言うべきか、自閉症の子どもたちがただ自然を眺めている図を延々と撮る。これは人からの又聞きですが、ドゥリニィに言わせれば自閉症の子どもたちにとって、人間がやっていることなんてソープオペラのように退屈で、自然の方がものすごくドラマティックなんだと。定型発達の人にとって自然は何も起こっていないように見えるかもしれないけれども、自閉症児にとってはむしろ人間社会の方がひどく退屈で、自然の方こそドラマティックな出来事に満ちているんだとドゥリニィは捉えるんです。言語がない、社会がない、でもそれは直接政治的である。『アンチ・オイディプス』の冒頭にスキゾの散歩というくだりがありますが、そこではまさにスキゾ、統合失調症の人の話をしていて、スキゾにとって散歩とは宇宙との直接的なコミュニケーションである、その意味でスキゾとはホモ・ナトゥラであると論じられます。おそらくこの議論はこのドゥリニィの実践を反映しているんじゃないでしょうか。日本でフランス哲学でドゥルーズ＝ガタリ周辺のことをやっている人たちがドゥリニィを読んでいるのも、そうした理由からでしょう。なお、ドゥリニィについては英訳のアンソロジーといった形でも読むことができます。

さて、そうしたドゥリニィをピエール＝フランソワ・モローは二〇世紀における自然哲学＝政治哲学の継承者として評価します。では、その自然哲学＝政治哲学とは何か。モローを離れて考えてみるならば、おそらく一つには、社会契約論的にマルチチュードを主権に置き換える、つまり自然権を譲渡したり変形させたりすることなしに、共同性を構成することは可能かという問いがあるでしょう。例えばホッブズだと、自然権は主権者である一者へと基本的には譲渡されてしまいます。ルソーはそれに対して、社会契約とは自分と自分のあいだでの契約で、自然人としての自分が有する自然権を、市民としての自分に譲渡するんだと考えますね。すべてを譲り渡すんだけど、受け取り手は私自身だから何も損はしていない。ただし、譲り渡す側の持っていた自然権が、それを受け取る側では社会状態における権利、つまり市民権へと移行している。実質的には同一で何も失っていないけれども、そこでは人間から市民への変形が起こっているんだと。

これに対してスピノザは、一応社会契約みたいな話をしつつも、社会状態と自然状態には違いはないと言います。つまり、自然権と社会状態での権利に差異はない。考えてみると、エピクロス派なんかもだいたいそんな感じです。エピクロス派も、社会はある種の契約が締結されることで生み出されると言いますが、そこで社会を作ったからといって、自然状態と社会状態が変わるわけではない。これは、量的には変わらず形式的にのみ変わっているという話でさえない。何も変わらない、つまり自然状態と社会状態はある意味では区別されえないというのがエピクロス派やスピノザの思考です。

もちろん、いわゆる国家が本当に必要ないかは、丁寧に議論すべきことでしょう。近年アナキズムの再評価が進んでいる日本語圏では、左派の人たちはだいたいアナキストだし、私と同年代ないし上の世代でもアナキストを名乗る人が多くなっています。ただ、もし国家の廃止を唱えるならば、そこで福祉や社会保障をどう考えるのか。相互扶助だけで済むのか、あるいは、その相互扶助はどのレベルを想定しているのか。移民や国際労働力移動といった現実を踏まえた時に、コミュニティ単位での相互扶助で十分だと言えるのか。もしくは、コミュニティ間の格差がある時に相互のやり取りをどのように行うのか。結論をどうするにせよ、本当に国家なしでやっていくにはどうするのかという話はきちんと考えないといけない。

ただ、それよりもいま考えたいのは、主権者 sovereignty や主権性と言われるもの、つまり多を一にまとめ上げるのとは別の原理をどのように見出せるのかということです。その際に、おそらくはアメリカ革命の問題をハンナ・アーレントとは違う仕方で理解する必要があるのではないか。ネグリだと、ジョン・G・A・ポーコックなどにも通じる一種の連邦主義を持ち出しますね。もちろんアーレントも連邦主義ではあるわけですが、このあたりをどう考えていくべきかは、私自身まだ整理がついていません。

とはいえ、おそらく問題にすべきはアメリカン・ルネサンスです。もちろんエマソンやソロー、ホイットマンが重要なのは言うまでもないですが、フランスでスタンリー・カヴェルの研究をしているサンドラ・ロジェという人がいます。民主主義とは何かをめぐる本を何冊も出していて、アメリカの民主主義の系譜、とりわけソローやカヴェルを踏まえつつ、ケアの問題なども取り込みながら議論を展開している人です。加えてロジェは、雑誌の『ミュルチチュード *multitudes*』の中心人物でもあるんです。フランス語で出ているこの雑誌はもともとネグリを中心としたグループが出していて、ちょっとネグリの色が強すぎると思ってしばらく読んでいなかったんですけど、近年ではサンドラ・ロジェが編者の中心を担っている。他にもイヴ・シトンがスピノザやアテンション・エコノミーを論じたりしているので、改めて注目しています。

あるいは、いま再読されるべきはメルヴィルなんでしょうね。メルヴィルについては、チェザーレ・カザリーノという人がネグリとの共著で『コモンを讃えて *In Praise of the Common*』を、自身の単著で『海に面したモダニティ *Modernity at Sea*』を出しています。『海に面したモダニティ』は、『グリュントリッセ』とメルヴィルとコンラッドを抱き合わせて論じるとんでもない本なんですが、そのようにメルヴィルを再読しながら、主権的な権力とは違う、マルチチュードに基づく政治のあり方を考える必要があるのではないかと考えています。

それから、先程のスタンリー・カヴェルは哲学に留まらず、映画論や文学研究など、文化全般に関わる領域で大きな影響を与えた人ですが、フランスでもロジェの仕事を通して広く受け入れられるようになりました。カヴェルはヴィトゲンシュタインが生の形式、生活形式、forms of life として捉えたものを基本にして考えるんですね。フランクフルト学派でいま一番活発に発言している人で、ラーヘル・イェッギという女性の哲学者がいます。フランクフルト学派といえば、第二世代のハーバーマスが親イスラエル的な発言をして問題になっていますが、その批判理論自体は、第四世代、第五世代へと継承されています。ヘーゲルの相互承認論や精神分析的な対象関係論をもとに物象化論を再評価しようとしているアクセル・ホネットは、日本でもよく紹介されていますね。そして、さらにその次世代であるイェッギは、ジュディス・バトラーなどの近年の議論も踏まえた上で、まさにカヴェルやヴィトゲンシュタインを参照しながら生活形式としての資本主義といった話をしていくんです。カヴェルは自身の立場を「生物学主義」と規定しつつ、生活形式は人間に共通するものなんだと言います。ヴィトゲンシュタインも、例えばライオンと人間は生活形式が違うので、もしライオンが人間の言葉を話しても何を言っているかは分からないだろうと言うわけです。つまり個別の問題への態度とは別に、人と人とは生活形式において一致するんだと。そういう意味での生活形式、Lebensform や forms of life といったものが、フランクフルト学派だけでなくいろいろなところで注目を集めている。

では、生の形式を共有している、それによって人と人が一致するとはどういうことなんでしょう。これがコモンとどの程度関係するかをいま語ることはできませんが、さしあたりネグリとヴィトゲンシュタインを突き合わせてみる必要があります。もちろんパオロ・ヴィルノなどはヴィトゲンシュタインを重視するので、広くイタリアのオペライズモやアウトノミア派とは当然接点が見出される。さらに注目すべきは、ヴィトゲンシュタインと経済学者のピエロ・スラッファとの交友関係です。スラッファはグラムシの親友でもあって、刑務所にいるグラムシに差し入れするような仲でした。グラムシといえば、もともと言語学の学生で、将来のイタリア言語学界を背負って立つ人だと思われていたんですが、それがマルクス主義者になってムッソリーニ政権に捕らえられてしまう。おもしろいことに、そのグラムシは『獄中ノート』とりわけ後半の『サバルタン・ノート』で、規範文法は言語におけるフォーディズムなんだと言います。実はどんな発話にも固有の形式性とか文法性は備わっている。それを規範文法という形で均してしまうのは、言語におけるフォード主義なんだと。これはまさに、人々が何を共有するのかをめぐる議論です。ナショナリズムやファシズムの下で無理やり共有させられている形式がある一方で、ある発話が共有される際に共有される形式がある。内在する形式がある一方で、外在的に押しつけられる形式があるという文法性の差異をめぐる形で、グラムシはフォーディズムを語っている。

ではこういったグラムシの議論をヴィトゲンシュタインは知っていたのだろうか。より具体的に言うならば、ヴィトゲンシュタインの前期と後期のあいだには、グラムシの影響があったのだろうか。ただ、実際の影響関係がどうあれ、グラムシが獄中でサバルタンやイタリア国内における南部問題、ナショナリズムやファシズム、フォーディズムをめぐって語っていたことと、いわゆる後期ヴィトゲンシュタインの『哲学探究』で論じられていたことには近しさがあるでしょう。例えばヴィルノや、「人間学」と称して『論理哲学論考』についての本も書いているマッシモ・デ・カロリスの仕事はこれに関わります。

ヴィルノやデ・カロリスは一緒になって『生活諸形式 *Forme di vita*』という雑誌を何号か出していましたが、もちろんその動きにはアガンベンも関わっています。何にせよ、こうした生活形式、生の形式を再検討することで、二〇世紀また二一世紀にかけての哲学思想や社会理論、政治理論をもう一度整理し直すことができるだろうと思います。さらにその時、自然や生命といったことを考えていくならば、ブロッホが注目したルネサンス期の自然哲学＝政治哲学のようなものがまた可能になるのではないでしょうか。

左派におけるシオニズムの問題

イスラエルによるガザでの虐殺が進行するいま、左派におけるシオニズムの問題を考えないわけにはいきません。ヨーロッパやアメリカの大学でもパレスチナ連帯とその弾圧が激化していますが、特にドイツでは、パレスチナ支持を表明すれば下手をすると逮捕されてしまう。しかもそれは単に保守反動というわけではない。これは、一五年前に触れたあのクリジス・グループに繋がる問題です。クリジスはアンチワーク、労働の批判といったことを繰り出していて、それは二〇世紀のマルクス主義の歴史の中でも、アウトノミア派やオペライズモと並んで重要なものでした。このクリジス・グループはその後分裂があったりして、アンチ・ドイッチェ、反ドイツになっていく。ドイツにおける反ユダヤ主義批判が生ぬるいと見做すことから反ドイツを名乗るわけですが、この人たちは『啓蒙の弁証法』などに依拠して、人種主義は資本主義の構成的な要素だと主張します。したがって、人種主義批判抜きの資本主義批判は真の資本主義批判ではないと。それ自体は正しい主張でしょう。でもそこからこの人たちは、反シオニズムとは反ユダヤ主義だと捉えることによって、イスラエルの批判者は人種主義者であって真に資本主義を批判していないといった議論を展開していくんです。ドイツには明確にこういった動きがあるし、そこには無視できない影響力がある。もちろん、六〇年代にパレスチナ支持派の一部がほとんど反ユダヤ主義的なところまで行ってしまったことも事実です。ただ、ヨーロッパ新左翼の汚点と言うべきものがここに現れているようにも思います。

例えばランシエールの『言葉の肉』では、冒頭のランボー論でロベール・フォリソンが引かれます。フォリソンはフランスにおけるネガシオニスム négationisme（日本で言う「歴史修正主義」）、つまりアウシュヴィッツのガス室はなかったと言い張る反ユダヤ主義の代表的な論客です。もちろんランシエールは緻密なネガシオニスム批判を展開していますし、ランシエールを読むようなフランス人がフォリソンを知らないことはないはずなので、『言葉の肉』ではそうした文脈について注釈などはつけられていません。ただ、日本の読者にはどれだけ文脈が共有されているのか。ロベール・フォリソンにしても、もともとは左翼なんですね。そのパレスチナ支持という立場が、アウシュヴィッツのガス室はなかった、それはシオニストの陰謀であるといった主張へと流れていってしまう。このようにヨーロッパでは、反シオニズムが高じてアウシュヴィッツのガス室はないと言ったり、ポル・ポト政権や文化大革命での虐殺をデマだと主張したりといったように、歴史修正主義を新左翼が担ってきた面があります。もちろん全員がそうなっているわけではありませんが、歴史修正主義は新左翼運動の鬼子的存在であるということは覚えておかなければいけないし、そういった陰謀論に陥ることなく、反シオニズムは反ユダヤ主義ではないということをきちんと言っていく必要がある。

　ここ数年の国際社会ではようやくイスラエルはアパルトヘイト国家だという認識が広まって、国際司法裁判所に提訴したりできるようになってきました。それがまた揺り戻しを受けている一方、グローバルな市民社会では、シオニズムは人種主義でありイスラエルはアパルトヘイト国家だといったように、ジェノサイドに反対するユダヤ人の声が聞かれるようになっています。それは一つの希望でしょうが、国家レベルでもそういった主張が反映される必要がある。アメリカの大学だとイスラエルが大口スポンサーだという分かりやすい構図があるわけですが、これは日本でも何としても気をつけなければいけない点でしょう。じっさい、アンゼルム・ヤッペというアンチ・ドイッチェ周辺の人がいて、彼はギー・ドゥボールの評伝を書いているほか、アドルノにも影響を与えた哲学者のアルフレート・ゾーン＝レーテル（彼の主著である『精神労働と肉体労働』は昔日本語訳されていまでは国会図書館のデジタル・コレクションで読めます）を参照して、商品の美学といった議論をしています。正直、その議論はとてもおもしろい。ただ、コロナ禍が始まったころにオンラインイベントに出ていたヤッペが、参加者の一人がイスラエルによるガザ侵攻を批判したのに激怒し、途中で退席してしまったということがありました。他にも、『資本論』の優れた読み手で『資本主義黒書』などの著書があるロベルト・クルツも、二〇一二年に亡くなるまでずっとイスラエルのガザ侵攻を擁護していましたね。頭を抱えたくなりますが、陰謀論やシオニスト擁護に陥らないような形でやっていかないといけないというごく当然のことを、ここでは強調しておきたいと思います。

社会的再生産論

この一五年で大きく影響力を持っている議論の一つは、やはり社会的再生産social reproduction論でしょう。シルヴィア・フェデリーチたち、イタリアのオペライズモから出発したマルクス主義フェミニストです。もちろん、マリアローザ・ダラ・コスタのような代表的論者の紹介は英語圏でも日本でも七〇年代から行われてきました。近年だと、フェデリーチの『キャリバンと魔女』が日本語に訳されたというのはとても重要ですが、どのくらい読まれているのでしょうね。

ともあれ、これらの議論が問題にするのは資本主義の下での生産と再生産の分割および性的分業sexual divisionです。資本主義下で、いわゆる生産と再生産が切り離される。それまで、家、家政は生産と再生産の両方が行われる場でした。いわゆるモノも作るし、人間がそこで生まれ育っていく場でもあった。これは農民だけでなく職人や封建領主にしても同様です。それが近代になって産業資本主義が進展していく中で、いわゆる生産労働、マルクス主義的に言うと資本蓄積に結びつくような形での価値生産を行う労働は原則家の外に位置付けられ、家庭は再生産だけの領域として取り残される。父親が外に働きに行くような生活って産業革命以降のもので、それ以前の農民は、もちろん家の外には出たとしても、人に雇われて働くということはなかった。

ところが産業革命以降は、それまで家庭内で女性が担っていたような再生産労働の一部、例えばある種のケア労働は、多くは男性が占めるであろう医師の仕事として家の外に配置されます。他方で、料理や洗濯といった仕事はなかなか家の外に配置されることがない。こうして生産と再生産が分離されるし、家が再生産だけの場になる一方で、家の外に再生産の場が作られていく。そして、家庭内での労働は非生産的と見做され無給とされ、賃金が支払われない。資本蓄積にとって価値がないだけでなく、全般的に価値がないものと見做されてしまう。

近代の資本主義社会がこのような形で分離をもたらす時に、問題は再生産領域すべてを市場化して賃金を支払うことはできないということです。例えば、ある家で子どもを産み育て、大きくなって就職する時に、これまで生育にかかった費用を子どもに請求し、借金を負わせることはできないでしょう。いまの日本だと奨学金という借金を抱えるだけでも学生は死にそうになっているのに、そんなものは払えるわけがない。資本主義の基本は、社会に存在する財は対価を支払って手に入れないといけないということですが、そこにあるのは交換が主流の社会です。マルクスは、従来の社会では交換は共同体が終わるところで始まっていたと言います。共同体の内部では交換よりも人類学で言う再分配や贈与が主流だったところを、資本主義社会では交換が共同体内に侵入していく。ただし、家庭内はその例外で、家庭内をすべて賃労働化してしまったら誰も十分には支払えないし、生きていくことができません。つまり、社会が再生産されるためには、賃労働ではない無償の労働にどこかで依存せざるをえない。

それ故、六〇~七〇年代のアウトノミアやオペライズモは「家事労働に賃金を」と主張しました。それはある種象徴的な表現だった一方、半分くらいは本気で賃金を払えって思っていたんじゃないでしょうか。あるいはガタリなども、学生は賃金を受け取るべきだと言います。学生は少しでも商品価値を高めるために勉強して、労働力商品としての自分を作り上げている。生産労働に従事しているんだから、なんでタダで勉強しないといけないんだと。そのような再生産労働に対する不払いはいわゆる労働者にも同様のことが言えて、その人が生きていくこと自体には支払われないわけです。例えば労働して働いて、その賃金で何かを食べて眠り、疲れを取って翌日働けるようになる。これも考えてみれば立派な労働なんですが、それには賃金が支払われない。これらすべてを賃金化していったら、おそらく資本主義は成り立たない。このように、それが暴露されてしまうと資本主義が耐えられなくなるような秘密、つまり誰かをタダ働きさせることで社会は維持され再生産されているという資本主義の臨界点を暴き出すこと、それが家事労働賃金化要求の試みでした。

とはいえ、すべてを賃金化したら社会は成り立ちません。この場合に社会に必要なのは交換とは違う原理で、それは例えば贈与だったりするのでしょう。ある意味ではどの社会もそういった側面を持っているということを指して、近年では基盤的コミュニズムと呼んでいますね。そこでは、われわれはすでにコミュニズムを生きているし、われわれはすでにコミュニストだ、アナキストだと言われたりします。ただ、それは一歩間違うと、ゆるふわアナキズムと言って批判されるような、われわれはすでにアナキストなんだからそれでいいじゃないかといったナイーブな話にもなりかねない。問題は、賃金化できない領域がいまどのような状態にあるのかということです。特に、基盤的なコミュニズムや相互扶助の議論は、ある種のケア労働ないし感情労働がどんどん市場化されているという現状認識と切り離されてはいけない。

では、ケア労働の市場化とはどういった事態を指すのか。それは、労働の現場がオフィスや工場ではなく、ケアを受ける人の家に見出されるということにほかなりません。加えて、従来の資本主義では労働者が労働して生産物が出来上がり、それを市場で売っていたのに対して、ケア労働は労働力商品を売ってはいるものの、その生産物はケアされる人の身体において生み出される満足そのものなんです。アリストテレス以来の図式で言うと、活動する人の外部に何かモノがあるといったポイエーシスが労働とその生産物の関係に対応するのに対して、感情労働はプラクシスなんですね。ただし、プラクシスは歌や演説がうまくなるといったように活動する人の身体に何かを生み出す一方で、感情労働は別の人の身体に商品としての満足を生み出さなければならない。そうして労働現場が分散されていくというのが現在のポストフォーディズム下の状況です。ここには、基盤的コミュニズムや贈与、ケアをどのように商品化し市場化するのかといった、資本主義の最前線が見出されるはずです。

さらに言うと、ギー・ドゥボールの『スペクタクルの社会』が再注目されている理由もここにあります。例えばフォーディズム段階でベルトコンベアの労働に従事する際は、頭の中で別のことを考えていてもいい。コミュニケーションが苦手であっても、話なんかしないで黙々とネジを回していればいい。けれど今日だとまさにコミュニケーション能力のレベルで労働力商品化が進んでいて、職場の人たちと和気藹々とやっていないと職場の生産性が上がらないとか、クライアントに対してはたとえクレームをつけられても笑顔で対応しないといけないとか言われるわけです。従来だと労働者はあくまで労働力を売っているに過ぎず、一定時間の退屈な作業に従事しさえすればよかった。対して、人と人が何かを共有する、このコモンの商品化を今日の資本主義は目論んでいる。これにどう抵抗するか、生活形式を共有する別の仕方をどのように作り出すかが、いま問題になっていることです。

このようにケアの議論は、単にケアが大切だというだけではなく、いまの資本主義で一番狙われているのがケアなんだといった認識を伴わないといけない。日本は端的に失敗していますが、九〇年代には先進各国の高齢化が進む中で、移民労働者をケア労働者としてどのように引き込むかが議論されていました。当時、構造調整プログラムの下で福祉関係予算が削られた国々では、国立病院に勤める医師であっても給料が出ないといったことが珍しくなかった。ではどうするかというと、そうした医師は、自分の病院で看護師としてトレーニングを受けて資格を取得し、先進国に行って老人ホームなどで看護師として働くんです。そうすれば、元いた病院とは比較にならないくらい高い給与をもらえる。こうした移民労働はまさにケアにおける国際分業、国際的な配置の不平等の現れですし、その不平等はいまも激化し続けています。

あるいはこれは、コロナ禍のアメリカで黒人が多く居住している地域は有意に死亡率が高いといったような、インフラストラクチュラル・ネクロポリティクス、インフラのレベルでの死政治の問題でもあります。人間としても、何らかのマテリアルとしても、ある種のインフラストラクチャーのレベルでのケアの不平等が世界規模で厳然としてあって、もちろん地域の中にも横たわっている。ここ何十年間にもわたって資本主義の一大争点であり続けてきたこの問題に対しては、再生産労働のある部分が生産的なものとして再度包摂される一方で、別の部分は棄て置かれるといった再編を見なければいけない。他人をケアする身体が、価値を生産する身体へと作り変えられる。構造調整プログラム下にある国々で医師や看護師になる人は当然国立大学を出ていたりして、要はその国の税金を使って教育を受けている人たちです。その人たちを引き抜いていくわけですから、人間の移動だけではなく第三世界からの資産の移転が起きているとも言える。これが、歴史の中で進行してきたメカニズムです。

ただ、ことシルヴィア・フェデリーチについては、ここで触れておくべきこともあります。それは、しばしばインターネットなどで議論が交わされるように、フェデリーチがトランスフォーブかどうかということです。まず確認しておくと、フェデリーチ自身は運動をベースにして思考する人なので、トランスジェンダーのムーブメントがすごく重要だということは認識していますし、彼女が編集する論集にもトランスライツについての論文が収録されています。ただし見逃してはならないのが、トランスジェンダーの問題を彼女が理解する際に、ボディ・リメイク body-remake、身体の作り変えという文脈に依拠してしまう点です。ここにはやはり問題がある。

フェデリーチは、しばしば資本の蓄積過程における性的分業について議論します。この際には例えばジュディス・バトラーを批判して、パフォーマンス理論には資本蓄積の話がないじゃないかと主張したりする。家父長制や女性差別は資本蓄積の中で再生産されているのであって、そのメカニズムを見ないでパフォーマンスからアイデンティティが構築されるというだけではダメだろう、と。確かに適切な批判だと思うんですが、では、それを踏まえてアイデンティティというものをどう見るか。アイデンティティ・ポリティクスを批判するのはいいとしても、グローバルな資本蓄積過程の中の性的分業といった観点から論じていく際に、フェデリーチ自身もまたジェンダー・アイデンティティの問題をきちんと理論化できていないんです。

トランスジェンダーをジェンダー・アイデンティティの文脈で考えるならば、外科的な手術やホルモン治療は、自分のジェンダー・アイデンティティとの関係で自分の身体をどう考えるのかといった、ある意味で副次的な問題となるでしょう。だけど、フェデリーチはアイデンティティをすっ飛ばしてしまうので、身体をどのように作り変えるのかという視点からしかトランスジェンダーの問題を捉えられない。そうすると、問題は美容整形などに近接していってしまうし、いわゆるTERF（Transgender Exclusive Radical Feminist）、トランスジェンダーを排除するようなラディカル・フェミニズムと論点を共有してしまいかねない。TERFの代表的な論者にシーラ・ジェフリーズという人がいて、著書の『美とミソジニー』が日本語に訳されていますが、その手の議論では、性別適合手術（SRS）のようにジェンダーを割り当て直す、リアサインメントする手術も美容整形と一括りにされ、家父長制に適合的な外形へと身体を作り変える行為として理解されてしまう。もちろんフェデリーチとジェフリーズを全く同一視する必要はないと思いますが、ボディ・リメイクという文脈で把握する点では、両者は確かに共通点を持ってしまっている。

日本でも、TERFが「トランスジェンダーは新自由主義だ」というとんでもない主張をしていますね。そこでは、家父長制的な規範に適うように自分の身体を作り変える、資本主義的な主体性が一番発露しているのがトランスジェンダーであるとされます。もちろん、トランスジェンダーは決してそんなに自由な存在ではないですし、手術にせよホルモンにせよ、多くの困難を伴い誰もがアプローチできるわけでもないんですが、TERFの議論はそこには目を向けない。フェデリーチにしても、あれだけ様々な運動に目を向け、特にセックス・ワーカーに関してもきちんと議論を展開できるにもかかわらず、なぜトランスジェンダーについてはそれができないのか、ここに危うさがあるのは確かです。社会的再生産論全般で言うならば、ベロニカ・ガーゴをはじめラテンアメリカの主要な論者たちは当然のようにトランスアライですし、トランスジェンダーの運動もきちんと自分たちの議論に組み込んでいる。フェデリーチを批判的に乗り越えていくような議論は、ここから展望できるかもしれません。

再生産の危機

再生産はフェミニズムでもっぱら問題にされてきましたが、少し違う文脈で見ることも可能です。つまり再生産とは、生産過程がそのまま繰り返され継続するということなんですね。それに照らすと気候危機とは、無限のゴミ箱だと思われていた自然が決してそうではなかったということを意味します。この場合のゴミとは、自由エネルギーで、使い道のなくなった熱、排熱ですね。バタイユ風に、使い道のなくなった否定性と言ってもよいでしょう。産業革命でいろいろな熱機関が使用され、最後には運動に変換できなくなった熱が環境中に放出される。その際には、自然は無限のゴミ箱であって、大気と水の循環によって、宇宙空間に熱を捨てられると考えられていた。だけど、そうはいかないことがいまや明らかになっている。

この時に、ゴミ処理のコストを市場化すれば危機は乗り越えられると考えるのがグリーン・キャピタリズムです。それに対して、生産関係を抜本的に変えない限りは危機を乗り越えられないと主張するのが脱成長コミュニズムです。脱成長コミュニズムというと、代表的には斎藤幸平さんということになるんでしょうか。英語やフランス語に訳されているのもあって、彼の脱成長コミュニズムはかなりいろいろなところで議論されていますし、『ジャコバン』の掲載記事のように、より先鋭的な立場からの批判も出てきています。ただ、斎藤さん自身が脱成長コミュニズムとフェミニズムを関連付けている通り、気候危機って広い意味では再生産の危機なんですね。つまり、いまのままだと社会は存続しえない。例えば少子化なんて何も問題だとは思わないんですが、気候危機はそういうわけにもいかないし、その影響が不平等に現れるということもあっていっそう深刻さを増している。資本主義的に考えれば、生産をもう一回続けることを可能にするのが再生産だということになりますが、その危機がいろいろなレベルで起こっている。

非有機的身体としての自然と採掘主義

マルクスは『経済学・哲学草稿』で、人間の非有機的身体としての自然ということを言っています。英語だと inorganic body ですね。ドゥルーズ＝ガタリはアルトーから器官なき身体、corps sans organes、body without organs を取り出してきますが、おそらくそこではマルクスも想定されているでしょう。特に、ガタリはもともとボードリヤールと同じ新左翼のトロツキスト系党派に属していましたし、ボードリヤールはドイツ語のバイリンガルでマルクスの翻訳をいくつも手がけています。したがって、ガタリはマルクスのこういった言葉を知っていたはずなんです。実は、アルトーとマルクスがともに器官なき身体に関わっている。

ベロニカ・ガーゴも、女性の身体と地下資源の採掘とを繋げて論じる際に、ドゥルーズ＝ガタリを踏まえて器官なき身体を語ります。レアメタルや化石資源を対象とした採掘では、地表には露出しないはずのものを無理やり掘り出してくるので、エネルギー循環ができなくなる。有機的な統一性というよりは器官なき身体としてのある種の纏まりがあって、それは主権的な一者として纏まるのとは異なっている。さらにそこで、女性の身体から男性労働者に対するケアや次世代の労働力である子どもを取り出してくることと、土地からレアメタルや石油を取り出してくることとを、同じ営みとして統一的に把握しようとするのが社会的再生産論であり採掘主義批判です。

器官なき身体をめぐっては、ドゥルーズ＝ガタリに加えてリオタールの『リビドー経済』も重要でしょう。八〇年に『千のプラトー』が出るまで、『アンチ・オイディプス』はリオタールと並ぶリビドー経済論として受け取られていました。〈六八年〉を担ったマオイストたちが保守派へと転向してヌーヴォー・フィロゾフを形成した一九七七年前後には、リオタールとドゥルーズ＝ガタリの両者ともリビドー経済論として批判を受けていたわけです。それに対してリオタールは『異教の教え *Instructions païennes*』で反論していく。

最近ちょっと話題になったことですが、フレドリック・ジェイムスンが七〇年代に『侵略の寓話——ウィンダム・ルイス、ファシストとしてのモダニスト』という本を書いていて、そこでは実はドゥルーズ＝ガタリとリオタールのリビドー論が参照されているんです。これは『千のプラトー』が出る前の一九七九年に刊行された本ですが、ヌーヴォー・フィロゾフによる左翼哲学者たちへの攻撃を踏まえた議論を展開している。『千のプラトー』以降のドゥルーズ＝ガタリではリビドー経済論があまり登場しないと言われますし、リオタールも『文の哲学』以降はリビドー経済を放棄してしまったとされます。だけど、おもしろいことにマーク・フィッシャーやベルナール・スティグレールといった最近の論者もポリティカル・エコノミーという話をしているんですよ。しかも、マルクーゼはリビドー経済論の先駆だったと言って、その再評価をしようとする。フィッシャーだと『ポスト資本主義の欲望』、スティグレールだと未邦訳ですが『ポリティカル・エコノミーの新たな批判のために *Pour une nouvelle critique de l'économie politique*』っていう短い本を書いていますね。ここには、リビドー経済やリビドー的身体と器官なき身体を接続し直すことで、社会的再生産論および採掘主義の問題を新たに展開していく手がかりがあるのではないでしょうか。

始まりと終わりのある時間／始まりも終わりもない時間

資本主義における生産って、まさに始まりと終わりがある時間なんですね。何か材料を買ってきて、物を作って売ったら終わりになる。それに対して、再生産は始まりも終わりもない過程であって、拡散し、幾重にもレイヤーをなすフィードバック・ループを形成する。生産がまさにビオス的な時間性だとしたら、再生産は循環するゾーエー的な時間性なわけです。アーレントなどでは物語が始まりと終わりを備えていることが重視されますが、それよりも私たちにとって重要なのは、この二つの過程のインターフェースじゃないかと考えています。生産過程と再生産過程がどのようなインターフェースを持っているのか。そこのところで、ケアをめぐる資本とコミュニティとの闘いが起こっている。

そして、私自身はこの二つの時間性のインターフェースとは他でもなく歌であると思っています。つまり、メロディは繰り返されて、一番、二番、三番と続くし、ヒップホップだとサンプリングされたビートがループしていく。そういう循環する時間性に対して、歌詞は物語性を持って進行していきます。歌とはこの二つの時間性、二つの過程のインターフェースなのではないか。ですから、先述したようなケアの場面などでも争われているこの二つの時間性を考える時には、ひょっとしたら歌が手がかりになるかもしれない。トラックが循環していく中に、韻が踏まれて繰り返しがありつつ、しかし何かが進んでいってやがて終わる。そのネゴシエーションのプロセスそのものが歌なのではないか。あるいは、ブロッホが言う間隙とは、二つの時間性のあいだの隙間なのではないか。非同時代性とはそういったものでもあるのではないか。社会的再生産論なども、この視点からもう一度再配置していくことができるのではないかと考えています。

書誌的補足

ここでは、本書に収録されたテクストに関連する文献を挙げて、脚注に代える形で補足しておく。なお、文献は一部重複しているものもあるがご了承願いたい。

Part 1　間隙のリアリズム

二つのマインドのあいだで（1）——Nas ／ジェイ - Z

エルンスト・ブロッホ（一八八五 - 一九七七年）

エルンスト・ブロッホ『この時代の遺産』池田浩士訳、水声社、二〇〇八年。

非同時代性の問題。訳者である池田浩士の、後知恵で可能性を解釈するのではなく同時代に孕まれた可能性を徹底的に考え抜くという一貫した立場に基づいて初版からの翻訳（他言語の翻訳は基本的に全集版からのもの）。ただし、その後の版との異動についての注と増補された論考の全訳も含む。

エルンスト・ブロッホ『ユートピアの精神』好村冨士彦訳、白水社、新装復刊版二〇一一年。

ブロッホの音楽の哲学がまとまって展開されている。

主著の『希望の原理』と同時期（一九三〇年代）に書かれた（出版は一九七二年）『唯物論の問題』は日本語訳がまだない（し、英語にもフランス語にも訳されていないが、ただ、最初独立して出版された後、『唯物論の問題』に附録として収められた「アヴィセンナとアリストテレス左派」は最近英訳、フランス語訳が相次いで出た）。『唯物論の問題』でブロッホは「思弁的唯物論」という言い方をしているので最近の「思弁的実在論」や「新しい唯物論」の文脈で取り上げる論者も現れている。

Cat Moir, *Ernst Bloch's Speculative Materialism: Ontology, Epistemology, Politics*, Haymarket Books, 2020.

なお、メルヘン研究、グリム研究の専門家であるジャック・ザイプスはドイツ留学中に直接ブロッホの講義に参加し、早くから英語圏へのブロッホの紹介を行ってきた。彼が最近出した大部のブロッホ論。

Jack Zipes, *Ernst Bloch: The Pugnacious Philosopher of Hope*, Palgrave Macmillan, 2019.

José Esteban Muñoz, *Cruising Utopia (10th anniversary edition)*, New York Unibersity Press, 2019.

ムニョスはラティーノのクィア理論（とりわけパフォーマンス研究）を牽引してきた第一人者だが、残念なことに二〇一三年に四六歳の若さで亡くなった。この一〇周年記念版には弟子たちによる前書きが付されている。クィア理論やパフォーマンス研究へのブロッホとそのユートピア論の導入を試み、大きな影響力を持った。

David P. Rando, *Hope and Wish Image in Music Technology*, Palgrave Macmillan, 2016.

ブロッホの音楽の哲学は、そもそも彼の『ユートピアの精神』（初版一九一八年、改訂第二版一九二三年）の「音楽の哲学」がいわゆる「クラシック」、あるいはシリアス・ミュージックを論じているので、シリアス・ミュージックを中心とした音楽学での応答が多いような印象がある。その中でランドの本はベンヤミンとブロッホに共通する鍵概念である「願望イメージ」を中心に据えてポピュラー・カルチャーというかむしろ日常生活と呼ぶべきだろうが、そこでの音楽とテクノロジーの問題を論じている。

もちろん、ブロッホの受容、研究という点では日本語圏はかなり先駆けていて、ブロッホ存命中からいろいろと翻訳があった。『希望の原理』の日本語訳も、刊行開始時はまだ健在で日本版への著者序文もある。

日本語でのブロッホ論の代表的なものとして好村冨士彦の著作がある。

好村冨士彦『希望の弁証法』三一書房、一九七八年。

好村冨士彦『ブロッホの生涯』平凡社、一九八六年。

モンタージュ／シンコペーション

モンタージュの問題についてはまず、ブロッホの訳者でもある池田浩士の著作が参照されるべき。

池田浩士『池田浩士コレクション五　闇の文化史——モンタージュ一九二〇年代』、インパクト出版会、二〇〇四年。

美術史の分野での参考文献は次のものを参照。

香川檀『ダダの性と身体——エルンスト、グロス、ヘーヒ』ブリュッケ、一九九八年。

小松原由理『イメージの哲学者 ラウール・ハウスマン——ベルリン・ダダから〈フォトモンタージュ〉へ』神奈川大

学出版会、二〇一六年。

河本真理『切断の時代――二〇世紀におけるコラージュの美学と歴史』ブリュッケ、二〇〇七年。

河本真理『葛藤する形態――第一次世界大戦と美術』人文書院、二〇一一年。

それとディディ＝ユベルマン。

ジョルジュ・ディディ＝ユベルマン『受苦の時間の再モンタージュ』森元庸介、松井裕美訳、ありな書房、二〇一七年。

シンコペーションについては、ポール・ギルロイでは

ポール・ギルロイ『ブラック・アトランティック――近代性と二重意識』上野俊哉、毛利嘉孝、鈴木慎一郎訳、月曜社、二〇〇六年。

特にその第六章「「伝えられるような話ではなかった」――生きた記憶と奴隷の崇高」の中の「愛の戦争と性的ヒーリング――転置された従属の詩学」三九〇－三九八ページ。ラルフ・エリスンの『見えない人間』からの引用もこの箇所にある。

長らく入手が難しかった『見えない人間』は喜ばしいことに最近復刊された。

ラルフ・エリスン『見えない人間』上下、松本昇訳、白水Uブックス、二〇二〇年。

ギルロイが引用しているのは上巻の三五ページ。

また、ギルロイの「シンコペートされた時間」からインスパイアされた次の本も大切。ムニョスへの参照もあるし。

杉浦勉、鈴木慎一郎、東琢磨編著『シンコペーション――ラティーノ／カリビアンの文化実践』エディマン、二〇〇三年。

Nas／ジェイ-Zおよびヒップホップ・カルチャー周辺

Nasの「N.Y.ステイト・オブ・マインド」のYoutubeでのURLはhttps://youtu.be/hl8A14Qcv68

ジェイ-Zの「エンパイア・ステイト・オブ・マインド」のURLはhttps://youtu.be/QsZlY0Vz4-o

Nasの方はオフィシャル・オーディオで音のみ。

ここで取り上げる曲の歌詞は曲名＋Lyricsで検索をかければいくつものサイトがヒットするはず。Nasに関しては次が必読。

マシュー・ガスタイ《ママ》ガー『Nas イルマティック』押野素子訳、高橋芳朗監修、スモール出版、二〇一七年。

原書はイギリスの学術出版社のブルームズベリー・グループから出ているポピュラー・ミュージックの名盤を一枚一冊

で論じる33⅓というシリーズの一冊。ちなみに原書はもちろん日本語訳のカヴァーにも著者名はGasteierと表記されているのだがなぜかカタカナではGの音が入っている。

ジェイ－Zに関しては彼の自伝。

Jay-Z, *Decoded (Exapanded Edition)*, Spiegel & Grau, 2010.

それと次のものが纏まったジェイ－Z論としておもしろい。

Julius Bailey, ed., *Jay-Z: Essays on Hiphop's Philosopher King*, McFarland, 2011.

レスター・スペンスは

Lester Spence, *Knocking the Hustle: Against the Neoliberal Turn in Black Politics*, Punktum Books, 2015.

二つのマインドのあいだで（2）——個体化は個人主義化に抗する

ヒップホップおよびオキュパイ

クィンの論文は

Eithine Quinn, "Occupy Wall Street, Racial Neoliberalism, and New York's Hip-Hop Moguls," *American Quarterly*, Vol. 68 (1), 2016, pp. 75-99.

彼女にはギャングスタ・ラップに関する著作がある。

Eithine Quinn, *Nuthin' but a "G" Thang: The Culture and Commerce of Gangsta Rap*, Columbia University Press, 2004.

オキュパイ運動については

『オキュパイ！ガゼット』編集部編『私たちは〝99％〟だ——ドキュメントウォール街を占拠せよ』肥田美佐子訳、岩波書店、二〇一二年。

デヴィッド・グレーバー『デモクラシー・プロジェクト——オキュパイ運動・直接民主主義・集合的想像力』木下ちがや、江上賢一郎、原民樹訳、航思社、二〇一五年。

産獄複合体については

アンジェラ・デイヴィス『監獄ビジネス――グローバリズムと産獄複合体』上杉忍訳、岩波書店、二〇〇八年。

また、全然触れることができなかったが、アイス-Tが監督したドキュメンタリー映画『アート・オブ・ラップ』(二〇一二年)もこのオキュパイ運動のミリューへの応答として理解できるもので重要。アイス-Tについては

Josephine Metcalf and Will Turner, eds., *Rapper, Writer, Pop-Cultural Player: Ice-T and the Politics of Black Cultural Production*, Ashgate, 2014.

ジェイ-Zによるアメリカの強調に関して。

「アフリカ系アメリカ人」という二重性に関してアフリカとアメリカのどちらに重点があるのか。その差異が、大雑把に言うと分離主義と統合主義の対立として現われる。合州国の黒人解放運動の歴史を分離主義と統合主義の緊張関係(単純な二項対立ではない)として描き出したものとして

ジェームズ・H・コーン『夢か悪夢か キング牧師とマルコムX』梶原寿訳、日本基督教団出版局、一九九六年。

個体化/個人主義化について

今では個体化の哲学の参照元ジルベール・シモンドン『個体化の哲学』(藤井千佳世監訳、法政大学出版局、二〇一八年)も訳されているのだけれど、ここでは

カトリーヌ・マラブー『わたしたちの脳をどうするか――ニューロサイエンスとグローバル資本主義』桑田光平、増田文一朗訳、春秋社、二〇〇五年。

ベルナール・スティグレール『現勢化――哲学という使命』ガブリエル・メランベルジェ+メランベルジェ眞紀訳、新評論、二〇〇七年。

資本主義およびアレゴリー

『資本論』に関しては一応一番新しい日本語訳を挙げておく。ただし、引用は私のかなり自由な翻訳。

カール・マルクス『新版資本論』日本共産党中央委員会社会科学研究所監修、新日本出版社、二〇一九-二〇二一年。

アレゴリー、解釈についてはやはり初期のアガンベン。

ジョルジョ・アガンベン『スタンツェ——西洋文化における言葉とイメージ』岡田温司訳、ちくま学芸文庫、二〇〇八年。
ジョルジョ・アガンベン『中味のない人間』岡田温司、岡部宗吉、多賀健太郎訳、人文書院、二〇〇二年。
ベンヤミンはクラカウアーの『サラリーマン』書評で彼を「革命の日の朝の屑拾い」と呼んだ。ベンヤミンは産業革命期の原料不足からくる古布回収の重要性を指摘する。襤褸布の図像学は
ジョルジュ・ディディ＝ユベルマン『ニンファ・モデルナ——包まれて落ちたものについて』森元庸介訳、平凡社、二〇一三年。
また、ヴィンテージ・ファッションについては
カジャ・シルヴァーマン「ファッション言説の精神分析」、平芳裕子訳、成実弘至編『問いかけるファッション——身体・イメージ・日本』せりか書房、二〇〇一年。

二つのマインドのあいだで（3）——Time is Illmatic

シェイクスピア

マージョリー・ガーバー『シェイクスピアあるいはポストモダンの幽霊』佐復秀樹訳、平凡社、一九九四年。
デリダの『マルクスの亡霊たち』にも影響を与えた。英語では現在は新しい序文と一章を増補した版が出ているので、日本語版も増補版が出たら嬉しい。もちろんガーバーの異性装やその他のフェミニズムの議論も。

DJ／ポストモダニズム／作者

ウルフ・ポーシャルト『DJカルチャー——ポップカルチャーの思想史』原克訳、三元社、二〇〇四年。
ポーシャルトはフリードリッヒ・キットラーの弟子で、珍しく（?）マルクス主義者としての立場を打ち出して、ポストモダン論を批判しながらポップ・カルチャーを論じている。
Michael Eric Dyson, Sohail Daulatzai, eds., *Born to Use Mics: Reading Nas's Illmatic*, Civitas Books, 2009.
マイケル・エリック・ダイソンはかつてコーネル・ウェストとともに黒人公共知識人（TVなどに出てコメントをする知識人）

を代表する存在だったが、オバマ評価を巡って決裂（ウェストはオバマはネオリベに過ぎないとして批判）、二〇一六年の大統領選でもサンダースを支持したウェストに対して、ダイソンは一貫してクリントンを支持する、民主党上層部のネオリベ的潮流に与する。なのでこの本はちょっと警戒していたのだが、読んでみるとおもしろいし執筆陣も素晴らしい。

Sohail Daulatzai, *Fifty Years of the Battle of Algers: Past as Prologue*, University of Minnesota Press, 2016.

この論集にジェンダーの観点から論考を寄せている民族音楽学者でジャズ・ヴォーカリストでもあるカーラ・D・ゴーントにはヒップホップとジェンダーに関する著作がある。

Kyra D. Gaunt, *The Games Black Girls Play: Learning the Ropes from Double-Dutch to Hip-Hop*, New York University Press, 2006.

生世界／死世界——パレスチナと私のあいだで

まずはコード9の著書。

Steve Goodman, *Sonic Warfare: Sound, Affect, and the Ecology of Fear*, MIT Press, 2012.

テリトリーについて

エリザベス・グロス『カオス・領土・芸術——ドゥルーズと大地のフレーミング』檜垣立哉訳、法政大学出版局、二〇二〇年。

また、

Stuart Elden, *The Birth of Terriory*, University of Chicago Press, 2013.

死世界

Edith Wyschogrod, *Spirit in Ashes: Hegel, Heidegger, and Man-Made Mass Death*, Yale University Press, 1985.

パレスチナについて

Léopold Lambert, ed., *The Funambulist Papers*, Vol. 2, PK Press, 2015.

この論集の中でも特に

Hanna Bauman, "Bodies on the Line: Somatic Risk and Psychogeographies in Urban Exploration and Palestinian 'Infiltration.'"

Derek Gregory, "Corpographies: Making Sense of Modern War."

Sophia Azeb, "Palestine Made Flesh."

Stuart Elden, "Chamayou's Manhunts: From Territory to Space?"

ドローン戦争

グレゴワール・シャマユー『ドローンの哲学――遠隔テクノロジーと〈無人化〉する戦争』渡名喜庸哲訳、明石書店、二〇一八年。

地理学におけるラディカル派

The Funambulist Papers もそうなのだが、やはり、人文地理学（経済地理学、政治地理学も含めて）の仕事が重要。デレク・グレゴリーのウェブサイトも必見。https://geographicalimaginations.com/

伊藤計劃

伊藤計劃『虐殺器官』ハヤカワ文庫、二〇一〇年。

伊藤計劃『ハーモニー』ハヤカワ文庫、二〇一四年。

ジャン・ジュネ

ジャン・ジュネ『公然たる敵』鵜飼哲、梅木達郎、根岸徹郎、峯岸傑訳、月曜社、二〇一一年。

なお、現在（二〇二一年六月）のパレスチナを巡る状況については長周新聞二〇二一年五月二七日付の役重善洋氏による記事を参照のこと。

https://www.chosyu-journal.jp/kokusai/21041（二〇二一年五月三一日アクセス）

国際的に有力な人権団体がイスラエルをアパルトヘイト国家と規定するレポートを発表したり、パレスチナ側に圧倒的に不利な形で押し付けられたパレスチナとイスラエルの二国家併存構想に対して一国家構想が語られたりと状況はかなり変わってきているようだ。ここでパレスチナへの関心を一過性のものにしてしまわないことが大切だろう。

いくつもの帰郷の物語

――マックス・ホルクハイマー、テオドール・W・アドルノ『啓蒙の弁証法』徳永恂訳、岩波文庫、二〇〇七年。

Judith A. Peraino, *Listening to the Sirens: Musical Technologies Of Queer Identity From Homer To Hedwig*, Unibersity of California Press, 2006.

Salman Rushdie, *The Wizard of Oz*, Palgrave MacMillan, 2012.

ジュディ・ガーランドとミュージカルについては、ペライーノの本でも一章が割かれているが、そこでも参照されるリチャード・ダイアーの著作が重要。

Richard Dyer, *Only Entertainment*, Routledge, 2002.

Richard Dyer, *Heavenly Bodies: Film Stars and Society*, Routledge, 2004.

Richard Dyer, *In the Space of a Song: The Uses of Songs in Film*, Routledge, 2012.

ヘルダーリンの帰郷の問題圏は、ハイデガーのヘルダーリン講義とアドルノの「パラタクシス」(『文学ノート』所収)とを比較する必要があるが、これは別の機会に試みたい。

また、マーヴェル映画『ブラック・パンサー』で「ホーム…」と言いながら息絶えるキルモンガーは『オズの魔法使』のドロシーの遠い末裔である。

ヒトはなぜ歌うのか

進化音楽学

ジョーゼフ・ジョルダーニア『人間はなぜ歌うのか?――人類の進化における「うた」の起源』森田稔訳、岡ノ谷一夫解説、アルク出版、二〇一七年。

ジョルダーニアが小泉文夫音楽賞を受賞して来日した際に、アルク出版の社長の依頼によって受賞作の内容を一般向けに圧縮して書き直したもの。私は岡ノ谷一夫が解説を書いていたので関心を持った。岡ノ谷一夫は鳥の囀りから人間の言語の起源を考え、脳科学、進化言語学の興味深い議論を展開している。ガタリ的な表現と内容の記号論を実践していると言っていい（ご本人がドゥルーズ＝ガタリの読者かは知らないが）。また岩波科学セミナーから『ハダカデバネズミ』という素晴らしい本も出している。

ニルス・L・ウォーリン、スティーブン・ブラウン、ビョルン・マーカー編『音楽の起源』上、山本聡訳、人間と歴史社、二〇一三年。

進化音楽学の記念碑的論文集の翻訳。原書は一冊だが日本語版は上下巻で、残念なことに下巻はまだ刊行されていない。

人間の言語および言語の起源

エミール・バンヴェニスト『一般言語学の諸問題』河村正夫、木下光一、高塚洋太郎、花輪光、矢島猷三訳、みすず書房、一九八三年。

特に「II．コミュニケーション」「V．言語における人間」に収められた諸論考を参照。

ミハイル・バフチンについてはやはり次の本がおもしろい。

Tom Cohen, *Anti-Mimesis from Plato to Hitchcock*, Cambridge University Press, 1994.

Tom Cohen, *Ideology and Inscription: "Cultural Studies" After Benjamin, De Man, and Bakhtin*, Cambridge University Press, 1998.

言語の起源については

テレンス・ディーコン『ヒトはいかにして人となったか――言語と脳の共進化』金子隆芳訳、新曜社、一九九九年。

マイケル・トマセロ『コミュニケーションの起源を探る』松井智子、岩田彩志訳、勁草書房、二〇一三年。

トランスと音楽

Gerard Rouget, *La musique et la transe: Esquisse d'une théorie générale des relations de la musique et de la possession*, nouvelle éd. Coll. Tel, Gallimard, 1990.

Georges Lapassade, *Essai sur la transe: Le matérialisme hystérique I*, Jean-Pierre Delarge éditeur, 1976.

Georges Lapassade et Philippe Rousselot, *Le rap ou la fureur de dire*, Éditions Loris Tabnart, 1996.

ラパサードは、社会学における制度分析の代表者の一人。エドガール・モランが創刊しコスタス・アクセロスが長く編集長を努め、アンリ・ルフェーヴル、フランソワ・シャトレ、ロラン・バルト、ジル・ドゥルーズなどを擁した雑誌『アルギュマン』の一員、同性愛革命行動戦線FHARのメンバーにして、ヴァンセンヌ（パリ第八大学）でのドゥルーズらの同僚。

エルネスト・デ＝マルティーノ『呪術的世界——歴史主義的民族学のために』上村忠男訳、平凡社、一九八八年。

ミシェル・レリス『日常生活の中の聖なるもの』岡谷公二訳、思潮社、二〇〇〇年。

現生人類は、音楽から植物やキノコ由来の幻覚性物質、さらには精神分析、というか精神分析の催眠暗示に対する屈折した関係にいたるまで様々な手段を用いながら、トランス状態を個体化と脱個体化、個人性と集団性という相反する過程に対する一種の非エゴのテクノロジーの実験の場としてきた。

オピニオンないしドクサ

オピニオンと都市および大地／テリトリーの問題については、ドゥルーズ＝ガタリ『哲学とは何か』を脱構築の代表的理論家が論じた次の著作を参照。

ロドルフ・ガシェ『地理哲学——ドゥルーズ&ガタリ『哲学とは何か』について』大久保歩訳、月曜社、二〇二一年。

黒い方舟を追って

ジャン＝リュック・ナンシー（一九四〇－二〇二一年）

ジャン＝リュック・ナンシー『共同－体 コルプス』大西雅一郎訳、松籟社、一九九六年。

ジャン＝リュック・ナンシー『眠りの落下』吉田晴海訳、イリス舎、二〇一三年。

ダブおよびリー・"スクラッチ"・ペリー（一九三六–二〇二一年）

マイケル・E・ヴィール『DUB論』森本幸代訳、サンクチュアリ出版、二〇一〇年（二〇二三年には同じ訳者による改訳完全版が水声社から出ているがこちらは未見）。

もちろん、ジャマイカはキリスト教が主流の社会で、レゲエのバックグラウンドとしてのラスタファリアニズムは少数派である。レゲエラスタファリアニズムについては

神本秀爾『レゲエという実践――ラスタファーライの文化人類学』京都大学学術出版会、二〇一七年。

小倉英敬『マーカス・ガーヴェイの反「植民地主義」思想――パンアフリカニズムとラスタファリズムへの影響』揺籃社、二〇一七年。

ポストパンク

サイモン・レイノルズ『ポストパンク・ジェネレーション 1978–1984』野中モモ監訳、野中モモ、新井崇嗣訳、シンコーミュージックエンタテイメント、二〇一〇年。

奴隷貿易について

ジャン・メイエール『奴隷と奴隷商人』国領苑子訳、創元社、一九九二年。

布留川正博『奴隷船の世界史』岩波新書、二〇一九年。

川北稔『砂糖の世界史』岩波ジュニア新書、一九九六年。

ガブリエル・アンチオープ『ニグロ、ダンス、抵抗――17～19世紀カリブ海地域奴隷制史』石塚道子訳、人文書院、二〇〇一年。

ナルシシズムのラディカル化のために

フロイトのナルシシズム論

ジクムント・フロイト「ナルシシズム概念の導入に向けて」（立木康介訳）『フロイト全集〈13〉1913–14年 モーセ像・

精神分析運動の歴史・ナルシシズム』岩波書店、二〇一〇年。

ラカン

ラカンに関しては『四基本概念』（現在は岩波文庫）、『アンコール』（講談社メチエ）も訳されていてありがたい。あの難解な性（別）化の定式について簡便にアクセスできるものとしては

エリザベス・ライト『ラカンとポスト・フェミニズム』椎名美智訳、竹村和子解説、岩波書店、二〇〇五年。

カジャ・シルヴァーマン

ゲイル・サラモン『身体を引き受ける――トランスジェンダーと物質性のレトリック』（藤高和輝訳、以文社、二〇〇九年）でも参照されているカジャ・シルヴァーマンだが日本語訳は少ない。

Kaja Silverman, *Male Subjectivity at the Margins*, Routledge, 1992.

Kaja Silverman, *The Threshold of the Visible World*, Routledge, 1996.

ポール・カルチャー

ポール・カルチャーについては、もちろん、今日ではネットフリックス制作のドラマ『ポーズ！』を観るに如くはないのだが、他には次の写真集、特にタイム・ローレンスによる序文を参照。

Chantal Regnault, *Voguing and the House Ballroom Scene of New York 1989-92*, Soul Jazz Records, 2011.

Part 2　間隙のコミュニズム

表象と表象ならざるもの

資本論

前掲時と同様、ここでも一番新しい日本語訳に依拠した。翻訳の底本もいわゆる新ＭＥＧＡ（マルクスの草稿から改め

て解読して、これまで未刊だった草稿も含めて刊行予定のマルクス＝エンゲルス全集の新版で一九七〇年代に刊行を開始、途中でソ連や東欧の社会主義諸国が解体して危機に陥るが現在も刊行が続けられている）。以前新書版で同じく新ＭＥＧＡから訳されたものの改訂版。

カール・マルクス『新版資本論 1』日本共産党中央委員会社会科学研究所監修、新日本出版社、二〇一九年。

ギー・ドゥボール、シチュアシオニスト

ドゥボールの引用は

ギー・ドゥボール『スペクタクルの社会』木下誠訳、ちくま学芸文庫、二〇〇三年。

また、シチュアシオニストの機関誌『アンテルナシオナル・シチュアシオニスト』に関連する資料は『アンテルナシオナル・シチュアシオニスト』全六巻（インパクト出版会、一九九四－二〇〇〇年）に訳されているので参照していただけると嬉しい（自分も訳者の一人なので）。

マッケンジー・ウォーク Mackenzie Wark

彼女はニューヨークのニュー・スクール・フォー・ソーシャル・リサーチでトランス・スタディーズなどを教えている。

日本語訳があるものは

マッケンジー・ワーク《ママ》『ハッカー宣言』金田智之訳、河出書房新社、二〇〇五年。

シチュアシオニストに関しては

Mackenzie Wark, *The Beach Beneath the Street: The Everyday Life and Glorious Times of the Situationist International*, Verso, 2011.

Mackenzie Wark, *The Spectacle of Disintegration: Situationist Passages out of the Twentieth Century*, Verso, 2013.

以下はウォークが参照していた。

Amy E. Wendling, *Karl Marx on Technology and Alienation*, Palgrave Macmillan, 2009.

T. J. Clark, *The Painting of Modern Life: Paris in the Art of Manet and His Followers*, Rev. ed., Princeton University Press, 1999 (first edition: 1987).

T. J. Clark, *Farewell to an Idea: Episodes from a History of Modernism*, Yale University Press, 1999.
ティム・J・クラークはイギリスの美術史家で元シチュアシオニスト（ただし、ギー・ドゥボールはシチュアシオニストのメンバーを厳格に考えていて、彼がシチュアシオニストと認める者はかなり数が限られているので、ここでは緩やかに捉えている）、書簡形式で書かれた阿部良雄『西欧との対話――思考の原点を求めて』（レグルス文庫、一九八九年）での宛先の一人（「学問と造反――ティム・クラークに」）。クラーク同様フランス近代美術史の専門家であるマイケル・フリードとの論争で知られる。

また、川上幸之介『パンクの系譜学』（書肆侃侃房、二〇二四年）もシチュアシオニストをより広い文脈の中に位置付けて見取り図を与えてくれる。

諸身体はいかに接続されるか（一）――フォーディズム

アルチュセールたちの『資本論を読む』は、日本へのアルチュセール派導入の第一人者である今村仁司による初版からの翻訳がちくま学芸文庫に入っている（三分冊）。

ベルナール・スティグレールは、ここでは
ベルナール・スティグレール『技術と時間　第三巻　映画の時間と〈難-存在〉の問題』石田英敬監修、西兼志訳、法政大学出版局、二〇一三年。

フレドリック・ジェイムソン『未来の考古学』全二巻、秦邦生、河野真太郎、大貫隆史訳、作品社、二〇一一、二〇一二年。

スタンリー・カヴェル『眼に映る世界――映画の存在論についての考察』石原陽一郎訳、法政大学出版局、二〇一二年。

トッド・マガウアン『クリストファー・ノーランの嘘――思想で読む映画論』井原慶一郎訳、フィルムアート社、二〇一七年。

諸身体はいかに接続されるか（二）——ポストフォーディズム

個人的には、アントニオ・ネグリよりもパオロ・ヴィルノの議論の方がしっくりくるのだが、その理由は別の機会に。

パオロ・ヴィルノ『マルチチュードの文法——現代的な生活様式を分析するために』廣瀬純訳、月曜社、二〇〇四年。

パオロ・ヴィルノ『ポストフォーディズムの資本主義——社会科学と「ヒューマン・ネイチャー」』柱本元彦訳、人文書院、二〇〇八年。

感情労働については

A・R・ホックシールド『管理される心——感情が商品になるとき』石川准、室伏亜希訳、世界思想社、二〇〇〇年。

ポスト・フォーディズムについては次の書著も参照のこと。

Lisa Adkins and Maryanne Dever, eds., *The Post-Fordist Sexual Contract: Working and Living in Contingency*, Palgrave Macmillan, 2016.

Eileen Boris and Rhacel Salazar Parreñas, eds., *Intimate Labors: Cultures, Tecchnologies, and the Politics of Care*, Stanford University Press, 2010.

常時接続された身体

グレゴリー・ベイトソン

最近ベイトソンの本の文庫化（『精神の生態学へ』上中下、佐藤良明訳、岩波文庫、二〇二三－四年）もされ以前よりアクセスしやすくなってきたが、ここではやはり次のものが重要。

グレゴリー・ベイツスン《ママ》「目的意識対自然」（井上兼行訳）、デイヴィッド・クーパー編『解放の弁証法——現代帝国主義と変革の論理』由良君美他訳、せりか書房、一九七〇年。

個体化

ともかくベルナール・スティグレール、特に『象徴の貧困1――ハイパーインダストリアル時代』（ガブリエル・メランベルジェ＋メランベルジェ眞紀訳、新評論、二〇〇六年）と『愛するということ――「自分」を、そして「われわれ」を』（ガブリエル・メランベルジェ＋メランベルジェ眞紀訳、新評論、二〇〇七年）を読んでほしい。

失敗した世界で――レオ・ベルサーニのために

レオ・ベルサーニ（一九三一－二〇二二年）

アメリカの比較文学・フランス文学者。フロイトの独自の読みを通じて文学・美術・映画批評を行うばかりでなく、クィア理論においても重要な理論家。ジュディス・バトラーなどの主流派クィア理論に対して批判的な立場を取る。

日本語訳は

レオ・ベルサーニ『ボードレールとフロイト』山縣直子訳、法政大学出版局、一九八四年。

レオ・ベルサーニ『フロイト的身体――精神分析と美学』長原豊訳、青土社、一九九九年。

レオ・ベルサーニ『ホモセクシュアルとは』船倉正憲訳、法政大学出版局、一九九六年。

レオ・ベルサーニ、アダム・フィリップス『親密性』檜垣立哉、宮澤由歌訳、洛北出版、二〇一二年。

アダム・フィリップスはイギリスのウィニコット派の小児精神分析医。ジュディス・バトラーの『権力の心的な生――主体化＝服従化に関する諸理論』（佐藤嘉幸、清水知子訳、月曜社、新版二〇一九年）に収録されたコメンタリーでも知られている。

『ダーウィンのミミズ、フロイトの悪夢』（渡辺政隆訳、みすず書房、二〇〇六年）などが訳されているが、ベルサーニとの関連ではラプランシュやらカヴェルにも言及する *Missing Out: In Praise of the Unlived Life* (Farrar, Straus and Giroux, 2013) がおもしろい。

ミッコ・トゥカネン Mikko Tuhkanen は、リチャード・ライトやジェイムズ・ボールドウィンを専門とするアフリカ系アメリカ人文学の研究者であるとともにベルサーニを中心とするクィア理論の専門家。

ベルサーニ論としては

Mikko Tuhkanen, *The Essentialist Vilain: On Leo Bersani*, State University of New York Press, 2018.

Mikko Tuhkanen, *Leo Bersani: A Speculative Introduction*, Bloomsbury, 2020.

編著としては

Mikko Tuhkanen, ed., *Leo Bersani: Queer Theory and Beyond*, State Unibersity of New York Press, 2014.

懐疑論についてはスタンリー・カヴェル『悲劇の構造——シェイクスピアと懐疑の哲学』(中川雄一訳、春秋社、二〇一六年)を参照のこと。

ジャン・ラプランシュは

ジャン・ラプランシュ『精神分析における生と死』十川幸司、堀川聡司、佐藤朋子訳、金剛出版、二〇一八年。

ほか、

トーマス・パヴェル『ペルシャの鏡』江口修訳、工作舎、一九九三年。

耳の中の虫たち

ペーター・サンディ

Peter Szendy, *Hits!: Philosophy in the Juke Box*, translated by Will Bishop, Fordham University Press, 2012.

これは同じ著者の*Tubes. La philosophie dans la juke-box*, Minuit, 2008 の英訳だが、マイケル・ジャクソンやプリンスについての章が増補されていて嬉しい。

ジャック・デリダ

ジャック・デリダ『マルクスの亡霊たち——負債状況＝国家、喪の作業、新しいインターナショナル』増田一夫訳、藤原書店、二〇〇七年。

『資本論』におけるテーブルについては第五章「現れざるものの出現――現象学的「手品」」を参照。

酒井直樹

酒井直樹『死産される日本語・日本人――「日本」の歴史・地政的配置』新曜社、一九九六年、現在は講談社学術文庫、二〇一五年。

オブジェは語ることはできるか

フレッド・モートン

ニューヨーク大学ティッシュ校（パフォーマンス・スタディーズの発祥の地）で教える彼には以下の理論的著書がある。他にも数冊の詩集を出しているが、そちらは未見。

Fred Moten, *In the Break: The Aesthetics of the Black Radical Tradition*, University of Minnesota Press, 2003.

Fred Moten (With Stefano Harney), *A Poetics of the Undercommons*, Sputnik and Fizzle, 2016.

Fred Moten, *Black and Blur*, Duke University Press, 2017.

Fred Moten, *Stolen Life*, Duke University Press, 2018.

Fred Moten, *The Universal Machine*, Duke University Press, 2018.

パイパーについては *In the Break* の "Resistance of the Object: Adrian Piper's Theatricality," pp.233-254 を参照。ちなみに本書のイントロ部分のタイトルは"Resistance of the Object: Aunt Hester's Scream"。

エイドリアン・パイパー

Adrian Piper, *Out of Order, Out of Sight: Volume 1: Selected Writings in Meta-Art 1968-1992*, The MIT Press,1996

Adrian Piper, *Out of Order, Out of Sight: Volume II: Selected Writings in Art Criticism 1967-1992*, The MIT Press, 1996

彼女が二〇〇二年にベルリンで創設した The Adrian Piper Research Archive（後に The Adrian Piper Research Foundation Berlin に改組）では彼女の作品や論文、著書などをオープン・アクセスでウェブ上で公開している。

モダニズムについて

『批評空間』の臨時増刊号（太田出版、一九九五年）である「モダニズムのハードコア」が重要。特に次を参照。

マイケル・フリード「芸術と客体性」川田都樹子、藤枝晃雄訳。

フリードのモダニズム概念へのカヴェルの影響については

スタンリー・カヴェル『眼に映る世界――映画の存在論についての考察』石原陽一郎訳、法政大学出版局、二〇一二年。

美／崇高

カントの『判断力批判』を挙げるのは当然として次も参照。

エドマンド・バーク『エドマンド・バーク著作集〈1〉現代の不満の原因・崇高と美の観念の起原』中野好之訳、みすず書房、一九七三年。

エドマンド・バーク『崇高と美の起源』大河内昌訳、平凡社ライブラリー、二〇二四年。

こちらは一八世紀の美学を扱った重要な著作である『美学イデオロギー――商業社会における想像力』（名古屋大学出版会、二〇一九年）の著者による翻訳で、近代美学史を専門とする井奥陽子の解説が付く。

表象は何をするのか

幻想について

幻想については、英語圏でまず参照されるラプランシュとポンタリスの共著が翻訳されている。

ジャン・ラプランシュ、J.-B.ポンタリス『幻想の起源』福本修訳、法政大学出版局、一九九六年。

テレサ・デ・ラウレティス

デ・ラウレティスはイタリア出身で長くアメリカで活動していたフェミニズム理論、フェミニスト映画理論の専門家。フロイト、ラプランシュの系譜の精神分析理論やパースの記号論などに依拠している。レズビアンのセクシュアリティ（異性愛男性とは違う、そしてまた、単なるシスターフッドでもない女性を対象とする女性の欲望）の解明を行い、レズビアンの存在の抹消に抵抗する。

Teresa de Lauretis, *The Practices of Love: Lesbian Sexuality and Perverse Desire*, Indiana University Press, 1994.

Teresa de Lauretis, *Figures of Resistance: Essays in Feminist Theory*, University of Illinois Press, 2007.

Part 3　間隙のアフェクト

情動的地図

『ハンガー・ゲーム』

スーザン・コリンズの原作小説は翻訳されている。

スーザン・コリンズ『ハンガー・ゲーム』上下、河井直子訳、メディアファクトリー、二〇一二年。

スーザン・コリンズ『ハンガー・ゲーム２　燃え広がる炎』上下、河井直子訳、メディアファクトリー、二〇一二年。

スーザン・コリンズ『ハンガー・ゲーム３　マネシカケスの少女』上下、河井直子訳、メディアファクトリー、二〇一二年。

なお、タイ、香港、ミャンマーなどの民主化運動で『ハンガー・ゲーム』での抵抗のハンドサイン（指三本を立てる）が用いられたのは記憶に新しい。これも情動の地図の一つの用法である。

『ハンガー・ゲーム』論としては

Catherine Doriscoll and Alexandra Heatwole, *The Hunger Games: Spectacle, Risk and the Girl Action Hero*, Routledge, 2018.

ケリー・オリヴァー Kelly Oliver

ここで参照したのは

Kelly Oliver, *Hunting Girls: Sexual Violence from The Hunger Games to Campus Rape*, Columbia University Press, 2016.

スティーヴン・シャヴィロ

シャヴィロは思弁的実在論の概説書である『モノたちの宇宙——思弁的実在論とは何か』(上野俊哉訳、河出書房新社、二〇一六年)という翻訳もあるが、映画論の専門家でもある。ここで必要な議論に関しては、彼が編集した *Post-Cinema* を参照。https://reframe.sussex.ac.uk/post-cinema/

資本主義の下でなぜこんなにも家族が問題になるのだろうか

公理系としての資本主義

ドゥルーズ、フェリックス・ガタリの『資本主義とスキゾフレニー』(第一巻『アンチ・オイディプス』一九七二年、第二巻『千のプラトー』一九八〇年)の翻訳は今では幸いなことに文庫になっている。

ジル・ドゥルーズ、フェリックス・ガタリ『アンチ・オイディプス——資本主義と分裂症』上下、宇野邦一訳、河出文庫、二〇〇六年。

ジル・ドゥルーズ、フェリックス・ガタリ『千のプラトー——資本主義と分裂症』上中下、宇野邦一、小沢秋広、田中敏彦、豊崎光一、宮林寛、守中高明訳、河出文庫、二〇一〇年。

また、『資本主義とスキゾフレニー』の政治哲学についてはやはり次の著書を参照。

ギョーム・シベルタン=ブラン『ドゥルーズ=ガタリにおける国家と政治——国家・戦争・資本主義』上尾真道、堀千晶訳、書肆心水、二〇一八年。

流体としての女性たち/鎧を纏う男性たち

クラウス・テーヴェライト『男たちの妄想Ⅰ——女・流れ・身体・歴史』『男たちの妄想Ⅱ——白色テロルの精神分析のために』田村和彦訳、法政大学出版局、一九九九年、二〇〇四年。

多元主義

ウィリアム・E・コノリー『プルーラリズム』杉田敦、鵜飼健史、乙部延剛、五野井郁夫訳、岩波書店、二〇〇八年。

William E. Connolly, *Aspirational Fascism: The Struggle for Multifaceted Democracy Under Trumpism*, University of Minnesota Press, 2017.

暴力と非暴力のあいだで

フランツ・ファノン

フランツ・ファノン『地に呪われたる者』鈴木道彦、浦野衣子訳、みすず書房、新装版二〇一五年。

ベンヤミンが形作る星座

ここで参照しているベンヤミンの著作は

「暴力批判論」、ヴァルター・ベンヤミン『ドイツ悲劇の根源』下、浅井健二郎訳、ちくま学芸文庫、一九九九年所収。

ヴァルター・ベンヤミン『新訳評注　歴史の概念について』鹿島徹訳評注、未來社、二〇一五年。

アーレントは

ハンナ・アレント『人間の条件』志水速雄訳、ちくま学芸文庫、一九九四年。

アドルノ、ホルクハイマーは

マックス・ホルクハイマー、テオドール・アドルノ『啓蒙の弁証法――哲学的断想』徳永恂訳、岩波文庫、二〇〇七年。

エルンスト・ブロッホについては、テクノロジーに関する楽観主義が否めないが

エルンスト・ブロッホ『希望の原理』山下肇、瀬戸鞏吉、片岡啓治、沼崎雅行、石丸昭二、保坂一夫訳、白水社、全五巻、二〇一二－一三年。

目的と手段のあいだで

キャサリン・A・マッキノンとラディカル・フェミニズム

キャサリン・A・マッキノンはラディカル・フェミニズムの代表的理論家で、弁護士、アクティヴィスト、ミシガン大学ロー・スクール教授。もう一人、ラディカル・フェミニズムを代表する人を挙げるならば、やはり、アンドレア・ドウォーキンだろう。彼女は哲学者、作家、アクティヴィスト。

キャサリン・A・マッキノン

キャサリン・A・マッキノン『フェミニズムと表現の自由』奥田暁子、鈴木みどり、加藤春恵子、山崎美佳子訳、明石書店、一九九三年。

キャサリン・マッキノン『ポルノグラフィ――「平等権」と「表現の自由」の間で』柿木和代訳、明石書店、一九九五年。

アンドレア・ドウォーキン

アンドレア・ドウォーキン『インターコース――性的行為の政治学』寺沢みづほ訳、青土社、一九八九年。

現代のポルノグラフィ研究と論争

かつて七〇年代から八〇年代にかけて、ポルノグラフィとセックスワークを巡って、そのどちらにも反対するラディカル・フェミニストたちと、ラディカル・フェミニズムを批判するフェミニストたちのあいだで激しい論争が起こり「(フェミニズムの)セックス・ウォーズ」と呼ばれている。この論争は、特にポルノグラフィに関しては近年新たな形で展開してきている。

一つにはメディア・テクノロジーの発展により、ポルノグラフィ動画の制作と流通が格段に容易になったことがある。また、先進国における性表現への規制の緩和や、ポルノグラフィ的な美学のメインストリーム化(ミュージック・ヴィデオなどによく現れている)などにより「社会のポルノグラフィ化」と呼ばれる現象が進展している。他方で、トランプ政権などに見られるバックラッシュの激化がある。こういったことを受けてポルノグラフィに対する新たな(デジタル・メディア研究やアフェクト論を踏まえた)アプローチが試みられ、研究が活発化しているとともに、世代交代も伴った新たな「反ポルノ派フェミニズム」も台頭している。

次を参照のこと。

Linsay Coleman, ed., *The Philosophy of Pornography: Contemporary Perspectives*, Rowman & Littlefield Publishers, 2014.

Possession/Possessed

ヒューストン・A・ベイカー・ジュニア

彼は、アフリカン・アメリカン・スタディーズを、ヘンリー・ルイス・ゲイツ・ジュニアと共に切り拓いてきた存在。ベイカーの特徴は、いわゆるポリティカル・エコノミー、さらにはサウンドのエコノミーに対する関心にある。マルクスが問題にしたことを文学と音楽を通して問い続けている。二〇〇八年に出した『裏切り』(*Betrayal*, Columbia University Press) では、ゲイツやコーネル・ウェスト、グレッグ・テイトたちを公民権運動の理想を裏切ったとして激しく批判している。

ヒューストン・A・ベイカー・ジュニア『モダニズムとハーレム・ルネサンス――黒人文化とアメリカ』小林憲二訳、未來社、二〇〇六年。

オラウダ・イクイアーノ

イクイアーノの自伝には翻訳がある。

オラウダ・イクイアーノ『アフリカ人、イクイアーノの興味深い物語』久野陽一訳、研究社、二〇一二年。

イクイアーノについては次も参照のこと。こちらは表記は「エクィアノ」となっているが。

ジェームズ・ウォルヴィン『奴隷制を生きた男たち』池田年穂訳、水声社、二〇一〇年。

フランス人類学における憑依論

フランスの人類学（フランスではむしろ「民族学」と呼ばれている）での憑依現象に関する論考としては次のものがおもしろい。

ミシェル・レリス「ゴンダルのエチオピア人に見られる憑依とその演劇的諸相」、同『日常生活の中の聖なるもの』、岡谷公二訳、思潮社、一九八六年所収。

また、映像人類学の記念碑的作品『狂える主人たち』(この作品に感動したジュネは戯曲『黒人たち』を書き上げた) を撮ったジャン・ルーシュも大切。

ハイチ革命

スーザン・バック＝モース『ヘーゲルとハイチ――普遍史の可能性に向けて』岩崎稔、高橋明史訳、法政大学出版局、二〇一七年。

ジャン・ジュネ

ジャン・ジュネ『女中たち／バルコン』渡辺守章訳、岩波文庫、二〇一〇年。

ポストフォーディズムとは何か

身体図式

メルロ＝ポンティに関しては、もちろん、『知覚の現象学』（竹内芳郎他訳の二巻本のみすず書房版と中島盛夫訳の法政大学出版局版がある）が身体図式論を展開しているのだが、それに加えて、ジョン・オニールとアルフォンソ・リンギスという二人のメルロ＝ポンティの英訳者の著書も参照されたい。

ジョン・オニール『言語・身体・社会――社会的世界の現象学とマルクス主義』須田朗、財津理、宮武昭訳、新曜社、一九八四年。

ジョン・オニール『メルロ＝ポンティと人間科学』奥田和彦編、宮武昭、久保秀幹訳、新曜社、一九八六年。

ジョン・オニール『語りあう身体』須田朗訳、紀伊國屋書店、一九九二年。

アルフォンソ・リンギス『異邦の身体』松本潤一郎、笹田恭史、杉本隆久訳、河出書房新社、二〇〇五年。

シチュアシオニストと余暇

シチュアシオニスト（状況主義者）の機関誌『アンテルナシオナル・シチュアシオニスト』は幸いなことにインパクト出版会から六巻本の全訳が出ている。ここで特に関係するのはその第二巻。

『アンテルナシオナル・シチュアシオニスト2　迷宮としての世界――余暇と労働をめぐる闘争』インパクト出版会、一九九五年。

家事労働賃金化要求

イタリアのマルクス主義フェミニズムにおける家事労働賃金化の代表的論者はマリアローザ・ダラ・コスタで、彼女の単独の著書の日本語訳もあるが、ここでは次のものを挙げたい。

ザレツキイ、ダラ・コスタ他『資本主義・家族・個人生活――現代女性解放論』加地永都子解説、グループ7221訳、亜紀書房、一九八〇年。

これはダラ・コスタの最初の日本での紹介だろう。それとイーライ（この訳書では「エリ」表記）・ザレツキイは、ニュー・スクールで長らく歴史学を教えていた。フロイトと歴史（精神分析の歴史であり、同時に、精神分析的な歴史学）の専門家。パートナーのナンシー・フレイザーと共に来日した時の記録は次のものとして出版されている。

ナンシー・フレイザー、エリ・ザレツキー『九・一一とアメリカの知識人』仲正昌樹訳、御茶の水書房、二〇〇二年。

それからネグリを先駆的に受容していた小倉利丸の諸著作も大切。

小倉利丸『搾取される身体性――労働神話からの離脱』青弓社、一九九〇年。

小倉利丸、大橋由香子編『働く／働かない／フェミニズム――家事労働と賃労働の呪縛?!』青弓社、一九九一年。

セックスワーク

セックスワークについては、まず次を参照してほしい。

SWASH編『セックスワーク・スタディーズ――当事者視点で考える性と労働』日本評論社、二〇一八年。

実存という傷、セクシュアリティ、あるいは二つの時間のあいだ

実存

今日、実存について考えるにはジャン＝リュック・ナンシーの共産主義を潜り抜けないわけにはいかない。

ジャン＝リュック・ナンシー『複数にして単数の存在』加藤恵介訳、松籟社、二〇〇五年。

皮膚‐自我

精神分析における自我と皮膚の問題については幸いなことに次の基本文献が訳されている。
ディディエ・アンジュー『皮膚―自我』福田素子訳、渡辺公三解説、言叢社、一九九三年。

ジャン・ラプランシュ

レオ・ベルサーニやジュディス・バトラーなどにも大きな影響を与えているラプランシュは、ラカンに近いところから出発した精神分析家。J.-B.ポンタリスとの共著(二人で書いた!)『精神分析用語事典』はみすず書房から翻訳が出ている。カストリアディスやルフォールらとともに『社会主義か野蛮か』グループの創設にも関わった。彼の「エニグマ的シニフィアン」論の紹介は少ない。纏まった翻訳としては、エニグマ的シニフィアン論以前の仕事だが
ジャン・ラプランシュ『精神分析における生と死』十川幸司、堀川聡司、佐藤朋子訳、金剛出版、二〇一八年。

自我の鎧

この問題については、やはり何度でもクラウス・テーヴェライトに立ち返る必要がある。
クラウス・テーヴェライト『男たちの妄想I――女・流れ・身体・歴史』『男たちの妄想II――白色テロルの精神分析のために』田村和彦訳、法政大学出版局、一九九九年、二〇〇四年。

ポルノ論争と時間性

ジュディス・バトラーが、キャサリン・マッキノンのポルノ批判と、その論理をヘイトスピーチに拡張した批判的人種理論のマリ・マツダを批判した次の著書を参照。
ジュディス・バトラー『触発する言葉――言語・権力・行為体』竹村和子訳、岩波書店、二〇〇四年。

希望というアフェクト

恥というアフェクト

この問題に関して最も重要な文献の日本語訳が最近出た。
イヴ・コソフスキー・セジウィック『タッチング・フィーリング――情動・教育学・パフォーマティヴィティ』岸まどか訳、

小鳥遊書房、二〇二二年。

エルスペス・プロビンも恥をアフェクトとして捉える際に、セジウィックに従っていると言っている。

Elspeth Probyn, Vivienne Bozalek, Tamara Shefer, Ronelle Carolissen, "Productive faces of shame: An interview with Elspeth Probyn," *Feminism & Psychology*, Vol.29(2), 2019, pp. 322-334.

自由間接話法

ここではかなり簡略化して論じているので、自由間接話法を巡るきちんとした議論は次を参照。

平塚徹編『自由間接話法とは何か――文学と言語学のクロスロード』ひつじ書房、二〇一七年。

自由間接話法の思想家とも言うべき存在はミハイル・バフチンとパゾリーニ。パゾリーニはおそらくバフチンを読んでいないが、その議論はバフチンにかなり近く、異なる社会集団、特に階級的差異と対立を一つの語りにおいて表現するものとして自由間接話法を捉えている。『異端的経験論』の中で映画における自由間接話法を論じた部分は『映画理論集成――古典理論から記号論の成立へ』(岩本憲児、波多野哲朗編、フィルムアート社、一九八二年)に訳されているが、パゾリーニは文学における自由間接話法も論じているので全訳が望まれる。

Pier Paolo Pasolini, *Empirismo eretico*, Garzanti, 1991.

パゾリーニは、ウンベルト・エーコなどが言語学をモデルにして映画記号論を構築しようとすることには批判的であった。それは、言語学的記号論は、それ自体は意味を持たない比較的少数の音素ないし形態素とそれを組み合わせて意味の単位を作り出せることに基礎を置いているが、映画においては、形態素に相当する最小の単位を確定できないからであった。パゾリーニが構想した非言語学的な記号論は、後にガタリによって非シニフィアン的記号論として展開される。

バフチンに関しては、やはりこれ。

ミハイル・バフチン『小説の言葉』伊東一郎訳、平凡社ライブラリー、一九九六年。

バフチン論としては次のものがよい。

ロバート・スタム『転倒させる快楽――バフチン、文化批評、映画』浅野敏夫訳、法政大学出版局、二〇〇二年。

バフチンとパゾリーニの自由間接話法論から発想されたものとしてはドゥルーズ＝ガタリの言語論がある。

ジル・ドゥルーズ、フェリックス・ガタリ『千のプラトー――資本主義と分裂症』上中下、宇野邦一、小沢秋広、田中敏彦、豊崎光一、宮林寛、守中高明訳、河出文庫、二〇一〇年。

附論

フェティシズムの善用あるいは「復活の復活」のために――政治神学的覚書

政治神学および神学

カール・シュミット『政治神学』未來社、一九七一年。

カール・シュミット『政治神学再論』福村出版、一九八〇年。

エルンスト・H・カントーロヴィチ『王の二つの身体――中世政治神学研究』上下、小林公訳、ちくま学芸文庫、二〇〇三年。

そして、本章は何よりも以下の四冊に多くを負っている。

Adam Kotsko, *Neoliberalism's Demons: On the Political Theology of Late Capital*, Stanford University Press, 2018.

コツコは最近のアガンベンの英訳をよく担当している。本書ではアガンベンに限らず新自由主義と政治神学についての最近の研究動向を手際よくまとめて経済の政治神学の方向性を探っている。

Eric L. Santner, *The Royal Remains: The People's Two Bodies and the Endgames of Sovereignty*, University of Chicago Press, 2011.

Eric L. Santner, *The Weight if All Flesh: On the Subject-Matter of Political Economy*, Oxford University Press, 2015.

サントナーはもともとヘルダーリン論から始まってジーベルバーグやファスビンダーなどの戦後ドイツ映画における記憶の問題などを扱っていたが、近年はジジェクの盟友として政治神学的な議論を展開している。肉をめぐる議論はこの二冊から借りている。

Marie-José Mondzain, *Image, icône, économie*, Seuil, 1998.

モンザンはビザンチンのイコンをめぐる理論の専門家であり、また、メディオロジーのグループとも繋がりがあって、現代社会におけるイメージの問題をそういったバックグラウンドから論じている。

また、神の死の神学系のマーク・C・テイラー『神の後に――〈現代〉の宗教的起源』（二分冊、須藤孝也訳、ぷねうま舎、二〇一五年）は新保守主義、新自由主義、新基礎付け主義の三位一体に対する批判であり、論点を整理するのに役に立つ。世俗化の問題についてはハンス・ブルーメンベルク『近代の正統性』（三分冊、斎藤義彦、忽那敬三、村井則夫訳、法政大学出版局、一九九八－二〇〇二年）も参照のこと。第三分冊の訳者である村井則夫の『人文学の可能性――言語・歴史・形象』（知泉書院、二〇一六年）もお薦め。

見えるものと見えないもの／肉

現代フランス哲学に親しんだ者なら当然メルロ＝ポンティを思い起こすだろうし、実際、サントナーもメルロ＝ポンティの名を挙げている。しかし、ポストコロニアリズムや生政治論の文脈ではホーテンス・J・スピラーズなどのブラック・フェミニズムによる議論を参照することが多い。

Hortense J. Spillers, *Black, White, and in Color*, University of Chicago Press, 2003.

Alexander G. Weheliye, *Habeas Viscus: Assemblages, Biopolitics, and Black Feminist Theories of the Human*, Duke University Press, 2014.

パオロ・ヴィルノ『ポストフォーディズムの資本主義――社会科学と「ヒューマン・ネイチャー」』柱本元彦訳、人文書院、二〇〇八年。

ヒップホップ

マシュー・ガス《マ》タイガ《マ》ー『NAS　イルマティック』押野素子訳、高橋芳朗監修、スモール出版、二〇一七年。

Ｏｎｅ９（監督）『Nas／タイム・イズ・イルマティック』二〇一四年。

黒﨑真『アメリカ黒人とキリスト教――葛藤の歴史とスピリチュアリティの諸相』ぺりかん社、二〇一五年。

山下壮起『ヒップホップ・レザレクション――ラップ・ミュージックとキリスト教』新教出版社、二〇一九年。

Justin Adams Burton, *Posthuman Rap*, Oxford University Press, 2017.

Lester K. Spence, *Stare in the Darkness: The Limits of Hip-Hop and Black Politics*, University of Minnesota Press, 2014.

Lester K. Spence, *Knocking the Hustle : Against the Neoliberal Turn in Black Politics*, Punctum Books, 2015.

アビラのテレサ

杉浦勉『霊と女たち』インスクリプト、二〇〇九年。

息をする、立ち上がる

新約聖書に関しては新共同訳、フランシスコ会聖書研究所訳の他に岩波書店版も参照した。

『ルカ文書』佐藤研、荒井献訳、岩波書店、一九九五年。

『パウロ書簡』青野太潮訳、岩波書店、一九九六年。

私はレオ・ベルサーニやテレサ・デ・ラウレティスのようなどちらかというと（いやいやはっきりと）ジュディス・バトラーに批判的な著者たちを愛読しているせいでバトラーの良い読者ではないのだけれど、彼女の *The Force of Non-Violence: An Ethico-Political Bind* (Verso, 2020)（日本語訳は青土社から二〇二二年に出ている）を読んでいてハワード・ケイギル（ちくま学芸文庫でフォー・ビギナーズ・シリーズのベンヤミン論が訳されている）が最近抵抗をテーマにした本を出していたことを知った。

Howard Caygill, *On Resistance: A Philosophy of Defiance*, Bloomsbury Academic, 2013.

また、本稿を書いている途中で

Ashton T. Crawley, *Blackpentecostal Breath: The Aesthetics of Possibility*, Fordham University Press, 2016.

と関心が重なることに気が付いた。

スターシス（としての民主主義）対主権権力という構図に関してはジョルジョ・アガンベンのスターシス論に先立って、

彼の参照元でもあるニコル・ロローが重要なのだけれど、ここではミゲル・アバンスールが編集したピエール・クラストル記念論文集に彼女が寄稿したものが重要。ロローの場合、ジェンダーの問題が全面に出てくるのだが、それがその後のスターシス論にうまく接続できているか少し疑問がある。なお、クラストルの議論でのジェンダーの軽視についてはデヴィッド・グレーバーが『アナーキスト人類学のための断章』（高祖岩三郎訳、以文社、二〇〇六年）で問題にしていた。

Nicole Loraux, “Notes sur l'un, le deux, le multiple” in Miguel Abensour (sous la direction de),” *L'esprit des lois suavages: Pierre Clastres ou une nouvelle anthropologie politique*, Seuil, 1987.

また、次のヴァルドゥラキスの著書にも色々と教えられた。

Dimitris Vardoulakis, *Sovereignty and Its Other: Toward the Dejustification of Violence*, Fordham University Press, 2013.

Dimitris Vardoulakis, *Stasis before the State: Nine Theses on Agonistic Democracy*, Fordham University Press, 2018.

「立ち上がること」の図像学というか、アビ・ヴァールブルク言うところの「情念定型」についてはジョルジュ・ディディ＝ユベルマンが企画した展覧会の図録がおもしろい。バトラー、ネグリ、ランシエール、モンザンなどが寄稿している。

Soulèvements, Gallimard, 2016.

一と多、というか一への抗いはキリスト教神学では三位一体論（特にカッパドキア三教父）において展開されてきたのだけれど、これは本当に自分への宿題。まずは次の本などを手掛かりにして考えたい。

土橋茂樹『教父と哲学――ギリシャ教父哲学論集』知泉書館、二〇一九年。

なお、Nasはウータン・クランのRZA（リッザ）と並んでヒップホップ界でファイヴ・パーセンターズ（ネーション・オヴ・イスラームから分かれた合州国のイスラーム分派の一つ）を代表する存在で、ヒップホップとイスラームの関係については、やはり次を参照。

山下壮起『ヒップホップ・レザレクション――ラップ・ミュージックとキリスト教』新教出版社、二〇一九年。

ゲオルク・ルカーチ（ルカーチ・ジェルジュ）

現在白水社版の『ルカーチ著作集』が国立国会図書館デジタルコレクションで閲覧可能になっている。マルクス主義的にはもちろん『歴史と階級意識』が大切だが、それに先立つ『魂と形式』と『小説の理論』も重要。

エルンスト・ブロッホ

エルンスト・ブロッホ『ユートピアの精神』好村冨士彦訳、白水社、新装復刊版、二〇一一年。

エルンスト・ブロッホ『希望の原理』全六巻、山下肇他訳、白水iクラシックス、二〇一二－一三年。

エルンスト・ブロッホ『この時代の遺産』池田浩士訳、水声社、二〇〇八年。

カール・コルシュ

カール・コルシュ『マルクス――その思想の歴史的・批判的再構成』野村修訳、未來社、一九六七年。

アントニオ・グラムシ

デヴィッド・フォーガチ編『グラムシ・リーダー』東京グラムシ研究会監修・訳、御茶の水書房、一九九五年。

アルフレート・ゾーン＝レーテル

カッシーラーの弟子で、『資本論』から「現実抽象」という概念を取り出してきた。抽象という作用は頭脳の中で起こるのではなく、商品を等価なものとして措定するという現実の行為において起こる。アドルノやベンヤミンに大きな影響を与え、また、ジジェクの出発点の一つ。

アルフレート・ゾーン＝レーテル『精神労働と肉体労働――社会的総合の理論』水田洋、寺田光男訳、合同出版、一九七五年。

フランクフルト学派

フランクフルト学派全般については現代アメリカまで視野に収めたこの本。

細見和之『フランクフルト学派――ホルクハイマー、アドルノから21世紀の「批判理論」へ』中公新書、二〇一四年。

アドルノに関しては、彼の思考の身振りがよく分かるのが以下の著作。

テオドール・W・アドルノ『キルケゴール――美的なものの構築』山本泰生訳、みすず書房、一九九八年。

テオドール・W・アドルノ『文学ノート』全二巻、三光長春他訳、みすず書房、二〇〇九年。

メディア論に関して、ベンヤミンとアドルノを対立的に捉える安易な理解というか誤解を解くためには、次の本を読むといい。

竹峰義和『〈救済〉のメーディウム――ベンヤミン、アドルノ、クルーゲ』東京大学出版会、二〇一六年。

ベンヤミンは日本語訳もかなり出揃っているし、日本語で書かれた入門書や研究書もどれも質が高い。ここでは、ベンヤミンの遺稿『パサージュ論』に胚胎していた彼の「夢」を展開するような仕事をしているスーザン・バック＝モースを挙げておこう。

スーザン・バック＝モース『ベンヤミンとパサージュ論――見ることの弁証法』高井宏子訳、勁草書房、二〇一四年。

六〇年代叛乱学生たちの「アイドル」と呼ばれた後、急速に忘れられた感のあるヘルベルト・マルクーゼだが、近年は再評価の兆しがある。あのフレドリック・ジェイムソンが「九〇年代はアドルノの時代だったがいま（二〇〇〇年代）はマルクーゼの時代だ」と言っていた。

ハーバート・マルクーゼ『エロス的文明』南博訳、紀伊國屋書店、一九五八年。

アンリ・ルフェーヴルとラディカル地理学

ルフェーヴルは『空間と政治』（今井成美訳、晶文社、一九七五年）が彼の思想を知るのにはよい。ルフェーヴルからインスパイアされたものとしては次のものがおもしろい。

エドワード・W・ソジャ『第三空間――ポストモダンの空間論的転回』加藤政洋訳、青土社、二〇〇五年。

いまではすっかりマルクス解説者という感じのマルクス主義地理学者のデヴィッド・ハーヴェイだが、やはり彼の本では『パリ――モダニティの首都』（大城直樹、遠城明雄訳、青土社、二〇〇六年）がすばらしい。

オートノミストとその展開

アントニオ・ネグリ『マルクスを超えるマルクス――『経済学批判要綱』研究』清水智巳訳、作品社、二〇〇三年。

やはりこれは出発点の一つ。

パオロ・ヴィルノ『マルチチュードの文法――現代的な生活形式を分析するために』廣瀬純訳、月曜社、二〇〇四年。

シルヴィア・フェデリーチ『キャリバンと魔女――資本主義に抗する女性の身体』小田原琳、後藤あゆみ訳、以文社、二〇一七年。

フェミニズムへの展開。

サンドロ・メッザードラ『逃走の権利――移民、シティズンシップ、グローバル化』北川眞也訳、人文書院、二〇一五年。

現在の最もアクチュアルな議論の一つ。

自然哲学＝政治哲学、フェルナン・ドゥリニィ

Fernand Deligny, *The Arachnean and Other Texts*, translated by Drew S. Burk and Catherine Porter, Univocal, 2015.

非有機的身体

本間邦雄『リオタール哲学の地平――リビドー的身体から情動‐文へ』書肆心水、二〇〇九年。

社会的再生産論

Verónica Gago, *Feminist International: How to Change Everything*, translated by Liz Mason-Deese, Verso, 2020.

このあとの「おわりに」は以下の二冊。

おわりに

Legacy Russell, *Glitch Feminism: A Manifesto*, Verso, 2020.

ジャック・ハルバースタム『失敗のクィア・アート――反乱するアニメーション』藤本一勇訳、岩波書店、二〇二四年。

おわりに

グリッチ・コミュニズムの方へ——あるいは「失敗」はなぜ「クィア・アート」なのか

私が「グリッチ」という概念（ならざる概念）に関心を持ったきっかけはとあるサブスクでソフィーの曲が「グリッチ・ポップ」なるプレイリストに入っていたことだった。おそらく、より一般的には「ハイパーポップ」（このジャンル名自体別のサブスクで作られたプレイリスト名に由来するらしい）に分類されるソフィーだが、彼女の音楽の本質をグリッチと捉えるのは慧眼だと言える。

グリッチは何らかの形相やら情報やらコマンドの現実化ないし物質化ではない。こういった抽象的ないし形式的なものを出発点に置くなら、つまり、あなたが「観念論者」なら、コミュニケーションや生産過程の成功は、どれだけ忠実に、つまりグリッチ・ノイズを排して設計図や指令書通りの事態が出現したかによって測られる。具体的には、上官が「撃て！」と命じたなら中の引き金が引かれ、敵が倒れ、あるいは、ミサイルが的確に標的を破壊したらそれは「成功」とされる。また、社会的規範が疑われることなく遂行される社会もまたそのような「成功」の一例だろう。そして、個体化＝個体発生が環境との交渉やノイズやカオスに干渉されることのないゲノムの発現過程であると理解することも極めて観念論的と言わざるをえない。個体＝表現型がゲノムと同一ではないことは、DNA的には同一の一卵性双生児に対しても生体認証で区別することが可能であることから理解できる。虹彩の形成や血管の分岐にはカオス的過程が関わっている。

そして、そんな「成功」した世界など懲り懲りだ。

私の感覚（「定義」ではない）では、「クィアネス」とは個体化過程への忠実さであって、その意味ではグリッチ・ノイズを排して物質性を抽象的な形式やコマンドに従属させようとする諸力への抵抗である。ものごとをA／Bの二項対立に落とし込み、「それはAとBのどちらなのか、あなたはAとBのどちらなのか」と問い糾すバイナリーな抽象（する）機械が世界中を駆け巡っている。その機械の作動の只中にグリッチを導入すること。それが、いまソフィーを聴く一番の理由であるだろう。バイナリー・マシンそれ自体が立てるグリッチ・ノイズ、まさに「あれかこれか」の二項対立に属さない、その意味でコモンであるしかないこの物質性を新たなコミュニズムの出発点にすることを夢見させてくれる。

いざ、グリッチ・マテリアリズム／グリッチ・コミュニズムの方へ。

本書は『福音と世界』（新教出版社）に二年間連載した「間隙を思考する――非同時代性のために」に、それと前後する時期に書かれた（語られた）ものを合わせた。それぞれの担当者編集者の方々に、また、本書への再録を許可していただいたことを記して感謝したい。

二〇二四年一〇月　田崎英明

初出一覧

Part1-3……「間隙を思考する――非同時代性のために」『福音と世界』二〇二一年四月号～二〇二三年三月号、新教出版社、二〇二一～二〇二三年、全二四回。

「Nas『タイム・イズ・イルマティック』――ストリートのサヴァイヴァル＝死後の生について」……『現代思想』二〇一八年三月臨時増刊号、青土社、二〇一八年。

「フェティシズムの善用あるいは「復活の復活」のために――政治神学的覚書」……『福音と世界』二〇二〇年一月号、新教出版社、二〇二〇年。

「息をする、立ち上がる」……『福音と世界』二〇二一年二月号、新教出版社、二〇二一年。

「現代思想としてのマルクス主義（1）――二〇世紀からネグリまで」……『KAWADE道の手帖　マルクス『資本論』入門――危機の資本主義を超えるために』河出書房新社、二〇〇九年。

「現代思想としてのマルクス主義（2）――唯物論、自然、社会的再生産」……書き下ろし。

装釘　宗利淳一

著者紹介

田崎英明（たざき・ひでああき）

一九六〇年生まれ。立教大学現代心理学部教員。ポストコロニアル・ポストヒューマン・クィア理論、評議会社会主義、カトリコ・コミュニスム。著書に『夢の労働 労働の夢――フランス初期社会主義の経験』（青弓社）、『ジェンダー／セクシュアリティ』（岩波書店）、『無能な者たちの共同体』（未來社）など。訳書にスラヴォイ・ジジェク『否定的なもののもとへの滞留――カント、ヘーゲル、イデオロギー批判』（共訳、筑摩書房）など。

間隙を思考する　グリッチ・コミュニズムの方へ

2024年12月20日　初版第1刷発行

著　者　田崎英明
発行者　前瀬宗祐
発行所　以　文　社

〒101-0051 東京都千代田区神田神保町 2-12
TEL 03-6272-6536　FAX 03-6272-6538
http://www.ibunsha.co.jp/
印刷・製本：中央精版印刷

ISBN 978-4-7531-0392-8 C0010